Bernt Engelmann

Mein lauschig Land

Steidl Verlag

Bitte fordern Sie unser kostenloses Gesamtverzeichnis an!

1. Auflage Oktober 1988

Umschlaggestaltung: Klaus Staeck/Gerhard Steidl
Gesamtherstellung: Steidl, Druckerei und Verlag, Düstere Straße 4, 3400 Göttingen
ISBN 3-88243-109-1

Inhalt

Einleitung

Kein schöner Land in dieser Zeit als das unsere: Lauschig sind seine Wälder, noch lauschiger die kleinen Männlein an unseren grundgesetzlich geschützten Telefonleitungen. Hinter den Wäldern, dort, wo sich die ganz sicheren Wahlkreise der hochwürdigen Unionsparteien ausbreiten, grasen glückliche Kühe auf blumiger Au. Gnadensonne vergoldet den Grünen Plan, und auf den silbernen Flüssen vergnügen sich kinderreiche Familien auf ihren stolzen, Regierungskurs haltenden Segeljachten. Manche treiben auch ab. In stillen, beschaulichen Tälern, zwischen reichgedüngten Spinatbeeten, kuscheln sich behäbige Häuschen an Dorfkirche, Pfarrhaus und Zwergschule. Schmalstirnige junge Recken pflegen mit Inbrunst das prächtige Vieh, die alten Traditionen und den Fremdenverkehr mit den in Omnibussen herbeigeströmten Touristinnen.

In den geschäftigen Städtchen ragen stolze Dome und Versicherungspaläste in den abgasgesättigten Himmel, noch weit stolzer die Gehälter vorbildlich klassenbewußter Vorstandsbelegschaften großer Warenhaus-Kombinate oder so rühriger Bankangestellter wie Hermann Josef Abs. Fortschritt paart sich mit Tradition: Neben ultramodernen Kirchen und gläsernen Beamtensilos haben sich idyllische Wohnruinen, sagenumwobene Kliniken, altehrwürdige Schulen und wissenschaftliche Institute erhalten, deren morsches, efeuumranktes Gemäuer die schöne Zeit zu preisen und lebendig zu halten scheint, als des letzten Monarchen ehrwürdiger Großvater noch ein ungestümer Wildfang war.

Wenn dann die im Schein der Abendsonne schimmernde Wehr mit klingendem Spiel und unter Juchhu der an den Laternen lehnenden Damen durchs Tor einzieht; wenn am Honoratioren-Stammtisch der Herr Landgerichtsdirektor Schnurren aus seiner Dienstzeit beim Stand- und Feldgericht Kiew erzählt; wenn Großväterchen daheim die schöne alte Pergamentlampe mit den ulkigen Tätowierungen anzündet – das letzte ihm verbliebene Erinnerungsstück an die gute alte Zeit bei der Buchenwalder Kommandantur –, dann naht der Augenblick, da man sich zur Ruhe betten will, nicht ohne vorher dem Herrn Bundeskanzler und dem Himmel von Herzen gedankt zu haben für alle Gunst, die sie unserem schönen Vaterland täglich erweisen.

Ehe man dann die verklärten Äuglein zu erquikkendem Schlummer schließt – das Fernsehprogramm war wieder einmal recht lang und aufregend! – und sich satt und zufrieden unter der Eiderdaunendecke zurechträkelt, hat man mitunter noch Verlangen nach erbaulicher Lektüre, leichter vaterländischer Lesekost, die das Einschlafen erleichtert und angenehme Träume verspricht.

Da mag dann dieses Büchlein von Nutzen sein.

Teil 1

Aus dem Schatzkästlein der rheinischen Hausfreundin

Vorrede
an die mehr oder weniger geneigte Leserschaft

Im zwölften Regierungsjahr Wilhelms I. als Deutscher Kaiser erschien in einer neuen Prachtausgabe zu Stuttgart »Das Schatzkästlein des rheinländischen Hausfreundes« des schon 1826 verstorbenen Johann Peter Hebel. Man schrieb das Jahr 1883, und ein sieben Jahre zuvor zu Köln am Rhein geborener Knabe namens Konrad Adenauer erhielt diesen – im Prospekt als »Muster volkstümlicher Darstellung, kindlicher Naivität und gesunden Witzes« gepriesenen – Prachtband zu seinem achten Geburtstag.

Aus diesem »Schatzkästlein«, der katholischen Sittenlehre »Licht und Leben«, die er bei seinem Eintritt ins Gymnasium geschenkt bekam, sowie aus einer stattlichen Reihe von Kriminalromanen seiner Lieblingsautorin Agatha Christie, die er – natürlich in deutscher Übersetzung, denn Fremdsprachen waren ihm nicht geläufig – erst später las, namentlich auf seinen weiten Reisen, die ihn als damaligen Präsidenten des preußischen Staatsrates in den Fernen Osten, bis ins heidnische Land jenseits der Elbe, ja bis in das Sündenbabel Berlin führten, schöpfte Konrad Adenauer als Erwachsener teils die Mittel volkstümlicher Darstellung komplizierter Vorgänge in äußerster Schlichtheit sowie mit gesundem Humor und unbekümmerter Naivität, teils die Kraft zur strengen Wahrung abendländisch-christkatholischer Prinzipien in allen Lebenslagen, teils aber auch jene auf strenge Logik verzichtende Schläue, die mehr den gut entwikkelten Instinkten als dem von des Gedankens Blässe angekränkelten Intellekt vertraut. In dieser letzten Hinsicht war der Meisterdetektiv Hercule Poirot sein Vorbild, ein literarisches Geschöpf der Mrs. Agatha Christie.

Mit solchem geistigen Rüstzeug ausgestattet, schlug Konrad Adenauer zunächst die kommunalpolitische Laufbahn ein, brachte es schon zu Zeiten Kaiser Wilhelms II. zum Oberbürgermeister seiner Heimatstadt und betrat nach dem Ende des Zweiten Weltkrieges erneut die politische Bühne, diesmal in der Absicht, Kanzler, zwar nicht des untergegangenen Deutschen Reiches, aber des besseren und wohlhabenderen seiner beiden Nachfolgestaaten zu werden. Im Alter von erst 73 Jahren erreichte er 1949 dieses ehrgeizige Ziel, machte nun aber nicht seinen Wohnort Rhöndorf, sondern die nahe Kreisstadt Bonn zur Hauptstadt.

Die Kanzler- wie die Hauptstadt-Wahl kam jeweils mit allerknappster Mehrheit und durch wundersame Fügung zustande. Dabei stimmten drei bayerische Abgeordnete, entgegen einem Beschluß ihrer Fraktion, jeweils im Sinne Konrad Adenauers. Sie gaben später vor dem ersten Untersuchungsausschuß des Bundestages bereitwillig zu, daß ihnen zur Behebung privater Finanzprobleme ein wenig Bargeld von Regierungsseite zugeflossen sei. Aber natürlich, so sagten sie alle drei, und niemand konnte dies widerlegen, gab es keinerlei ursächlichen Zusammenhang zwischen dem Geld, das sie angenommen hatten, und ihrer Gewissensentscheidung, gegen ihre eigene Fraktion und für Adenauer und Bonn zu stimmen.

Nachdem Konrad Adenauer Bundeskanzler geworden war, wollte er dies auch bleiben, bis es dem Himmel gefiele, ihn abzuberufen. So legte er sich, wenn Bundestagswahlen nahten, stets mächtig ins Zeug, und es war eine wirkliche Freude dabeizusein, wenn er durch das bundesrepublikanische Land reiste und überall, wo mehrere Häuser beieinanderstanden, eine die Menge begeisternde Rede hielt.

Vor der dritten Wahl zum Bundestag, die am 15. September 1957 stattfand, hielt der inzwischen 81jährige Kanzler fast hundert Wahlreden. Die stenographischen Niederschriften zeigen, daß er nicht ein einziges Mahl etwas sagte, was die Zuhörer mit innen-, außen-, wirtschafts- oder finanzpolitischen Problemen hätte behelligen oder gar mit seinen Lösungsvorschlägen hätte verwirren können.

Er sprach meist ein wenig vom Wetter, dann vom Ernst der Lage, ohne daß jemals klar wurde, was ihn zu dieser Beurteilung bewogen hatte, und im übrigen machte er seinem jeweiligen Publikum noch ein paar unverbindliche und vage Versprechungen. Zu fränkischen Weinbauern sagte er: »Als Rheinländer erachte ich den Weinbau für vorrangig. Wir werden ihn fördern, meine Damen und Herren!« Vor katholischen Krankenschwestern versicherte er, daß deren »aufopfernde, wahrhaft christliche Tätigkeit künftig mehr Anerkennung, auch in finanzieller Hinsicht« finden werde. Und auf einer Nachmittagsveranstaltung für Hausfrauen, bei Kaffee und Kuchen, verstieg er sich gar zu noch kühneren Aussagen: »Mir tun die Hausfrauen leid, meine Damen«, begann er. »Sie müssen schwer arbeiten von morgens früh bis abends spät. Und da müssen wir versuchen, durch die verschiedensten Einrichtungen ihnen die Arbeiten, die abgenommen werden können, abzunehmen oder sie wenigstens durch die maschinellen Fortschritte, die wir gemacht haben, zu erleichtern. Was will dagegen die SPD, wenn sie zur Macht kommt? Ja, meine Damen, ich weiß es nicht ...«

Eine seiner Zuhörerinnen aber wußte es und sagte es auch: »Die würden uns alles wegnehmen, Herr Bundeskanzler!«

Sie erhielt für diesen Zwischenruf viel Zustimmung und Applaus, auch ein freundliches Nicken des Regierungschefs, das ihrer Klugheit galt. Doch dann nutzte der Redner die kleine Unterbrechung, um zum Kern seiner Aussage und damit auch zum Schluß zu kommen: »Es ist nicht leicht für mich, meine Damen, an einem so schönen Tag, vor einer so schönen Versammlung, aber ich bin dazu verpflichtet, meine Damen, so ernste Worte zu sprechen. Und deshalb lassen Sie mich Ihnen zum Abschluß sagen: Wir haben seit einer ganzen Reihe von Jahren noch nicht in einer so ernsten Periode in der Welt gelebt, wir wir jetzt leben. Da rechne ich auf Sie, meine Damen, und ihre Lebenserfahrung. Und meine Partei, die ich führe, die Christlich-Demokratische Union, die rechnet auch auf Sie und Ihre Stimme, meine Damen. Ich hoffe, daß wir uns nach dem 15. September glücklich, gesund und zufrieden wiedersehen!«

Überflüssig zu sagen, daß die Damen (wie zuvor die Wein anbauenden Herren) sehr angetan waren von diesem verantwortungsbewußten Kanzler. Eine seiner Zuhörerinnen an diesem wunderschönen Nachmittag – sie hatte sich dafür eigens dienstfrei genommen – war die Heldin der nachfolgenden Kapitel. Damals formte sich, wie sie mir vier Jahre später, als wir uns näher kennenlernten, offen anvertraute, erst ihr Weltbild.

Deshalb muß ich um Verständnis bitten, daß dieses Weltbild, wie es in den nächsten Kapiteln zutage tritt, vielleicht dem heutigen Leser, erst recht der modernen Leserin, ein wenig altmodisch erscheinen mag. Bedenken Sie also bitte, daß die folgenden Geschichten zwar schon zu Zeiten des an einer langen Zigarre befestigten Wirtschaftswundervaters und Adenauer-Nachfolgers im Kanzleramt, Professor Ludwig Erhard, spielen, aber das Nierentischchen, das im Wohnzimmer der Heldin stand, war noch nicht ganz abgezahlt; die raschelnden Rüschen der kunstseidenen Petticoats ihrer einzigen Tochter hatten noch nicht den Erfordernissen des gnadenlosen Minirocks weichen müssen, und der Förster im Silberwald sorgte noch, musikalisch umrahmt von einschmeichelnden Weisen aus der goldenen Kehle von Rudi Schuricke, für harmonische Besinnlichkeit, während die Emanzipation des zarten Geschlechts erst das Spätstadium des Laufställchen-Alters (»Sprechen von einfachen Silben, Interesse für Tiere, Ausführung kleiner Geheiße ...«) erreicht hatte.

Dies alles sollte bei der Lektüre des »Schatzkästleins« von der geneigten Leserschaft wohlwollend berücksichtigt werden.

Von der Relativität des Schnarchens

Frau Magda Grünfisch, geborene Ploffke – wie sie zu Beginn unserer Bekanntschaft noch hieß –, war schon vor rund einem Vierteljahrhundert, kurz nach dem Ende der gnadenreichen Regierungszeit Konrad Adenauers, eine höchst bemerkenswerte, ebenso imposante wie mütterlich-fürsorgliche Frau, die – wie sie oft betonte – die Welt, die Menschen und das Leben genauestens kannte.

Seinerzeit war sie, wie sie es schelmisch auszudrükken pflegte, »erst fünfzig Jahre jung und eine rheinische Frohnatur«, wozu, lediglich um der historischen Wahrheit willen, angemerkt sei, daß sie, strenggenommen, kein Kind des Rheinlands, sondern des westlichen Westfalens war. Sie hatte in Gelsenkirchen-Buer das Licht der Welt erblickt und war im Dunstkreis der dortigen Zeche Alma aufgewachsen als einziges Kind der Büglerin Elvira Ploffke und des – leider vor der geplanten Eheschließung mit der Mutter seiner Tochter bei einem Rangierunfall im Vollrausch ums Leben gekommenen – Wagenmeisters Kaspar Czibulla.

Durchaus richtig ist hingegen, daß Frau Grünfisch als Frohnatur bezeichnet werden kann, und dies allen gelegentlich harten Schicksalsschlägen zum Trotz.

Wenn sie dennoch häufig leise stöhnt und mitleiderregend seufzt, so ist das ausschließlich darauf zurückzuführen, daß sie eine unwiderstehliche Vorliebe für elegantes, hochmodisches Schuhwerk hat, sich dieses aber stets um eine halbe bis eine ganze Nummer zu klein auszusuchen und wider besseres Wissen zu kaufen pflegt, und dann zur Rechtfertigung der beträchtlichen Ausgaben auch ständig trägt. Sie bevorzugt deshalb eine sitzende Lebensweise und benutzt jede sich bietende Gelegenheit, sich unter dem Tisch, ohne Zuhilfenahme der Hände, erst des einen, dann des anderen Pumps geschickt zu entledigen, wobei sie jedesmal erleichtert aufatmet.

Als ich seinerzeit ihre Bekanntschaft machte, waltete sie noch in hochelegant ausgestatteten, smaragdgrün gekachelten Räumlichkeiten im Souterrain des Hotels Esplanade nahe der Düsseldorfer Königsallee getreulich ihres Amtes, zuständig für Damen *und* Herren. Doch während andere Angehörige ihres achtbaren Berufsstandes sich die Zeit mit allerlei Strick- und Häkelarbeiten oder mit dem Lösen von Kreuzwort- und Silbenrätseln zu vertreiben pflegen, beschäftigte sich Frau Magda Grünfisch geborene Ploffke in ihren freien Augenblicken teils mit Literatur, teils mit philosophischen Fragen.

Angeregt durch das ständige Plätschern, das ihre Arbeitswelt erfüllte, war sie zu der – schon von dem (ihr allerdings unbekannten) griechischen Philosophen Heraklit vertretenen – Überzeugung gelangt, daß »alles fließt«, folglich nichts, auch nicht ihre eigene, sehr bescheidene gesellschaftliche Position, als endgültig angesehen werden könnte – womit sie, wie sich erweisen sollte, durchaus recht hatte.

Übrigens hatte sie mit – dem etwa um 500 vor Christi in Ephesus wirkenden – Heraklit noch andere Gemeinsamkeiten, lehnte beispielsweise wie jener den logischen Gedankenfortschritt ab und gewann ihre Erkenntnisse aus tiefsinniger Innenschau, war ebenso stolz darauf wie der Grieche, die Weisheit nicht von anderen gelernt, sondern selbst entwickelt zu haben, und zwar aufgrund eigener praktischer Erfahrungen und des Nachdenkens darüber.

Des weiteren vertrat Frau Magda Grünfisch – in Unkenntnis der Einsteinschen Relativitätstheorie! – schon damals den Standpunkt, daß alles relativ und von den jeweiligen Verhältnissen bestimmt sei. Sie konnte auch, während sie mir liebenswürdigerweise einen abgesprungenen Hemdknopf wieder annähte, sogleich mit schlagenden Beweisen für die Richtigkeit ihrer These aufwarten: Da hatte ihr beispielsweise eine sehr schicke junge Frau, die zu ihren Stammkundinnen zählte, weil sie beinahe täglich im »Esplanade« zum Apéritif, Tee oder Cocktail erschien und sich alsdann in kurzen Abständen in Frau Grünfischs Kellerreich von der Unversehrtheit ihres Make-up und ihrer Frisur überzeugen mußte, beim sorgsamen Nachschminken ihres Schmollmundes freimütig berichtet, daß sie soeben die Scheidung eingereicht habe. Ihr Gatte, ein bislang steinreicher Bankier fortgeschrittenen Alters, den sehr gewagte Spekulationen völlig ruiniert und zum Offenbarungseid gezwungen hatten, schnarche nämlich unerträglich.

Auf Frau Grünfischs erstaunte Frage, ob denn der Herr Gemahl nicht auch schon früher, in guten Zeiten, geschnarcht hätte, war ihr von der reizenden jungen Frau die – sie zunächst verblüffende – Antwort zuteil geworden: »Gewiß, aber ein reicher Mann schnarcht eben ganz anders als ein armer!«

Darüber hatte Frau Grünfisch gründlich nachgedacht. Sie selbst hatte wenig Erfahrung mit schnarchenden Männern, armen wie reichen. Ihre Ehe mit Herrn Lambertus Grünfisch, in der Düsseldorfer Altstadt besser bekannt als »Buletten-Lambert«, war – glücklicherweise, wie sie im Rückblick fand – nur von sehr kurzer Dauer gewesen; noch während der Flitterwochen, in denen sie den Drachenfels und das Ahrtal besucht hatten, war ihr Lambertchen, wie sie ihn genannt hatte, mit einer flachsblonden Eisverkäuferin auf und davon. Auch war er ihr weder durch Schnarchen noch durch irgendetwas anderes nachhaltig in Erinnerung geblieben, schon gar nicht durch Beiträge zum Unterhalt ihres gemeinsamen Töchterchens, der inzwischen zweiundzwanzigjährigen Ira Gracia Grünfisch.

Auch ihre sonstigen vor- oder nachehelichen, stets kurzfristigen Beziehungen zu Vertretern des starken Geschlechts hatten zwar ausgereicht für weiteren

Kindersegen in Gestalt ihres Sohnes Karl-Egon, der gerade seine Metzgerlehre erfolgreich abgeschlossen hatte, nicht jedoch zu Erkenntnissen auf dem Gebiet des Schnarchens. Zudem hätte sie keine Vergleiche zwischen armen und reichen Schnarchern ziehen können, weil ihre Verehrer sämtlich gleichermaßen minderbemittelt gewesen waren, sich zum Teil sogar von ihr, ehe sie sie auf ein Stündchen in ihre Wohnung begleitet hatten, die zuvor beim Tanzvergnügen eingenommenen Getränke bezahlen ließen und später von ihr das Fahrgeld für die letzte Straßenbahn erbaten, woraus man folgern kann, daß sie wirklich sehr schlecht bei Kasse und zudem in großer Eile gewesen waren.

Kurz, aus eigener Anschauung (hier wohl richtiger: Anhörung) hatte sich Frau Grünfisch kein Urteil zu bilden vermocht über die Richtigkeit der Aussage jener Bankiersgattin, derzufolge wohlsituierte Herren ganz anders schnarchen sollten als jäh verarmte.

Indessen war Frau Grünfisch nicht gewillt gewesen, sich mit ihrem Informationsdefizit abzufinden. Sie hatte vielmehr nach Wegen gesucht, wie sie diesem abhelfen könnte. Da traf es sich gut, daß ihre Wohnungsnachbarin, Frau Emma Pachulke, ihr tags darauf im Treppenhaus ihr Leid klagte: Ihr Ehemann, der Gelegenheitsarbeiter Otto W. Pachulke, hätte ihr mit seinem Schnarchen wieder einmal den Schlaf geraubt. Nun erinnerte sich Frau Grünfisch, daß ihre Tochter Ira Gracia, deren Zimmer Wand an Wand zum Schlafgemach der Pachulkes lag, sich schon wiederholt über die Schnarcherei des Herrn Pachulke beschwert hatte. Die abstoßenden Geräusche wären durch die solide Betonwand so laut vernehmbar gewesen, daß Ira Gracia stundenlang kein Auge hätte zumachen können.

Dieser Tatbestand hatte Frau Grünfisch auf den Gedanken gebracht, mütterliche Fürsorge mit wissenschaftlichem Ehrgeiz zu koppeln und der Tochter anzubieten, für die kommende Nacht das Zimmer mit ihr zu tauschen, und Ira Gracia hatte den Vorschlag dankbar angenommen, ihre Romanhefte, ihr Nachtzeug und einen Karton Likörpralinen ins Schlafzimmer ihrer Mutter getragen und dieser ihr eigenes - leider sehr wenig aufgeräumtes - Gemach bereitwillig überlassen.

Die Zeit bis zum Abend dieses Tages verbrachte Frau Grünfisch, während sie ihren Dienst im Souterrain des »Esplanade« getreulich versah und soweit ihr dieser, sozusagen zwischen den diversen Geschäften, etwas Muße ließ, teils mit Nachdenken, teils mit der Durchsicht einer Vielzahl von Zeitschriften, wie sie im Hotel ausgelegt oder von Gästen liegengelassen wurden. Sie hatte sie sich von einem der Pagen erbeten und nach gründlichem Studium eine Auswahl getroffen, die sie abends mit nach Hause nahm. Auf ihre Vorstellungskraft allein wollte sie sich nämlich nicht verlassen, vielmehr war sie auf einen, wie mir scheint, genialen Gedanken gekommen, wie ihrer

Phantasie auf die Sprünge geholfen werden könnte, und dann ging sie noch am selben Abend folgendermaßen an ihr Experiment: Zunächst besorgte sie sich auf dem Heimweg vom »Esplanade« noch eine Flasche Sekt der preisgünstigen Hausmarke des Supermarktes sowie ein Päckchen »Knabberdas Luxus«, legte nach dem Abendbrot ihr feinstes, tief dekolletiertes Nachthemd an, schuf in Ira Gracias unaufgeräumten Zimmer mit wenigen Handgriffen eine ihren Ansprüchen von wohlhabender Intimität einigermaßen entsprechende Atmosphäre, indem sie das Licht dämpfte, leise Tangomusik erklingen und den Sekt ins Glas perlen ließ, knabberte nach jedem Schluck ein wenig von dem luxuriösen Gebäck und wartete auf Herrn Otto W. Pachulkes Schnarchen, zunächst vergeblich.

Erst nachdem um 23 Uhr die Kneipe nebenan geschlossen hatte, hörte sie ihn durchs Treppenhaus stampfen, dann im Schlafzimmer nebenan rumoren, schließlich etwa drei Minuten später mit beträchtlicher Lautstärke schnarchen.

›Wie kann einer so schnarchen?‹ dachte sie erschrocken und voller Mitgefühl für Frau Emma Pachulke. Wie ist es nur möglich, daß einer so gewissen- und rücksichtslos einherschnarcht, einer, der bekanntermaßen mit den Raten für den Fernseher und die Waschmaschine weit im Rückstand ist; dem sie vielleicht schon morgen diese und andere unter Eigentumsvorbehalt des Elektrohändlers überlassene Gebrauchsgüter wieder aus der Wohnung tragen; dem sie demnächst den (leider nur gelegentlichen) Lohn pfänden und auch in seiner Stammkneipe nicht das kleinste Gläschen Altbier mehr auf Kredit geben werden? Wie kann ein so verantwortungs- und mittelloses Subjekt, ein Mann ohne Auto und feste Arbeit, es auch noch wagen, den Schlummer seiner ehrbaren, unermüdlich sich abrackernden Gattin zu stören? Kein Wunder, daß Emma Pachulke den anderen Hausbewohnern gegenüber so bittere Klage über ihren Mann führt!

Aber dann riß sich Frau Grünfisch energisch aus diesen Gedanken sowie aus dem proletarischen Milieu, zwang sich - unter Zuhilfenahme eines weiteren Gläschens perlender Hausmarke -, die Realität zu vergessen und tauchte mit aller Kraft in die - wohlvorbereitete - Illusion ein.

Sie stellte sich vor, nicht Herr Otto W. Pachulke schnarche in der benachbarten Wohnung, sondern es sei der Aga Khan! Dessen Hochglanzfoto hatte sie sich aus einer mondänen Rennsport-Zeitschrift ausgeschnitten und auf der geblümten Tapete in Höhe ihres Kopfkissens befestigt.

Seine Göttlichkeit, etwas dicklich zwar, aber gerade darum so immens reich, wurde er doch jedes Jahr von seinen gläubigen Anhängern buchstäblich in Gold und anderen Kostbarkeiten aufgewogen und mit diesem sehr wertvollen Gegengewicht seiner Leibesfülle beschenkt, schlummerte also nun in Frau

Magda Grünfischs Phantasie schnarchend an deren Seite, »selig seufzend wie ein satter Säugling«, wie Frau Grünfisch gefunden hätte, wären ihr Christian Morgensterns Verse bekannt gewesen.

Sie rückte noch ein bißchen näher an die Wand, so daß des Aga Khans fette, doch mit wallnußgroßen Edelsteinen geschmückte Hand fast ihre vor Aufregung leicht gerötete Wange berührte – und siehe da: Die Illusion, als Favoritin an der Seite des milliardenschweren Oberhauptes der spendenfreudigen Hodschas zu ruhen, war nahezu perfekt. Frau Grünfisch fühlte sich von dem phonstarken, rhythmischen Geräusch, das sie dem Gaumensegel des Aga Khan zuzuschreiben vermochte, überhaupt nicht mehr belästigt!

»Mein göttliches Dickerchen«, flüsterte sie, »morgen wirst du mir die wundervolle Silberfuchsstola kaufen, die in der Vitrine vom »Esplanade« ausgestellt ist, und das Perlenkollier aus der anderen Vitrine und das dunkelblaue Schneiderkostüm von C & A und die wunderschönen Krokodillederpumps, und ich werde dich mit getrüffelter Gänseleberpastete und Räucheraal und Hummermayonnaise füttern, damit das Geld beim nächsten Wiegen wieder hereinkommt ...«

Fast wäre sie mit diesen glücklichen Träumen eingeschlummert, riß sich aber noch einmal im Interesse der Wissenschaft zusammen. Denn mit dem Aga Khan sollte es ja nicht sein Bewenden haben! Der dicke Nabob war von ihr ja nur als die Nummer 1 in der Kette der Versuche ausgewählt worden, mit denen sie sich experimentell Gewißheit darüber zu verschaffen gedachte, daß ein Krösus tatsächlich anders schnarcht als ein armer Schlucker.

So arbeitete sie also, von Forschereifer angetrieben, weiter, legte nur kleine Pausen ein, in denen sie die Musik und die Fotos wechselte, sich mit einem Schluck Schaumwein und etwas Luxusgebäck ein wenig stärkte und dann auf den nächsten Repräsentanten von Reichtum und Macht konzentrierte.

Ihre Nummer 2 war Fürst Johannes von Thurn und Taxis, bei dem es Frau Grünfisch im Nu gelang, das Seiner Durchlaucht zugedachte Schnarchen von nebenan melodisch und geradezu respekteinflößend zu finden. Es klang ihr wie das imponierende Geräusch einer platingehärteten Edelstahlsäge in kostbarem Palisanderholz, untermalt von dem sympathischen Cha-cha-cha beim Schütteln der Siebe, in denen Goldnuggets ausgewaschen werden.

»Mein goldiges Fürstchen ...!«, murmelte sie, »willst du mir wirklich den prächtigen Smaragden schenken, den du an deinem aristokratischen Ringfinger trägst? Er paßte so gut zu den Kacheln im ›Esplanade‹ ...«

Bei Herrn Dr. Friedrich Karl Flick, ihrer Nummer 3, hatte Frau Grünfisch anfangs große Schwierigkeiten. Vielleicht war es die dicke schwarze Hornbrille, die sie an dem Milliardenerben störte. Auch die weiße Frackschleife, die Dr. Flick auf dem Porträt trug, das sie an die Wand neben ihrem Kopfkissen geheftet hatte, irritierte Frau Grünfisch, die sich bei Annäherung davon gekitzelt fühlte. Zum Glück hatte sie noch ein zweites Foto von Herrn Dr. Flick, das ihn als Baby im Steckkissen zeigte, ohne Hornbrille und Frackschleife, dafür mit geöffnetem Mund, was auch zum Schnarchen von nebenan besser paßte, zumal Herr Pachulke die Lautstärke inzwischen gedrosselt hatte.

Mütterliche Gefühle überkamen Frau Grünfisch, als sie den steinreichen Säugling neben sich betrachtete. Sie stellte sich vor, auf dem Steckkissen wäre in zierlicher Goldstickerei zu lesen: »5 Mio. wg. Magda G.«!

»Schnarch du nur, Fritzchen, mein Goldjunge, mein gebündeltes Bares!«, kam es leise von ihren Lippen, und nachdem sie dem Baby-Krösus noch einen Kuß auf die Wange gehaucht hatte, legte sie eine Pause ein und ging zur Nr. 4 über.

Sie erschrak, als sie das Bild betrachtete. Vielleicht hatte sie sich bei diesem bewußt gewählten höheren Schwierigkeitsgrad doch zuviel vorgenommen! Zwar war das Hochglanzfoto, das sie einer vergilbten Illustrierten entnommen hatte, mit der verheißungsvollen Unterzeile versehen: »John Pierpont Morgan junior, der reichste Mann der Welt«, aber dieser Junior saß in einem mit Kissen ausgestopften Rollstuhl und sah wie die mangelhaft präparierte Mumie eines Indianerhäuptlings aus. Auch hatte Herr Otto

W. Pachulke nebenan gerade die Schonzeit beendet und war wieder zur Phonstärke einer startenden Boeing übergegangen.

»Wie, um alles in der Welt«, ging es Frau Grünfisch durch den Kopf, »soll man *das* ertragen – bei *diesem* Anblick?!«

Bei einem weiteren Glas perlender Hausmarke zwang sie sich schließlich dazu, ein Höchstmaß an Phantasie zu entwickeln. Sie stellte sich vor, die prallen Kissen und Plumeaus, in denen der steinalte Krösus zu versinken schien, seien mit Tausend-Dollar-Scheinen gefüllt. Liza Minellis *»Money, money, money«,* von Frau Grünfisch mit glücklicher Hand als Begleitmusik ausgewählt, half ihr dabei. Das Schnarchen wurde erträglicher.

»Er kann es sich leisten«, murmelte Frau Grünfisch respektvoll, eingedenk des gewaltigen Kapitals, das nach ihrer Regie momentan hinter Herrn Otto W. Pachulkes Schnarchen stand.

Dann fiel ihr ein, über John P. Morgan junior gelesen zu haben, es sei ihm stets ein Vergnügen gewesen, an jedem der etwa siebzig Geburtstage, die ihm in seinem Erwachsenenleben nach Antritt seiner immensen Erbschaft noch vergönnt gewesen waren, jeweils einige -zig Millionen Dollar an seine besten Freundinnen und Freunde zu verschenken, um sie in fröhliche Wiegenfeststimmung zu versetzen.

Nun gelang es ihr tatsächlich, daß John P. zugeordnete Schnarchen für einen Augenblick als ganz angenehm zu empfinden, und ehe dieses Gefühl sie wieder verließ, trank sie rasch das letzte Glas Sekt auf das Wohl des uralten Krösus, streichelte ihm flüchtig die lederne Wange und verabschiedete sich von ihm, glücklich seufzend: »Ach, Johnny, mein alter Kakadu, wenn du doch jeden Tag Geburtstag hätt'st . . . !«

Dann nahm sie das Foto von der Wand, packte es zu den anderen, schaltete den Plattenspieler aus, legte sich befriedigt zur Ruhe und löschte, nachdem sie mit den vorsorglich mitgebrachten Stöpseln ihre Ohren gegen Herrn Otto W. Pachulkes unermüdliches Schnarchen hinreichend geschützt hatte, das Licht in dem angenehmen Bewußtsein, eine selbstgestellte Aufgabe von beträchtlichem Schwierigkeitsgrad glänzend gelöst, damit das eigene Selbstbewußtsein gestärkt und darüber hinaus der Wissenschaft einen unschätzbaren Dienst erwiesen zu haben.

Beim Einschlafen dachte Frau Magda noch einmal für einen Augenblick an den sie gerade erst mit einem Smaragden beschenkt habenden Johannes von Thurn und Taxis und dessen etwas gequältes Lächeln, vielleicht wegen der gerade ansteigenden Phonstärke, vielleicht auch, weil er sich ungern von seinem Edelstein trennte.

»Man muß es sich leisten können«, murmelte sie noch, womit sie zugleich den Lehrsatz prägnant formulierte, der als das »Grünfisch-Axiom« inzwischen zu internationaler Geltung gekommen ist.

Von weiteren Anwendungsmöglichkeiten des Grünfisch-Axioms

»Bitte sehr, der Herr«, sagte Frau Grünfisch und reichte mir ein zwar sehr kleines, aber untadelig frisches Handtuch.

Ich trocknete mir die Hände ab, legte einige Münzen auf den kleinen Porzellanteller unter dem Spiegel und wollte Frau Grünfischs smaragdgrün gekacheltes Kellerreich wieder verlassen, doch sie hielt mich zurück mit den Worten:

»Neulich habe ich Ihnen erzählt, wie das mit dem Schnarchen ist; daß man es sich *leisten können* muß, so zu sägen wie mein Nachbar Pachulke, und daß *er* dazu kein Recht hat - dieser bis über die Ohren verschuldete Suffkopp! Im Gegensatz zu wirklich gutsituierten Herren, bei denen es überhaupt nicht stört, wenn sie mit Zechenkoks gurgeln, wie meine selige Mutter sich ausdrückte ... Also, ich habe da noch eine Entdeckung gemacht - wenn es Sie interessiert?«

Sie schien darauf zu brennen, mir ihre weitere »Entdeckung« unverzüglich mitzuteilen, blickte mich über ihre Brillengläser hinweg mit zur Seite geneigtem Kopf von unten her so dringlich bittend an wie ein junger Dackel, der den alten Socken zurückhaben will, den man ihm entrissen hat, und noch ehe ich etwas erwidern konnte, begann sie auch schon mit ihrem Arbeitsbericht:

»Also, ich habe mir Gedanken gemacht, ob das, was für das Schnarchen gilt, vielleicht auf weitere und möglicherweise sogar auf *alle* menschlichen Verhaltensweisen zutreffen könnte, und da bekam ich heute, im Abstand von nur dreißig Minuten, zwei Mitteilungen...«

Ich erfuhr dann von ihr, daß sich am späten Nachmittag dieses Tages im Hotel Esplanade zwei ungewöhnliche Vorfälle ereignet hatten, denen ein nahezu identisches Verhalten zweier etwa gleichaltriger Frauen zugrunde lag, das aber höchst unterschiedlich bewertet worden war, im ersten Fall sehr harte, im zweiten gar keine Konsequenzen gehabt hatte.

Der erste Fall betraf Fräulein Gisela Pocholsky, die Sekretärin des für Tagungen und Bankette zuständigen Direktors, eine bis dahin in bestem Rufe stehende Bürokraft von Anfang Zwanzig. Fräulein Pocholsky, sonst sehr zurückhaltend, auch und gerade, was Alkohol betraf - bei Geburtstagsfeiern des Personals hatte sie nie mehr als ein Gläschen Sekt getrunken -, war in den letzten drei Tagen dadurch aufgefallen, daß sie blaß und verheult aussah, außerdem in erheblichem Maße dem Alkohol zugesprochen hatte - ihrem eigenen, wie Frau Grünfisch sich beeilte hinzuzufügen. Sie hatte, wie sich dann herausstellte, an jedem der letzten drei Tage morgens eine halbe Flasche »Monbijou Dreistern-Weinbrand«

zu 4,95 DM wohlverschlossen und in Originalverpakkung mit zur Arbeit gebracht, sie bis zum frühen Nachmittag geleert und achtlos, samt Karton und Tragetasche, in ihrem Papierkorb zurückgelassen.

»Naja«, sagte ich, »wahrscheinlich hat sie Liebeskummer. Das kommt doch vor...«

Frau Grünfisch nickte nur zustimmend mit dem Kopf, trat einen Schritt zur Seite - wie zufällig so, daß ich ihr gekacheltes Reich nicht verlassen konnte, ohne sie zu bitten, mir den Weg freizumachen - und fuhr in ihrem Bericht fort, sich aber nun doch auf das Wesentliche konzentrierend: Am ersten Tag ihres gänzlich aus dem Rahmen fallenden Weinbrand-Konsums war Fräulein Pocholsky von ihrem Chef, Direktor Kniewickel, nur besorgt gefragt worden, ob ihr nicht wohl sei, was sie stumm verneint hatte, zu weiteren Auskünften nicht bereit. Am zweiten Tag war Direktor Kniewickel tagsüber auswärts beschäftigt gewesen - wegen der plötzlichen Absage des Internationalen Dauerbackwaren- und Kekskongresses -, hatte bei seiner Rückkehr Fräulein Pocholsky abermals alkoholisiert angetroffen, in milder Form sein Mißfallen geäußert und es mit einer Verwarnung bewenden lassen. Heute aber, gerade als um 16 Uhr Dr. Blechreder zur Besprechung des Festbanketts des Bundesverbands der Gummiwarenhersteller das Büro betreten hatte, war - so Frau Magda Grünfischs Informant, der Page Enrico, wörtlich - »die Pocholsky total ausgeflippt«, hatte sich in Gegenwart ihres

Chefs und des wichtigen Kunden derart laut und abfällig über Männer im allgemeinen und den Chef der Rezeption im besonderen geäußert, daß – nicht zuletzt wegen ihrer das Schamgefühl verletzenden Ausdrucksweise und ihres erneuten Zustands der Trunkenheit am Arbeitsplatz – Herr Direktor Kniewickel sich gezwungen gesehen habe, sie fristlos zu entlassen und des Hauses zu verweisen. Zudem drohe Fräulein Pocholsky nun eine Schadenersatzklage, weil sie die kostbare Majolika-Statue vom Schreibtisch ihres Chefs, eine Nachbildung der Venus von Milo, in gezieltem Wurf, haarscharf am Kopf des entgeisterten Dr. Blechreder vorbei, in die Rezeption geschleudert, den Empfangschef nur knapp verfehlt und den in der Loge deponierten Pekinesen von Madame Chaouche so erschreckt habe, daß er seither pausenlos kläffe.

»Nun ja, so etwas kommt vor«, sagte ich, »es wird nicht so schlimm werden ...«

»Gewiß kommt so etwas vor, heute sogar fast zur gleichen Zeit in der Bar«, fuhr Frau Grünfisch entschlossen fort und lehnte nun mit dem Rücken an der Tür, dem einzigen schicklichen Ausgang aus ihrem Reich, denn als Alternative bot sich mir für den Rückzug nur der Weg durch die Damentoilette. Dann berichtete sie, was sich an diesem späten Nachmittag in der Hotelbar des »Esplanade« zugetragen hatte: Dort war, wie seit Wochen schon, gegen 17 Uhr eine stupsnasige, sehr teuer angezogene Dame von Anfang Zwanzig erschienen, hatte sich, wie immer, einen Tom Collins, dann einen Kir Royal, schließlich einen »ganz trockenen« - will heißen, nur durch einen einzigen Tropfen Wermut minimal verdünnten, ansonsten aus purem Wacholderschnaps bestehenden - Martini bestellt, war dann zu Cocktails auf der Basis von Curaçao und anderen süßen Likören übergegangen und hatte diese grauenhafte Mischung mit einem Cuba Libre - aus weißem Rum und Coca Cola - gekrönt.

Mir wurde fast schlecht bei dem bloßen Gedanken daran, und ich wollte gerade Frau Grünfisch freundlich, aber bestimmt darauf aufmerksam machen, daß ich noch eine wichtige Verabredung hätte und nun leider gehen müßte.

Doch sie ließ mich gar nicht zu Worte kommen, fuhr mit großem Elan in ihrem Bericht fort, ging aber glücklicherweise jetzt auf einen anderen, weit weniger abstoßenden Aspekt als den des wahllosen und exzessiven Konsums süßlicher Getränke durch die besagte Dame ein.

Die junge Frau, so erzählte sie eifrig weiter, und ihre rehbraunen Knopfaugen begannen dabei zu funkeln, habe nicht allein ihren Alkoholspiegel zielstrebig erhöht, sondern auch, wie bereits seit Wochen, wenngleich bislang erfolglos, Harry, dem Barmann, ziemlich deutliche Avancen gemacht.

Angemerkt sei, daß Frau Grünfisch zunächst von »anmachen« sprach, was mich etwas irritierte, weil ich diesen Begriff bis dahin – es war im Sommer 1965 – nur in Bezug auf Feuer und Licht, aus dem Munde rheinisch-westfälischer Hausfrauen wohl auch in Zusammenhang mit der Zubereitung von Salaten kannte.

Frau Grünfisch machte mir aber sehr rasch klar, was sie in diesem Falle damit meinte: Harry, ein dunkelhäutiger Meister seines Fachs von blendendem Aussehen und ebensolchen Manieren, war von der eleganten jungen Frau auf jede zu einer spätnachmittäglichen Stunde in einer von in- und ausländischen Geschäftsleuten besuchten Hotelbar nur erdenklichen Weise zur baldigen Aufnahme intensiver zwischenmenschlicher Beziehungen erotischer Art provoziert worden, wenngleich natürlich vergeblich. Harry hatte sich korrekt an seine Dienstvorschriften gehalten und tapfer bemüht, ihre unverkennbaren Angebote teils zu überhören, teils zu übersehen, wobei letzteres in bezug auf ihr ohnehin sehr offenherziges und infolge raffinierter Bewegungen sehr exakte und plastische Vergleiche beider Seiten gestattendes Dekolleté fast unmöglich war.

Etwa zeitgleich mit der hastigen Leerung des dritten Glases »ganz trockenen« Martinis hatte die junge Dame dann zu weinen begonnen, und als Harry ihr dann von weiteren Cocktails auf sehr behutsame und freundliche Weise abriet, wobei er sich vorsichtshalber in ausreichender Entfernung von ihren kostbar beringten, sehnsüchtig nach ihm ausgestreckten Händen hielt und ihr den trotzig bestellten weiteren

Trank, den Cuba Libre, nur noch mit stark reduziertem Rumgehalt und gegen das Versprechen aushändigte, es damit für heute bewenden zu lassen und mit dem – von ihm vorsorglich schon bestellten – Taxi umgehend heimzufahren, war die junge Frau plötzlich – so Frau Grünfischs Informant in diesem zweiten Fall, der Pikkolo Holger-Imbrahim, wörtlich – »total ausgeflippt«.

Frau Grünfisch berichtete dieses letzte Detail mit deutlichem Triumph in der Stimme, und sie wies mich dann noch ausdrücklich darauf hin, daß ihre Gewährsleute die beiden Vorfälle des heutigen Spätnachmittags bis zur Wortwahl übersteinstimmend bewertet hätten!

Die »total ausgeflippte« junge Frau an der Hotelbar hatte zunächst zu schreien begonnen, dann ihren – zum Glück gerade von Holger-Imbrahim ausgewechselten und daher sauberen Aschenbecher nach Harry geschleudert. Der Barmann konnte dem Wurfgeschoß aus Bergkristall zwar gerade noch ausweichen, aber ein Glasbord der Rückwand mit vierzehn Flaschen, darunter drei mit »großjährigem«, will heißen: mindestens achtzehn Jahre altem Malted Whisky sowie achtundvierzig auf Hochglanz polierte Champagnerkelche, ebensoviele Cognacschwenker, zwei große Gläser mit grünen und schwarzen Oliven, ein etwas kleineres mit Maraschino-Kirschen *und* der drei mal fünf Meter große Kristallglasspiegel dahinter gingen mit großem Lärm zu Bruch.

Anstatt sich mit diesem an sich doch sehr beachtlichen Resultat nun zufriedenzugeben, hatte die aufgebrachte und von den Anstrengungen schon etwas derangierte junge Dame zwar ihr unartikuliertes und grelles Schreien beendet, stattdessen aber wüst – und leider auch sehr laut und deutlich – zu schimpfen begonnen, erst auf den von ihr vergeblich »angemachten« Harry allein, dann auf »alle Männer«.

Vier japanische Konzernmanager, die aus einiger Entfernung die Szene interessiert verfolgt und die junge Frau mit ermunternden Zurufen, wie sie in ihrer Heimat bei Kampfspielen üblich waren, zu weiteren Würfen aufgefordert hatten, verstummten jäh, als sie die Kraftausdrücke vernahmen, mit denen sie alle Vertreter des maskulinen Geschlechts, unabhängig von Rasse, Religion oder Hautfarbe, nun bedachte.

Auch zwei würdige ältere Herren, arabische OPEC-Repräsentanten von enormer finanzieller Potenz, die neben der wütenden jungen Frau an der Bar saßen und ihr wie auch ihrem Dekolleté bis dahin Bewunderung gezollt hatten, wurden von ihr in die Beschimpfungen mit einbezogen und explizit – wenngleich mit anderen, recht vulgären Worten – als männliche Ziegen in permanentem Zustand sexueller Erregung bezeichnet, was die Herren sehr zu kränken schien. Der eine der beiden erhob sich empört von seinem Hocker, verschüttete dabei den Tomatensaft seines Erdölgeschäftspartners, so daß beider bislang blütenweiße Burnusse wenig später in das zum Glück noch geöffnete Benzinbad gegeben werden mußten, und stürzte sich, seine mit zwei Rolex-Uhren - eine für die Ortszeit, die andere die Mittelöstliche Sommerzeit anzeigend - geschmückten Arme wie ein Racheengel erhoben, auf die kreischende junge Frau.

Was dann im einzelnen geschah, ging so rasch (und raschelnd) vor sich, daß niemand mit Bestimmtheit sagen konnte, *wie* es geschah. Jedenfalls hielt der Scheich plötzlich den größten Teil der ebenso hocheleganten wie tiefdekolletierten rohseidenen Robe der jungen Frau in seinen mit kirschkerngroßen Brillanten geschmückten Händen, während sie nur noch ganz unzureichend bekleidet war, außer an den Füßen!

Wenn man von ihren modischen Pumps mit Bleistiftabsätzen einmal absah - und das taten die meisten der anwesenden Herren wie diesmal auch der Barmann Harry und der Pikkolo Holger-Imbrahim -, bestand ihre bis dahin noch einigermaßen korrekte Garderobe nun lediglich aus einem Beinahe-Nichts aus schwarzen Spitzen, das zusammen mit ihren hauchdünnen Strümpfen bequem in einer gewöhnlichen Streichholzschachtel unterzubringen gewesen wäre.

Aber soweit war es glücklicherweise nicht gekommen! Überhaupt hatte der objektiv recht erfreuliche Anblick der, sozusagen, voll entwickelten jungen Frau nur wenige Sekunden gewährt. Denn noch ehe ihr Entsetzensschrei, der zugleich die letzte ihrer lautstarken

Äußerungen an diesem Spätnachmittag sein sollte, gänzlich verhallt war, hatte sich der herbeigeeilte Geschäftsführer, Direktor Gottfried Semmelweiß, erstens der Situation, zweitens der decouvrierten jungen Frau (die übrigens nach übereinstimmender Feststellung aller Anwesenden völlig gleichmäßig, ohne Streifen, sonnengebräunt war!) und drittens ihres leichten, gazellenledernen Sommermantels bemächtigt, der von ihr zu Beginn ihres so abwechslungsreichen Besuchs achtlos auf dem freien Barhokker zu ihrer Linken deponiert worden war, hatte dann blitzschnell jene in diesen gehüllt, so daß sie nun wieder, zumindest dem äußeren Anschein nach, untadelig angezogen war.

Dann hatte Herr Direktor Semmelweiß die nunmehr stumme junge Dame freundlich lächelnd, als ob nichts geschehen wäre, ja sogar mit deutlich erkennbarem Stolz, etwa wie ein Vater, der seine bezaubernde Tochter erstmals auf einen Ball führt, aus der Bar geleitet, ihr in seinem Direktionsbüro einige Erfrischungen servieren und vom Hotelarzt Dr. Wucherpfennig leichte Beruhigungsmittel verabreichen lassen, sie schließlich persönlich in seinem Privatwagen heimgebracht auf den ausgedehnten Landsitz ihres – gerade geschäftlich in Miami weilenden – Gatten in der Nähe von Meerbusch.

»Und stellen Sie sich vor«, schloß Frau Grünfisch triumphierend ihren Bericht und stemmte dabei die Arme in die Hüften, »Herr Direktor Semmelweiß – es ist kaum zu fassen! – hat sich, als er mit ihr durch die Halle ging, auch noch *bei ihr entschuldigt* ...! Zwei Pagen und der Chefportier haben es deutlich gehört! Er hat sogar die *Ungelegenheiten* aufs tiefste bedauert, die *ihr* in seinem Hause bereitet worden wären und die *sie* gütigst *verzeihen* möge!«

Und nach einer kurzen, allenfalls zwei Herzschläge währenden, ihr aber wohl dramaturgisch wichtig erscheinenden Pause setzte Frau Grünfisch noch seufzend hinzu: »Nun ja, bei ihr ist das eben etwas anderes als bei der Pocholsky ... Sie stammt aus allerfeinstem Hause!«

Ich erfuhr nun, daß der Vater der temperamentvollen jungen Frau, die Harry, den Barmann, vergeblich »anzumachen« versucht hatte, der die europäische Buchverlagsbranche beherrschende Konsul Dr. Konstantin (»Koko«) Sanella war, der Margarine- und Kokosfett-König, auch Vorsitzender des Aufsichtsrats der »Esplanade-Hotelbetriebsgesellschaft«; daß ihre Mutter, eine geborene Iso-Rivolta, aus einer die italienische Teigwarenindustrie kontrollierenden Familie stammte; daß ihre Großmutter mütterlicherseits, die Marchesa Mozzarella, ihr den größten Käse- und Filmkonzern des Kontinents vererbt habe.

In erster Ehe war die junge Frau mit dem Herzog von Worcester verheiratet gewesen, was Frau Grünfisch »pikant« fand. Die Scheidung, schon nach vier Monaten, war einer Affäre zuzuschreiben gewesen, die Herzogin Gaby geborene Sanella mit einem – so

Frau Grünfisch – »süßen Bengel«, dem erst siebzehnjährigen Harribo Stollwerck-Sprüngli hatte und die nicht nach dem Geschmack ihres Gatten, des Saucen-Aristokraten, gewesen war. Und gegenwärtig sei die junge Ex-Herzogin mit dem multinationalen Medienkonzernchef Ragnar Theophil Lux, in der Boulevardpresse meist RTL abgekürzt und häufig an der Seite vollbusiger Starlets abgebildet, mehr oder weniger glücklich verheiratet. Ihr Gatte, der seiner elektronischen Interessen wegen in der seriösen Fachpresse häufig auch als »Elektro-Lux« bezeichnet würde, sei sehr viel auf Reisen. Sein Privat-Jet sei fast ständig in der Luft...

»Tja«, hatte Frau Grünfisch zu diesem Teil ihres Berichts abschließend bemerkt, »eine Gaby Lux geborene Sanella kann sich eben nahezu alles leisten!«

Dann verfiel sie in Schweigen und schien nachzudenken, lehnte aber immer noch mit dem Rücken am einzig schicklichen Ausgang. Es wunderte mich, daß seit nunmehr achtundzwanzig Minuten niemand durch diese Tür hereingekommen war, während nebenan bei den Damen der Gang der Geschäfte, wenn man so sagen darf, als rege bezeichnet werden konnte. Es herrschte dort, wie man deutlich hören konnte, ein ständiges Kommen und Gehen.

Frau Grünfisch kümmerte sich nicht darum. Vielleicht achtete sie mit einem Ohr darauf, daß vor jedem Weggang von nebenan ein paar Münzen auf den dafür bereitstehenden Teller geworfen wurden, wie es korrekterweise, den entsprechenden Geräuschen nach zu urteilen, auch jedesmal geschah. Aber Frau Grünfisch ließ sich nicht anmerken, daß sie Obacht darauf gab.

Es schien sie auch überhaupt nicht zu stören, daß die für Herren bestimmte Seite ihrer Diensträume seit einer halben Stunde nicht mehr frequentiert worden war. Sie vermochte diesem momentanen Mangel an maskulinen Bedürfnissen sogar etwas abzugewinnen, ermöglichte es ihr doch dieser Umstand, daß sie mich gänzlich ungestört in gelindem Arrest halten konnte.

Um ihre Mundwinkel spielte jedesmal der Anflug eines Lächelns, wenn sich, wie es in kurzen Abständen geschah, im Gang Schritte näherten, dann draußen vor der Tür, an die sie sich lehnte, kurz verhielten und sich schließlich in beschleunigtem Tempo wieder entfernten.

(Sie hatte übrigens, was ich aber erst bei meinem Weggang bemerkte, als ich die Tür von außen schloß, die Kühnheit besessen, kurz nach meinem Eintritt in ihr gekacheltes Reich und noch ehe ich den Zweck meines Besuchs erfüllt hatte, außen ein Schild zu befestigen, das ihren prospektiven Kunden, soweit es sich um Herren handelte, die vorübergehende Außerbetriebnahme der Örtlichkeit kundtat und sie auf die entsprechenden Einrichtungen gegenüber dem Großen Ballsaal im Hochparterre verwies...)

Frau Grünfisch schwieg noch immer. Ich glaubte sie so erschüttert von der kraß unterschiedlichen Behandlung zweier Fälle »totalen Ausflippens« gleichermaßen liebeskranker und alkoholisierter Twens sehr verschiedener sozialer Herkunft und Position, daß sie überhaupt keine Worte mehr fände. Indessen überlegte sie nur, ob ich der Mitteilung ihrer weiteren wissenschaftlichen Erkenntnisse würdig sei und wie sie sie mir gegebenenfalls am zweckmäßigsten anvertrauen sollte. Ich merkte dies schließlich an den zögernden, abschätzenden Blicken, die sie mir zuwarf, und kam ihr zu Hilfe: »Wenn Sie noch mehr solcher interessanten Fälle ...«, begann ich, aber da fiel sie mir auch schon ins Wort.

»Sehr gern, der Herr«, rief sie dazwischen, freudestrahlend und eifrig. »Ich habe da nämlich schon einen Katalog aufgestellt – es ist natürlich erst ein roher Entwurf, aber sehr aufschlußreich, wie ich finde ... Ich habe eine Abschrift für Sie gemacht – Sie können sie mitnehmen! Es ist erst ein bescheidener Anfang, aber es handelt sich um echte Fälle! Ich bin nämlich viel herumgekommen, habe immer die Augen offengehalten und mir meine Gedanken gemacht ... Ich kenne die Welt, die Menschen und das Leben – das kann der Herr mir glauben! Ich könnte da noch viel ... Na, wo ist es denn? Ich habe es doch extra für den Herrn zurechtgelegt!«

Sie wühlte bei diesen Worten in der Schublade des Tisches, an dem sie gewöhnlich saß, schob schließlich ihre Brille hoch, wohl um besser sehen zu können, beugte sich zu den Papieren in der Lade, hauptsächlich Zeitungsausschnitte, Horoskope, Rundschreiben der Hoteldirektion an das Personal, Ansichtskarten, dazwischen Nähutensilien, Manikürgerät und einige Nachfüllpackungen für den Automaten, der im Vorraum neben den Waschbecken an der Wand hing.

Schließlich gab sie die Suche in der Tischschublade auf und ging zu dem Wandschrank, worin sie ihre umfangreichen Vorräte an Hand- und Wischtüchern, Reinigungsmitteln und Toilettenpapierrollen aufbewahrte. Offenbar gab es dort noch ein Geheimfach, denn sie nahm zwei Stapel Handtücher heraus und machte sich in dem freigewordenen Bord zu schaffen, und schließlich fand sie das Gesuchte: Es handelte sich um etliche Bogen liniertes Schreibpapier. Auf dem ersten Blatt stand in ungelenken Druckbuchstaben »Katalog-Abschrift«, darunter in ordentlicher Sütterlin-Schreibschrift die Verfasserangabe »Von Magda Grünfisch geb. Ploffke« und der Titel: »Unterschiedliche Bewertung gleicher Tatbestände bei Personen verschiedenen Standes, aufgegliedert nach Beruf, Alter, Geschlecht und so weiter sowie kurzen Beschreibungen der jeweiligen Begebenheiten«.

Ich war erwartungsgemäß beeindruckt, als ich dies las.

»Nehmen Sie es mit«, sagte Frau Grünfisch, und mit unverkennbarem Stolz fügte sie hinzu: »Es war eine Menge Arbeit, aber ich glaube, es hat sich gelohnt!« Dann, nach einer kleinen Verlegenheitspause, fuhr sie hastig fort: »Wenn der Herr mich vielleicht gelegentlich wissen ließe, wie es zu beurteilen ist...«

Ich versprach ihr, ihre Fallstudien sorgfältig zu prüfen und ihr meine Meinung darüber so bald wie möglich mitzuteilen. Sie erwiderte, daß sie meine Einschätzung ihrer Untersuchung mit großer Spannung erwarte.

Dann gab sie endlich die Tür frei, und ich durfte in die Hotelhalle zurückkehren und meinen inzwischen völlig erkalteten Kaffee durch einen frischen ersetzen lassen (wozu angemerkt sei, was für die nächsten Kapitel von einiger Bedeutung ist, daß die Bestellung einer Tasse Kaffee nirgendwo schwieriger zu bewerkstelligen ist als in der Halle des Hotels Esplanade. Irgendwann einmal ist dem Bedienungspersonal von der Direktion eingeschärft worden, die in der Halle allein, zu zweit oder in Gruppen sitzenden Hotelgäste oder deren Besucher, erst recht die Benutzer der angrenzenden Schreib-, Lese-, Konferenz- und sonstigen Aufenthaltsräume, keinesfalls mit Fragen nach etwaigen Getränke- oder Speisewünschen zu behelligen, wie es in den Restaurants, in der Bar, im Grill und in der Bierschenke ihre Pflicht sei, sondern sie völlig ungestört zu lassen und nur in Erscheinung zu treten, wenn deutlich erkennbar wäre, daß einem Gast tatsächlich der Sinn nach einem Verzehr in der Halle oder ihren Nebenräumen stehe. Infolgedessen treibt das Bedienungspersonal die befohlene Unaufdringlichkeit bis zum Exzeß und meidet die tabuierten Räumlichkeiten am liebsten ganz).

Eine Stunde später - ich hatte gerade durch einen glücklichen Zufall einen Kellner, der sich in meine Nähe verirrt hatte, zur Entgegennahme meines Wunsches nach heißem Kaffee zu bewegen vermocht - konnte ich mir ein erstes Urteil über Frau Magda Grünfischs sozioethologische Fallstudien bilden: Ohne jeden Zweifel handelte es ich um wirklich neue, hochinteressante, aller Wahrscheinlichkeit nach die Wissenschaft revolutionierende Erkenntnisse.

Im Interesse von Forschung und Lehre *mußten* sie baldmöglichst publiziert werden, und ich war fest entschlossen, Frau Grünfisch am nächsten Morgen wieder aufzusuchen, um ihr für die geplante Veröffentlichung ihr Plazet abzuringen.

Dann eilte ich nach Hause, las das Manuskript nochmals und mit der gebotenen Gründlichkeit, und als ich lange nach Mitternacht damit fertig war, mein Arbeitszimmer verließ und das Licht löschte, da fühlte ich mich hinsichtlich meines ersten Eindrucks voll und ganz bestätigt: Magda Frünfischs Gegenüberstellungen echter Fälle menschlichen Fehlverhaltens mit gänzlich unterschiedlichen Bewertungen gleicher Tatbestände würden weite Bereiche der Wissenschaft fakultätsübergreifend zum Umdenken zwingen!

Von wissenschaftlich ausgewerteten Handgreiflichkeiten

Inzwischen liegt, wie zumindest in der Fachwelt allgemein bekannt, Frau Grünfischs aufsehenerregendes Werk einer interessierten Öffentlichkeit vor. Unter dem Titel

> F. K. Schreyvogel/M. Grünfisch
> EMPIRISCHE SOZIOETHOLOGIE
> Ein Beitrag zur Dokimastik
> der sozialen Ambivalenz äquipollenter
> Behaviorismen

ist es bereits in 2., vollständig durchgesehener und ergänzter Auflage in den auf diese Thematik spezialisierten Fachbuchhandlungen erhältlich. Es gibt kaum eine größere, wirklich bedeutende Universitätsbibliothek, die nicht schon um ein Freiexemplar der profunden Studie gebeten hätte.

Leider hat das Werk in der breiten Öffentlichkeit noch nicht die Aufmerksamkeit gefunden, die es verdient, und das mag damit zusammenhängen, daß durch die Hinzuziehung von Professor Schreyvogel als Koautor das Buch an Umfang und wissenschaftlicher Bedeutung enorm zugenommen, hingegen an Allgemeinverständlichkeit und Lesbarkeit einiges eingebüßt hat.

Es war vielleicht ein Fehler, daß ich meinen Sammlerfreund Fridolin Kreuzwendedich Schreyvogel – selbstverständlich im Einvernehmen mit Frau Grünfisch – gebeten habe, als sozioethologische Autorität ein Expertenauge auf das Manuskript zu werfen und vielleicht die eine oder andere Ergänzung in Form von Fußnoten anzufügen, aber natürlich nur, wenn es ihm angenehm sei, dann auch als Frau Grünfischs wissenschaftlicher Mitarbeiter im Vorwort und möglicherweise mit einer Unterzeile im Titel genannt zu werden.

Nun, es ist bekanntlich sinnlos, über vergossene Milch zu weinen, wenn ich Fridolins Fußnoten – knapp zweitausend an der Zahl! – ausnahmsweise einem solchen Vergleich unterziehen darf. Gewiß bedeuten sie eine Bereicherung für Frau Grünfischs Werk, aber viele Menschen, zumal die aus dem Kreis der Freunde, Nachbarn und nahen wie fernen Verwandten, fühlen sich davon abgelenkt, denn es sind bis zu vierundzwanzig solcher Anmerkungen auf einer Seite, und sie verdrängen den eigentlichen Text, von dem im Durchschnitt nur 4,7 Zeilen pro Seite übriggeblieben sind. Auch stört es beim zügigen Lesen, daß die längeren Fußnoten sich über mehrere Seiten erstrecken und dadurch jeden Bezug zum Text, unter dem sie stehen, zu verlieren drohen. Überhaupt hat Professor Schreyvogels wissenschaftliche Überarbeitung dem Urtext viel von seiner Spannung und volksnahen Ausdrucksweise genommen, nicht zuletzt, weil er, mein ansonsten sehr geschätzter Bundesbruder (im Zentralverband Deutscher Sammler seltener Fremdwörter - ZVDSsF -) von unserem gemeinsamen Hobby allzu viel in die Textüberarbeitung hat einfließen lassen.

So habe ich Frau Magda, wie ich sie inzwischen nennen darf, ein »Handbuch der Fremdwörter« schenken müssen, damit sie ihr eigenes Werk lesen kann. Auch bedurfte sie tröstenden Zuspruchs von allen Seiten, um darüber hinwegzukommen, daß sich ihr wissenschaftlicher Mitarbeiter, Professor Schreyvogel, so weit vorgedrängt hat, daß er nun an erster Stelle als Mitverfasser auf dem Titelblatt steht, und daß die Fachwelt das Opus stets »den Schreyvogel-Grünfisch« nennt, anstatt, wie es gerechterweise heißen müßte, »den Grünfisch, den Schreyvogel überarbeitet hat«.

Indessen hoffe ich, mit der in diesem Kapitel vorgelegten volkstümlichen Kurzfassung der dem Grünfisch-Urtext zugrundeliegenden Fallstudien den Ansprüchen einer interessierten breiten Öffentlichkeit ebenso genügt zu haben wie denen von Frau Magda auf größtmögliche Publizität.

Angemerkt sei noch, daß Professor Schreyvogel sich vehement gegen eine Popularisierung dieser Art ausgesprochen und das Vorhaben meiner angeblichen »Anthropareszie« (Menschengefallsucht) zugeschrieben hat. Aber das soll mich nicht hindern, es auszuführen.

Ich darf zunächst dem geneigten Leser in Erinnerung rufen, daß Frau Grünfischs Grundthese sich auf den einfachen Nenner bringen läßt: Eines (zum Beispiel lautes Schnarchen oder übermäßiger Alkoholgenuß bei Liebeskummer mit anschließender Beleidigung und tätlicher Bedrohung zufällig Anwesender) schickt sich nicht für alle. Oder umgekehrt: Was Jupiter erlaubt ist, geziemt sich nicht für den Ochsen (wobei man sich den Aga Khan als Jupiter vorzustellen hat, was keine Schwierigkeiten bereiten dürfte, da er bei seinen Anhängern ja ohnehin göttliche Verehrung genießt und mit reichen Opfern bedacht wird, Otto W. Pachulke hingegen als Ochsen, wobei es zu wissen sehr hilfreich sein könnte, daß seine Frau Emma geborene Machorkowsky ihn des öfteren schon als »Rindvieh« bezeichnet hat).

Frau Grünfisch ist indessen in der Entwicklung ihrer Grundthese über solche Volks- und Spruchweisheit weit hinausgegangen. In den Mittelpunkt ihrer ersten Fallstudie hat sie eine weibliche Testperson im Alter von siebzehn Jahren, die Hausangestellte Ingrid Perkuleit, gestellt, die sie nach zufälligem Kennenlernen an deren freien Nachmittagen schon wiederholt im Café Seidenschnur getroffen, mit Milchkaffee und Apfelstrudel bewirtet und – gelegentlich unter Zuhilfenahme von Eierlikör zur Überwindung auftretender Hemmungen – wissenschaftlich erforscht hat.

Ingrid ist ein Teenager von durchschnittlicher Schönheit und Intelligenz. Ihr augenfälligstes Merkmal ist ihr kleines, pralles, vollendet geformtes Gesäß, das sie durch knapp sitzende Röcke noch betont, was im Haushalt von Konsul Rundstücker, wo sie leichte Hausarbeit und Zofendienste für die Frau Konsul und deren Töchter verrichtet, schon wiederholt zu mehr oder weniger folgenreichen Zwischenfällen geführt hat - immer der gleichen Art. Frau Grünfisch hat dafür einen volkstümlichen rheinischen Ausdruck, den ich folgendermaßen umschreiben möchte: Männliche Personen unterschiedlichen Alters und Standes fühlen sich vom Anblick von Ingrids reizend gerundeter Sitzfläche geradezu zwanghaft herausgefordert, diese anzufassen, sei es, um sich Gewißheit zu verschaffen, daß der Natur in keiner Weise nachgeholfen worden ist und alles seine Richtigkeit hat, sei es aus jäh erwachter Zärtlichkeit.

Frau Grünfisch legt übrigens großen Wert auf die Feststellung und verbürgt sich für deren Richtigkeit, daß die Handgreiflichkeiten der beschriebenen Art in allen acht Fällen, die sie in ihre Fallstudie aufgenommen hat, etwa von gleicher Intensität gewesen sind und sämtlich strikt auf Ingrids Gesäß beschränkt blieben. Weitergehende Annäherungsversuche, gleich ob sie zu dem erstrebten Erfolg geführt haben sollten oder nicht, wurden von ihr als inkompatibel, also nicht in das Versuchsschema passend und zudem unschicklich, ausgesondert. Anzumerken ist schließlich noch, daß sich die acht Fälle zwar am selben Ort, nämlich innerhalb der schloßähnlichen Villa der

Rundstückers, ereignet haben, aber begreiflicherweise nicht zeitgleich. Der Untersuchungszeitraum erstreckt sich indessen auf lediglich einundzwanzig Tage im Wonnemonat Mai, wobei die zeitliche Abfolge in der Fallstudie eingehalten worden ist.

Der erste, der, sozusagen, von den Suchscheinwerfern der Studie erfaßt und mit strengster Objektivität durchleuchtet werden konnte, ist ein namenloser Staubsaugervertreter, der am frühen Vormittag des 2. Mai in der Rundstückerschen Villa das neueste Modell seiner Firma vorführen und nach Möglichkeit auch verkaufen wollte.

Der Herr Konsul war bereits in seine Privatbank gefahren, seine Gattin ruhte noch, weil sie Migräne hatte, und die Töchter spielten Tennis, so daß Ingrid keinen Grund sah, dem adretten jungen Mann nicht seinen Willen zu lassen, als er sich an der Haustür als Repräsentant eines angesehenen Konzerns legitimiert und den Wunsch geäußert hatte, alle Teppiche und Polstermöbel im Erdgeschoß rasch, gründlich, schonend und völlig unverbindlich von jeglichem Schmutz zu befreien.

Sie sah dann eine Weile lang interessiert dabei zu, wie er eifrig und offenbar auch gern ihre eigenen lästigen Aufgaben verrichtete, wobei er die Vielzahl der kostbaren Brücken, Galerien und Satteldecken, Gebetsteppiche und Kelims, die die riesigen Kasaks, Schirwans, Bucharas und Isfahans doppelt und dreifach überlappten, gewaltig unterschätzt hatte, erst recht die Menge der Polstermöbel. Dann wurde ihre Aufmerksamkeit für einige Augenblicke von einem Kätzchen gefesselt, das vor der Glastür zur Gartenterrasse saß und kläglich miaute. Sie beugte sich tief, um das reizende Tier näher zu betrachten, und der Staubsaugervertreter, fasziniert vom Anblick ihres Popos, konnte der Versuchung nicht widerstehen, diesen zu tätscheln, was Ingrid mit einem kleinen Schrei quittierte, nicht sonderlich empört, weil sie solche Handgreiflichkeiten nachgerade gewöhnt war, und in der Lautstärke sehr zurückgenommen, weil sie die ruhende Frau Konsul nicht stören wollte.

Indessen war diese Rücksicht ganz überflüssig, denn Frau Rundstücker, in Morgenrock und Pantoffeln, war gerade erschienen, wies den von ihr als »Sittenstrolch« bezeichneten jungen Mann mit dem Rat aus dem Haus, sich nie wieder blicken zu lassen, obwohl er doch sechshundertachtzig Quadratmeter Teppichflor und Polsterstoff gründlich wie nie zuvor mit dem Klopfsauger behandelt hatte, erteilte Ingrid einen sanften Verweis, weil sie einen Vertreter eingelassen hatte, und damit war die Angelegenheit für alle Beteiligten erledigt. Sie blieb, wie Frau Grünfisch in der Fallstudie abschließend bemerkt hat, bis auf den Tadel und Hausverweis, folgenlos.

Ganz anders der Fall Nummer 2, der sich nur wenige Tage später, eines Sonntags, ereignete. Die alten Eltern der Frau Konsul, Geheimrat Greiffenclau und Frau Henriette geborene Treusieffen, waren zum Mittagessen geladen, wie dies an jedem ersten Sonntag im Monat seit Jahrzehnten der Brauch war, hatten aber mitgeteilt, sie kämen nicht umhin, Onkel Engelbert Treusieffen, den Bruder von Frau Geheimrat, mitzubringen, was Herrn Konsul Rundstücker einen tiefen Seufzer entrang und seiner Gattin eine erneute Migräne verursachte.

Wegen des hohen Alters der teuren Verwandten, die zusammengenommen zweihundertachtunddreißig Lenze zählten, hatte es etwas Leichtbekömmliches - kleine Pasteten mit Ragoût fin, Forelle blau, Huhn auf Reis mit Spargelspitzen, Omelett soufflé und Walderdbeeren - gegeben, dazu einen leichten Moselwein. Ingrid war von Frau Konsul ausdrücklich vom Servieren befreit worden, und statt ihrer hatte Mahmoud, der marokkanische Diener, die Speisen aufgetragen.

Auch bei der Auswahl der weiteren Gäste waren Herr und Frau Konsul Rundstücker sehr behutsam gewesen und hatten sich auf nahe Verwandte und Freunde beschränkt: Zwei Vettern des Herrn Konsul, die Brüder Gottlieb und Theophil Meisenbach - »die Meisenbächlein«, wie sie genannt wurden -, sehr reiche alte Junggesellen, die gern häkelten oder sich mit der Kolorierung alter Stiche beschäftigten und, von ihrem häufigen Kichern abgesehen, sehr angenehme Gäste waren; Frau verwitwete Obermedizinalrat Kunze-Terbrüggen, eine hagere Endsechzigerin mit Habichtsnase und eine Schwippschwägerin von Frau

Konsul; Generalmajor a. D. Wolf-Heidam v. Schuereysen, ein Vetter zweiten Grades des Herrn Konsuls und ein sehr schweigsamer Gast, da er depressiv veranlagt war, was sich verstärkt hatte, seit in Düsseldorf »die Roten« regierten; das sehr muntere Fräulein Kniepig, das zwar an ihren Rollstuhl gefesselt war, aber trotz ihrer achtundsiebzig Jahre von herzerfrischender Fröhlichkeit, eine Jugendfreundin von Frau Konsuls Mutter, daher »Tante Sophie« geheißen und fast zur Familie gehörig; schließlich Herr und Frau Solff-Marquartstein, alte Freunde, er Bankier im Ruhestand und etwas schwerhörig, seine Frau Carlotta eine blitzgescheite Mittsechzigerin, die wegen einer Rückgratverkrümmung zwergenhaft wirkte und für ihre scharfe Zunge bekannt war.

Von der Teilnahme an diesem sonntäglichen Mittagsmahl im engeren Familien- und Freundeskreis waren hingegen die Rundstücker-Töchter, Theresa und Julia, ausdrücklich dispensiert worden, was bei ihnen ausnahmsweise auf keinen Widerspruch gestoßen und den Gästen gegenüber mit einem wichtigen Tennis-Turnier entschuldigt worden war. Auch Frau v. Spröckelsen, die Gesellschafterin und Bridgelehrerin, die sonst an allen Mahlzeiten teilnahm, war gebeten worden, an diesem Sonntag lieber auf ihrem Zimmer zu speisen, was ihr nicht erklärt zu werden brauchte. Die Mitteilung, Onkel Engelbert komme, hatte der gutaussehenden Endvierzigerin genügt.

Die Mahlzeit war ohne nennenswerte Ereignisse verlaufen. Man hatte mit etwas gezwungen wirkender Munterkeit über Belanglosigkeiten geplaudert und nach dem Dessert beschlossen, des schönen Wetters wegen den Mokka auf der Terrasse einzunehmen. Alle waren friedlich und gesättigt, »die Meisenbächlein« kicherten sehr zurückhaltend, der bis dahin stumme General verstieg sich zu der an die Frau Obermedizinalratswitwe gerichteten Bemerkung, es sei ein schöner Tag, und der Herr Konsul blickte verstohlen auf seine Armbanduhr, die ihm verhieß, daß in einer knappen halben Stunde alles überstanden sein würde.

Er vergewisserte sich, daß Onkel Engelbert in guter Obhut war; sein Schwager, des Konsuls Schwiegervater, hatte ihn beiseitegenommen, und die beiden verglichen gerade die Anzahl ihrer Aufsichtsratsvorsitze, wobei Onkel Engelbert besser abschnitt, was kein Wunder war, gehörte ihm doch die Mehrheit der Anteile am Bankhaus Treusieffen, Knappenbusch, Melchior & Co, das wiederum weite Teile der pharmazeutischen Industrie beherrschte und zwei Bundestagsabgeordnete, einen Frei- und einen Christdemokraten, sein eigen nannte, die beide nun im Gesundheitsausschuß saßen. Außerdem war Onkel Engelbert Präsident der Treusieffen-Stiftung für werdende Mütter, Ehrenvorsitzender des Kuratoriums der Knappenbusch-Melchior-Gesellschaft für Therapie, Vizepräsident der Gemeinschaft zur Förderung der Interessen der Pharma-Industrie, Verwaltungsratsvorsitzender des...

Hier stockte Konsul Rundstücker sowohl der Atem wie der Gedankenfluß, denn in diesem Augenblick war das Hausmädchen Ingrid auf der Terrasse erschienen, in der einen Hand die Mokkakanne, in der anderen eine Schale mit süßem Gebäck!

Arglos drehte das adrett gekleidete Mädchen dem munter plaudernden Onkel Engelbert den Rücken und beugte sich vor, um Fräulein Kniepig das Mokkatäßchen zu füllen.

Herrn Konsul Rundstücker trat der Schweiß auf die Stirn, als er sah, wie Onkel Engelbert Treusieffen, der vielfache Aufsichtsratsvorsitzende, seinen starren Blick bekam, während Ingrids knapper Rock sich hinten spannte.

Des Konsuls Kehle wurde trocken.

Er hätte jetzt nicht einmal schreien können, und seine Blicke suchten verzweifelt nach einem Retter in der Not. Aber dann – er atmete erleichtert auf und fühlte eine Last von sich abfallen – sah er, wie Onkel Engelbert nur wie zufällig die Hand ausstreckte, Ingrids kleines, pralles Gesäß lediglich einmal tätschelte und sich dann wieder, als sei nichts geschehen, seinem Bruder zuwandte, dessen erstarrte Miene sich wieder entspannte und nun zugleich Stolz und Zufriedenheit erkennen ließ.

An den Blicken, die Tante Sophie mit der Obermedizinalratswitwe und dem General, die nun wieder kichernden »Meisenbächlein« untereinander und mit dem Ehepaar Solff-Marquartstein tauschten, an den erleichterten Seufzern seiner Frau, seiner Schwiegereltern und des Dieners Mahmoud, der gerade mit einem Tablett mit Gläsern und Flaschen erschienen war, um Cognac und Liköre anzubieten, erkannte der Herr Konsul, daß auch alle anderen die Szene verfolgt hatten und seine große Erleichterung teilten.

Nur Fräulein Kniepig hatte nichts bemerkt, bedankte sich gerade bei Ingrid für den Mokka, von dem kein Tropfen verschüttet worden war. Auch das brave Hausmädchen schien sich der Gefahr gar nicht bewußt zu sein, der es gerade entronnen war. Ingrid, so beobachtete der Herr Konsul mit stiller Bewunderung, warf Onkel Engelbert nur einen leicht verwunderten Blick zu und wandte sich dann mit freundlichem Lächeln an Frau Solff-Marquartstein: »Ein Täßchen Mokka gefällig, gnädige Frau? Und vielleicht auch etwas Gebäck?«

Herr Konsul Rundstücker spürte, daß seine Frau, die neben ihn getreten war, dringend des Zuspruchs bedurfte. Er drückte ihre Hand, sie gab den Druck zurück und blickte mit Tränen in den Augen dankbar zum Himmel. Da strich er ihr flüchtig über die Wange, und beide dachten sie dasselbe: »Welch erstaunliche Besserung! Welch ein erfreulicher Wille zum Maßhalten! Onkel Engelbert scheint jetzt über den Berg zu sein – er hat ihr nicht mal unter den Rock gefaßt...!«, was Frau Magda Grünfisch in ihrer Fallstudie 2 mit den Worten kommentiert hatte:

»Der Vorgang wird von allen Beteiligten sehr positiv beurteilt, dem die Handlung Ausführenden wird nichts als Lob zuteil.«

Ganz anders verlief Fall 3 am darauffolgenden Mittwoch, als die Installationsfirma M. Kullermann & Sohn ihren Meister Valentin Lampe in die Rundstückersche Villa entsandte, um eine defekte Pumpe zu reparieren, die den Swimming-pool in einen den ganzen parkähnlichen Garten überflutenden See zu verwandeln drohte. Meister Lampe hatte seine Arbeit schon fast beendet, als Ingrid beauftragt wurde, ihm eine Flasche Bier zu bringen – als Zeichen der Anerkennung für rasche und wirksame Hilfe. Ebenfalls nur als Zeichen der Anerkennung tätschelte Lampe, der noch bei der Pumpanlage auf dem Rasen kniete, der neben ihm stehenden Ingrid das stramme Gesäß, erhielt dafür von ihr einen Klapps auf die Hand und einen halb strafenden, halb schelmischen Blick.

Frau Konsul Rundstücker, die die Szene von der Terrassentür aus verfolgt hatte, beschloß zunächst, einfach so zu tun, als ob sie von all dem nichts gesehen hätte. Doch dann besann sie sich eines Besseren: Sie hüstelte, so daß Meister Lampe aufsah, sie entdeckte, für einen Augenblick etwas verlegen und schuldbewußt dreinschaute, sich aber, als er Frau Konsul Rundstücker nun auch noch mißbilligend die Stirn runzeln sah, achselzuckend abwandte.

Die Frau Konsul, eine in Kleinigkeiten oft knickerige Frau, ließ es des stummen Tadels nun genug sein und steckte das von ihrem Gatten für Meister Lampe vorgesehene Trinkgeld in ihr eigenes Portemonnaie. Zu Ingrid, die den Vorgang beobachtete, sagte sie nur: »Das fehlte noch, daß dieser Wüstling auch noch dafür belohnt wird ... !«

Frau Grünfisch aber kommentierte ihre Fallstudie 3 mit den Worten:

»Der Ausführende wurde mit einer Geld(ein)buße bestraft und von der einzigen Augenzeugin getadelt und als ›Wüstling‹ bezeichnet.«

Noch am selben Tage fand, wie an jedem Mittwochabend, ein »Dämmerschoppen« genanntes gemütliches Beisammensein einiger Herren aus dem Freundes- und Bekanntenkreis des Konsuls Rundstücker statt, bei dem sich die Fälle 4 bis 7 in zeitlich dichter Abfolge ereigneten.

In der zum gemütlichen Altdeutschen Bierkeller ausgebauten ehemaligen Waschküche der Rundstückerschen Villa, wo ein Fäßchen Pilsner aufgelegt worden war, versammelten sich, außer dem gastgebenden Konsul, noch vier weitere Herren: Herr Hofrat Homulka aus St. Pölten, ein auf Geschäftsreise gerade in Düsseldorf weilender Studienfreund und Bundesbruder des Konsuls; Dr. Karl-Stefan Lieblich, der alerte, knapp vierzigjährige Vorstandssprecher der Treusorge-Vermögensanlageberatungs-AG, einer blühenden Tochtergesellschaft der Treusieffen-Bank;

Bergassessor a. D. v. Schlitz-Bourgeois, offiziell Berater eines Pharma-Konzerns in Fragen der Kohleveredelung, inoffiziell als international renommierter Großhändler in Kampfstoffen tätig, die, wie man munkelte, der Massenproduktion einer neuen Generation von C-Waffen dienen sollten; schließlich der Ehrengast dieses Abends, Alexandre Bermanadjan, ein abwechselnd in Paris, auf den Bermudas und in Oman residierender Finanzmakler, mit dem Konsul Rundstücker endlich ins Geschäft zu kommen trachtete, der sich aber bislang weder in die Karten schauen noch auf irgendwelche verbindlichen Absprachen festlegen ließ.

Die fünf Herren sprachen zunächst eifrig dem frischen Bier zu, denn es war ein für die Jahreszeit ungewöhnlich warmer Abend, plauderten dabei über mancherlei, nur nicht über die Geschäfte, die sie miteinander zu machen hofften, und ab und zu kam die – wie Herr Dr. Lieblich im Stillen fand – »sehr propere« Ingrid, die weisungsgemäß anläßlich der Dämmerschoppen stets ein Tegernseer Dirndl (oder was Frau Konsul Rundstücker dafür hielt) anzulegen hatte, obwohl sie aus Castrop-Rauxel, das Pilsner hingegen aus Duisburg stammte. Sie servierte abwechselnd eisgekühlte Schnäpse und delikate Bierhappen, und als sie zum zweiten Mal hinausging und den Herren ihre attraktive Kehrseite zuwandte, beschloß Dr. Lieblich, sich bei der nächsten Gelegenheit von der Festigkeit derselben zu überzeugen.

Die Gelegenheit kam schon wenig später: Konsul Rundstücker war zum Telefon gerufen worden, Dr. Lieblich folgte ihm bis zum Fuß der Kellertreppe und schien das WC aufsuchen zu wollen, wartete indessen nur ab, bis Ingrid, ein Tablett mit Gläsern in beiden Händen, dem Bierkeller entgegenstrebte, und führte sein Vorhaben aus.

Es mag dahingestellt bleiben, ob er noch weiter gegangen wäre, was bei seiner – dem weiblichen Personal der »Treusorge« bekannten – Hemmungslosigkeit nicht ausgeschlossen werden kann, zumal Ingrid, des Tabletts wegen, momentan wehrlos war und sich bislang auch nur mit einem schwachen Protest begnügt hatte. Doch es kam nicht zu Weiterungen und blieb beim einmaligen Tätscheln, denn gerade kam Herr Konsul Rundstücker vom Telefon zurück, sah noch die Hand des Herrn Dr. Lieblich am Gesäß des Hausmädchens und rief: »Aber, Herr Doktor, ich muß doch sehr bitten!«, woraufhin Ingrid eilig mit ihrem Tablett in der altdeutschen Bierstube verschwand, während Herr Dr. Lieblich, etwas betreten den Sitz seiner Krawatte prüfend, mit dem Konsul auf dem Gang zurückblieb.

Ein paar Minuten später kam Konsul Rundstücker allein in den geselligen Kreis zurück, erklärte den anderen kurz, Dr. Lieblich lasse sich entschuldigen; er sei leider, des Gesundheitszustands seiner Tante wegen, eilig abberufen worden, und erzählte anschließend eine sehr drollige Geschichte, die herzlich belacht wurde und Monsieur Bermanadjan so gut gefiel, daß er nun aufzutauen begann und selbst eine sehr ulkige, in Kreisen der Hochfinanz spielende Anekdote erzählte.

Angemerkt sei, daß Frau Grünfisch bei diesem Fall 4 in ihrem Urteil: »Folgen: Mißbilligung durch den einzigen Augenzeugen und Hausverweis« die Konsequenzen zwar objektiv richtig beschrieben hat, doch es besteht Grund zu der Annahme, daß Konsul Rundstücker das Fehlverhalten des Dr. Lieblich nur zum Vorwand nahm, sich des ihm aus ganz anderen Gründen plötzlich lästig gewordenen Gastes zu entledigen. Vielleicht hatte er am Telefon gerade erfahren, was zwei Tage später im »Handelsblatt« stand, nämlich daß Dr. Lieblich von der schärfsten Konkurrenz, der Vermögensanlagegesellschaft Krautwickel & Co, soeben abgeworben worden war und schon zum 30. Juni aus den »Treusorge«-Diensten scheiden würde.

Dies nur als Hintergrundinformation, die zur richtigen Beurteilung des Falls von Wichtigkeit sein könnte, und nun zum Fall 5, der schon wenige Minuten später eintrat.

Ingrid schenkte gerade Bier nach, reichte Monsieur Bermanadjan mit artigem Knicks einen Wodka und ließ ihn dabei in den Ausschnitt ihres Dirndls blikken, als Konsul Rundstücker zufällig sah, daß Hofrat Homulka seine mit einem gewaltigen Siegelring geschmückte Hand zögernd auf Ingrids Popo legte, ihn sanft streichelte und dann ängstlich schaute, ob auch niemand ihn dabei gesehen hätte.

Konsul Rundstücker beugte sich ans Ohr seines alten Freundes, flüsterte etwas, das Ingrid nicht verstehen konnte, kniff vieldeutig ein Auge zu und lachte dann nur, ohne erkennbaren Anlaß.

Damit war der Fall 5 auch schon beendet, und der Kommentar von Frau Grünfisch lautete: »Keine erkennbare Mißbilligung, möglicher Prestigegewinn für den Ausführenden, keine sonstigen Folgen.«

Fall 6 verlief wesentlich komplizierter und erst anderthalb Stunden später. Bis dahin hatten Konsul Rundstücker und Bergassessor v. Schlitz-Bourgeois den enorme Mengen von Wodka vertragenden Monsieur Bermanadjan die Vorzüge einer finanziellen Zusammenarbeit mit ihnen erläutert und ihn auch schon zu drei Vierteln für ihre Pläne gewonnen, während der an Devisen- und C-Waffengeschäften gleichermaßen desinteressierte Hofrat über seinem ab und zu von Ingrid aufgefrischten Pilsner duselte und Gedanken nachhing, die unschwer zu erraten waren, da er jedesmal, wenn Ingrid ihm den Rücken zuwandte, träumerisch auf dessen Ende blickte.

Konsul Rundstücker achtete nicht darauf, denn er war viel zu sehr damit beschäftigt, mit der Axt seiner Beredsamkeit allerletzte Barrieren, die Monsieur Bermanadjan errichtet hatte, zu beseitigen, da fiel ihm plötzlich auf, daß auch dessen Blicke an Ingrids Kehrseite hingen.

Ein kühner Gedanke durchzuckte sein nur leicht umnebeltes Hirn. Dann schickte er Ingrid nach oben, das von Mahmoud vorbereitete Tablett mit Kaviarschnittchen zu holen. Er wartete gespannt, ob seine vage Hoffnung sich erfüllen würde und konnte zufrieden feststellen, daß sich, nur eine knappe Minute nach Ingrids Weggang, Monsieur Bermanadjan von seinem Platz erhob und ihr nach draußen folgte.

Jetzt kam alles auf das richtige Timing an. Konsul Rundstücker schloß die Augen und zählte bis dreißig. Dann ging er zur Tür, riß sie auf und rief ungeduldig: »Ingrid – wo bleibt der Kaviar?!«

Er hatte die Zeitspanne exakt eingeschätzt und gratulierte sich im Geiste dazu: Monsieur Bermanadjans Hand ruhte noch auf Ingrids Gesäß, das Mädchen hatte einen roten Kopf, und der sonst so hart gesottene Finanzmagnat war sichtlich verlegen, als er die besagte Hand nun eilig dazu benutzte, das rotseidene Tuch aus seiner Brusttasche an die Nase zu führen und so zu tun, als müsse er sich schneuzen.

Jetzt, fuhr es dem Konsul durch den Kopf, kommt es darauf an, nichts zu übertreiben und genau die richtige Nuance zu finden! Er nickte Ingrid zu, jovial, aber nicht ermunternd, und bedeutete ihr, das Tablett nun rasch hineinzutragen, legte seine Hand freundschaftlich, aber nicht allzu vertraulich, für einen kurzen Moment, aber doch für Monsieur Bermanadjan deutlich spürbar, auf dessen Schultern und raunte ihm zu: »Wir sind beide Männer von Welt, und das bleibt natürlich unter uns ... Sie müssen nur wissen, daß sie eine entfernte Verwandte von uns ist, schuldlos verarmt und bei uns nun Kind im Hause, Geborgenheit suchend und findend ...«

Dann wechselte er abrupt das Thema, sprach von den wachsenden Schwierigkeiten, iranischen Schah-Kaviar aufzutreiben, und Monsieur Bermanadjan ging mit Inbrunst auf diese Ablenkung ein, versprach sofort, für Belieferung mit jeder gewünschten Menge in Spitzenqualität und zu Freundschaftspreisen zu sorgen, und sagte dann lächelnd, kaum daß sie beide wieder bei den anderen am Tisch saßen: »Also, verehrte Freunde, ich habe mir die Sache noch einmal durch den Kopf gehen lassen und sehe keine Bedenken mehr, sie nun perfekt zu machen. Wenn Sie die Verträge vorbereitet haben, dann will ich sie gern unterschreiben! Aber erst einmal stoßen wir darauf an, nicht wahr?«

Eine halbe Stunde später war Konsul Rundstükkers großes Geschäft unter Dach und Fach. Er und Bergassessor v. Schlitz-Bourgeois hatten schließlich noch, wie sie es nannten, »die letzte Luft rausgelassen«, nämlich je ein Viertelprozent weniger beansprucht als eigentlich schon abgemacht war, und dann waren alle Gäste aufgebrochen, der Konsul und Ingrid hatten sie zur Tür begleitet, und der Hausherr war so neugierig gewesen, aus dem Augenwinkel zu beobachten, wieviel Trinkgeld die einzelnen Herren dem Mädchen gaben: Der Hofrat zeigte sich ungewöhnlich großzügig – mit einem kleinen Seufzer; des Konsuls neuer Geschäftspartner, der Bergassessor a. D. und Kampfstoffgroßhändler, fühlte sich auch durch das blendende Geschäft, das sie gerade abgeschlossen hatten, nicht dazu ermuntert, von seiner gewohnten Sparsamkeit abzugehen, und ließ es mit einem mickerigen Rest an Kleingeld bewenden; der Obulus des Finanzjongleurs Bermanadjan indessen fiel so üppig aus, daß Ingrid etwas wie »Aber, das kann ich doch nicht annehmen ...! Vielen, vielen Dank, Monsieur!« stammelte und ihm beinahe die Hand geküßt hätte.

»Na, Mädchen, das war wirklich ein erfolgreicher Abend, was? Und alles hat vorzüglich geklappt ...«, meinte der Herr Konsul gutgelaunt, als sich die Tür hinter den Gästen bereits geschlossen hatte, und dabei tätschelte er freundschaftlich, anscheinend mit seinen Gedanken noch ganz woanders, Ingrids kleine, doch sehr ausgeprägte Kehrseite, womit der Fall 7 eingetreten war. Frau Magda Grünfisch aber hat zu den beiden letzten Fällen angemerkt:

»Fall 6: Keine erkennbare Mißbilligung durch den einzigen Zeugen, dennoch freiwillige Sühneleistung durch den Täter.

Fall 7: Unbewertet, da keine Zeugen vorhanden; vermutlich folgenlos«, was wir dahingestellt sein lassen wollen.

Der Fall 8 bringt uns wieder auf den Teppich zurück, und zwar auf den großen Täbris im Speisezimmer der Rundstückerschen Villa, wo sich bereits Fall 1 ereignete.

Dort kniete wenige Tage später, vormittags gegen 10.30 Uhr, ein ziemlich kleiner, korpulenter, etwa fünfzigjähriger Abgesandter einer Orientteppichhandlung von gleichfalls orientalischem Aussehen und gab seine Meinung kund, daß es allein auf die Unsitte vieler Damen, Schuhe mit Pfennigabsätzen zu tragen, zurückzuführen sei, daß kostbare Knüpfungen dem Druck nicht standhielten und mit großem Zeitaufwand kunstvoll repariert werden müßten.

Ingrid, die solche Absätze nur trug, wenn sie Ausgang hatte, hörte gelangweilt zu und dachte an Monsieur Bermanadjan, diesen unglaublich großzügigen und dabei eigentlich auch recht gutaussehenden Gentleman von unvermutetem, sehr stürmischem Temperament, was vielleicht mit seiner Herkunft aus dem geheimnisumwitterten und sehr romantischen Orient zusammenhing. Sie seufzte, nicht ahnend, daß der unangenehme, ölige, nach Moschus und Knoblauch riechende Mann zu ihren Füßen ein Landsmann von Monsieur Bermanadjan war, vom selben Stamm und aus demselben Dorf, ja, da er auch ein Altersgenosse des Kavaliers ihrer Träume war, möglicherweise dessen Jugendfreund und einstiger Spielgefährte . . .

Der potentielle Jugendfreund von Monsieur Bermanadjan mißdeutete Ingrids Seufzer. Er richtete den schmachtenden Blick seiner Mandelaugen zu ihr empor, sah Formen, die ihn entzückten, und griff danach.

Ingrid stieß einen spitzen Schrei aus, der olivbraune Mann richtete sich erschrocken auf und empfing eine schallende Ohrfeige. Gleichzeitig erschien Frau v. Spröckelsen, die Gesellschafterin der Frau Konsul, die sich vormittags auch als Hausdame verstand, energischen Schrittes auf der Bildfläche. »Verschwinden Sie auf der Stelle!« fauchte sie den erschrockenen Orientalen an. »Machen Sie, daß Sie rauskommen, Sie unverschämter Patron, sonst rufe ich die Polizei! Und wagen Sie nicht noch einmal, dieses Haus zu betreten, Sie Sittenstrolch!«

Der Teppichspezialist trat schon die Flucht an, rannte aber in der großen Diele direkt der Frau Konsul in die Arme, die, in Morgenrock und Pantoffeln, in der einen Hand ein Glas Orangensaft, in der anderen den zur Linderung ihrer Migräne benutzten Eisbeutel, ihm vergeblich auszuweichen versuchte. Das Handgemenge währte nur einen Augenblick. Die Frau Konsul schrie wie am Spieß, vermutete in dem zu Tode erschrockenen kleinen Mann mit den flakkernden Augen einen flüchtenden Mörder, schleuderte ihm, als er sich freigemacht hatte und zur Haustür stürzte, den Eisbeutel nach und traf ihn am Kopf. Der Mann stieß einen lauten, sehr gutturalen Fluch aus, den zum Glück niemand verstand, und stürzte ins Freie. Die Frau Konsul schrie um Hilfe und nach der Polizei. Frau v. Spröckelsen konnte sie nur mühsam beruhigen.

»Es war nur der Teppichfritze, Frau Konsul, kein Grund zur Aufregung! Ich mußte ihn energisch zurechtweisen, weil er dem Mädchen ...«

So endete Fall 8 der wissenschaftlichen Versuchsreihe, und der Kommentar von Frau Grünfisch lautete: »Starke Mißbilligung durch alle Beteiligten, körperliche Züchtigung, Hausverbot, Androhung strafrechtlicher Verfolgung.«

Ihr Fazit aber lautete: »Es kommt bei der Beurteilung einer an sich unzulässigen Handlung (hier: Handgreiflichkeit in bezug auf ein gefälliges Gesäß) weit weniger auf deren Intensität und objektive Verwerflichkeit an, als vielmehr auf die gesellschaftliche Stellung und Lebensumstände des Täters. Damit ist bewiesen, daß man sich Verstöße gegen die anerkannten Regeln des Anstands und der guten Sitten *leisten können* muß.«

Natürlich hatte sich Frau Magda Grünfisch bei ihren gründlichen Forschungen nicht allein auf Ingrid, deren attraktives Gesäß und die acht Fälle im Wonnemonat Mai gestützt, die ich – nach Frau Grünfischs Urtext und stilistisch ein wenig überarbeitet – geschildert habe. Sie ist vielmehr mit einer Vielzahl von Fallstudien die ganze soziale Stufenleiter hinauf und bis zu den tiefsten Tiefen der Verkommenheit hinabgeklettert, hat sich nicht allein auf den engen Bereich gesäßbezogener, erotisch motivierter Handgreiflichkeiten beschränkt, sondern ist bei ihren Untersuchungen in alle Zonen zwischenmenschlicher Beziehungen vorgestoßen – vom einfachen Schubsen einer Generaldirektorsgattin in Abendrobe, komplett mit Chinchilla-Cape, großem Sommerhut und drei Kilo echtem Schmuck, in den (ausnahmsweise ungeheizten) Swimming-pool bis zur Entgegennahme üppiger Trinkgelder für unerlaubte Handlungen oder Unterlassungen durch Staatsbeamte bis zum Regierungschef aufwärts –, doch immer mit demselben Ergebnis: Man muß sich die Unsittlichkeiten *leisten können!*

Vielleicht waren es diese Erkenntnisse, Früchte rastlosen wissenschaftlichen Forschens, die Frau Magda Grünfisch geborene Ploffke, die sich damals sehr wenig leisten konnte und deren Kinder das gleiche Schicksal erwartete, obwohl sie es, nach dem Wunsch ihrer Mutter, einmal besser haben sollten, zu Überlegungen geführt haben, wie sich diese unbefriedigende Lage der Dinge ändern ließe. Auch sie und die nachfolgenden Grünfisch-Generationen sollten imstande sein, sich etwas leisten zu können!

Verblüffenderweise war es dann jemand, der sich überhaupt nichts leisten konnte, den Frau Grünfisch als mögliches Vehikel zur Erfüllung ihrer Träume von einem sozialen Aufstieg in schwindelnde Höhen zunächst prüfend ins Auge faßte und sich dann auch erfolgreich auserkor.

Von den schlummernden Potenzen absoluter Mittellosigkeit

Zu den geschätztesten Stammkunden von Frau Magda geschiedener Grünfisch geborener Ploffke zählte, obwohl er ihr sogar den Obulus, der gemeinhin für die Benutzung ihres gekachelten Reiches zu entrichten ist, in aller Regel schuldig blieb, ein magerer älterer Herr von hohem Wuchs und russischer Herkunft, Emigrant des Schicksalsjahres 1918.

Mehrmals täglich - und dies wohl infolge eines chronischen Blasenleidens - suchte der die deutsche Sprache mit deutlich baltischem Akzent und gespickt mit zahlreichen schon recht antiquierten Ausdrücken geläufig radebrechende Gast die Herrenabteilung im Souterrain des Hotels Esplanade auf, an normalen Wochen- wie auch an Sonn- und Feiertagen.

Wie sich daraus unschwer schließen läßt, lebte besagter Herr im Hotel Esplanade, gehörte jedoch weder zu dessen am Empfang registrierten Logiergästen noch zum Personal. Morgens gegen neun Uhr erschien er gewöhnlich im Hotelrestaurant, wo den Gästen von 6.30 Uhr an ein außergewöhnlich üppiges und vielfältiges Büfett zum Frühstück nach eigener Wahl zur Verfügung stand, das bis dahin von abreisenden Gruppen japanischer oder amerikanischer Touristen vollständig abgeweidet war, so daß es gerade wieder frisch aufgefüllt wurde.

Dort ließ er sich an seinem Stammplatz, einem Einzeltischchen am Fenster, nieder, las die erste der ausliegenden Zeitungen und ließ sich von den mit Kannen umhereilenden Serviererinnen erst eine, dann noch eine Tasse Kaffee reichen, erwiderte freundlich die respektvollen Wünsche der Ober für einen guten Morgen und ging dann zum Frühstück über.

Er begnügte sich meist mit zwei Croissants, Konfitüre, einer kleinen Portion Rührei mit Schinken, einem Glas frischgepreßtem Orangensaft, zwei Scheiben Emmentaler Käse, einigen gebutterten Toasts, ein paar Scheiben Salami, etwas Kräuterquark, einem Stück Puterbrust, zwei Scheiben Roastbeef, Entenpastete sowie etwas Krabbenmayonnaise, richtete sich jedoch nach beendeter Mahlzeit noch ein Picknick-Paket her, für das er am Büfett eine zweite, nun besonders sorgfältige Auswahl traf.

Selten kam es vor, daß ihn jemand nach seiner Zimmernummer fragte. Das Personal war schon vor Jahren von dem – inzwischen verstorbenen – Maitre d'hôtel, der mit ihm als blutjunger Fähnrich im selben Garderegiment gedient hatte, dahingehend instruiert worden, daß »Monsieur Fédor«, wie er genannt wurde, nicht behelligt werden dürfe. Neulingen gegenüber, die diese Routine noch nicht verinnerlicht hatten, genügte es, ihnen den freundlichen Rat zu geben, sich bei ihren Kollegen zu informieren.

Mit seinem Picknick-Paket, für dessen Verpackung er ein Dutzend Papierservietten verwendete und das er dann behutsam wie einen gerade geborgenen, aus dem elterlichen Nest gefallenen Singvogel vor sich hertrug, stattete Monsieur Fédor der Frau Grünfisch den ersten Besuch ab. Die Delikatessen übergab er ihr mit einer kleinen Verbeugung und einem artigen Kompliment – »Bliehend sehen Gnädigste aus! Chundert Jahrre fiehlt man sich, wenn man sieht so ein cherzerfrischend munteres Damchen ... !« – als, sozusagen, Deputat anstelle der ihr zustehenden Trinkgelder.

Den Rest des Tages verbrachte Monsieur Fédor zunächst im Lese-, dann im Schreibzimmer, wo er seine umfängliche Korrespondenz auf Hotelbriefpapier erledigte, nachdem er sich zuvor beim Portier die für ihn eingegangene Post abgeholt und einen Blick auf die Tafel geworfen hatte, auf der angezeigt war, welche Konferenzen, Tagungen, Hochzeitsfeiern, Jubiläumsessen und sonstige Veranstaltungen in welchen Räumen des Hotels und um welche Uhrzeit an diesem Tage stattfanden. Meist waren es so viele, daß er eine Auswahl treffen konnte, die seinen Neigungen und seiner bescheidenen Garderobe entsprach, etwa das Mittagessen für sechzig Personen zu Ehren des in den Ruhestand tretenden langjährigen Filialleiters einer mittelständischen Kreditkasse, den Kongreß der Tabakwarenfachhändler oder den Leichenschmaus aus Anlaß des Begräbnisses eines Vorstandsmitglieds der örtlichen Philatelisten-Vereinigung (für welchen Fall er sich von Frau Grünfisch einen Trauerflor lieh). Auf diese Weise bannte er die Monotonie und Langeweile aus seinem ansonsten ereignis- und mittellosen Leben.

Angemerkt sei, daß sich Monsieur Fédor bei solchen Veranstaltungen stets mit einem kleinen Vorrat an Zigaretten der von ihm bevorzugten Marken eindecken konnte, den er in einem massiv goldenen, mit einem prächtigen Wappen geschmückten Etui unterbrachte, und er vergaß auch nie, von angebotenen Süßigkeiten eine kleine Auswahl - angeblich für die Enkelkinder, tatsächlich für Frau Grünfisch - sich vom Kellner einpacken zu lassen und mitzunehmen.

An manchen Tagen, zumal im Hochsommer während der Ferienzeit, gab es wenig oder nichts, an dem Monsieur Fédor teilnehmen konnte. Dann hielt er sich in der kühlen Halle des »Esplanade« auf, wo er sicher sein konnte, von keinem Bedienungspersonal belästigt, gar zu kostspieligen Bestellungen animiert zu werden, las die ausliegenden Zeitungen und Zeitschriften oder schwelgte in Erinnerungen an seine glückliche Jugend auf den Familiengütern und die glanzvollen Tage am Zarenhof von St. Petersburg.

Ein Geheimnis war und blieb es, wo Monsieur Fédor die Nächte verbrachte. Indessen kann ich dieses lüften, da er es in einem späteren Stadium ihrer Bekanntschaft Frau Grünfisch offenbarte und diese noch später mir: Monsieur Fédors Nachtquartier war das – übrigens recht gemütliche – Gartenhäuschen, das einem engen Freund und Schicksalsgefährten von ihm gehörte, der seinerseits im Laufe der Jahrzehnte vom einfachen Taxifahrer der Nachtschicht zum Nachtportier eines mittleren Hotels und dann zum Geschäftsführer eines teuren, doch nicht übermäßig gut beleumundeten Nachtlokals aufgestiegen war, jedenfalls sein Bett vom frühen Abend bis zum Morgen nicht benötigte und es mit der einem geborenen Grandseigneur wohlanstehenden Großzügigkeit seinem Freund Fedor Alexandrowitsch zum nächtlichen Schlummer überließ, ihn auch in regelmäßigen Abständen mit zwei, drei Flaschen Wodka versah, mit denen sich Monsieur Fédor an einsamen Abenden über den Verlust aller irdischen Güter (bis auf das goldene Etui) und aller Privilegien wie auch den der teuren Heimat trösten konnte.

Frau Magda Grünfisch, die Monsieur Fédor schon seit vielen Jahren kannte und schätzte – und dies nun nicht allein der erlesenen Leckerbissen wegen, mit denen er sie versorgte, sondern auch um seiner gleichbleibend chevaleresken Behandlung ihrer bescheidenen Person willen! –, hatte sich über seine Herkunft und sein Schicksal schon oft Gedanken gemacht. Angeregt durch die regelmäßige Lektüre einer Reihe von Zeitschriften der sogenannten Regenbogenpresse, war sie schließlich zu dem Ergebnis gekommen, daß es sich bei dem ritterlichen Monsieur Fédor vielleicht um einen durch himmlische

Fügung geretteten Angehörigen der von den Bolschewiki so grausam ermordeten Zarenfamilie handeln könnte, womöglich um einen Bruder der Anastasia!

Eines Tages – es ist schon viele Jahre her –, als er ihr ein paar Kaviarschnittchen – vom Empfang einer Schallplattenfirma aus Anlaß des siebzehnten Geburtstags ihrer erfolgreichsten Schlagersängerin – in ihr smaragdgrünes Kellerreich brachte, fragte sie ihn rundheraus, ob er ein Prinz und womöglich ein Romanoff wäre.

Monsieur Fédor schien diese Vermutung nicht gar so abwegig zu finden. Er erläuterte ihr, daß er mit der kaiserlichen Familie nur entfernt verwandt, hingegen innig befreundet gewesen sei, am innigsten mit der nur ein Jahr älteren Großfürstin Olga, deren Leibpage er für ein Jahr zu sein die Ehre gehabt hätte.

Auch sei er kein Prinz oder Großfürst, sondern nur ein gewöhnlicher Fürst, Sproß des ersten Astes der dritten Linie des Hauses Lobanow-Rostowsky, das sich allerdings in direkter männlicher Stammfolge von dem im Jahre 879 verstorbenen Rurik, dem Begründer des Russischen Reiches, herleiten könnte und daher den Romanoffs mindestens ebenbürtig wäre.

Dann zeigte er ihr sein goldenes Zigaretten-Etui und das wunderschöne Wappen darauf, über dem eine *geschlossene* Krone eingraviert war, wie sie nur einem Fürstenhaus zusteht.

Frau Magda war tief beeindruckt, so tief, daß sie sich ein Gläschen ihres bevorzugten Kräuterlikörs genehmigen mußte. »Auf das Wohl Euer Durchlaucht!« sagte sie, etwas stockend, aber dann, als er nickte, sehr glücklich, daß sie die richtige Anrede benutzt hatte. Auch Fürst Fedor, wie auch wir ihn nun korrekt nennen wollen, war hocherfreut, in Frau Grünfisch eine so unerwartet gebildete, offenbar gut monarchistisch gesinnte Vertreterin ihres Fachs vor sich zu haben, und ihre Beziehungen wurden von Stund' an noch herzlicher.

Er brachte ihr nun häufiger auch Blumen mit, wie sie bei den von ihm besuchten Empfängen übriggeblieben waren, sie nähte ihm nicht nur, wie bisher schon des öfteren, abgesprungene Knöpfe wieder an, sondern stattete ihn auch nach und nach mit besserer Garderobe aus, denn die wenigen Sachen, die er besaß, waren schon sehr abgetragen. Bald schon bat er sie, ihn mit Fedor Alexandrowitsch anzureden, und sie gewährte ihm die Erlaubnis, sie Frau Magda zu nennen. Auch trafen sie sich nun mitunter zu abendlichen Besuchen einer gutbürgerlichen Weinstube, wobei Frau Magda ihm sehr diskret das Geld für die Zeche zusteckte, die Durchlaucht dann beglich.

So standen die Dinge und wären wohl auch nie in ein anderes, aufregenderes Stadium getreten, als Frau Grünfisch eines Abends von der im Fernsehen bekanntgegebenen Nachricht überrascht wurde, daß ihre seit mehr als zwanzig Jahren allwöchentlich auf dem Lottozettel angekreuzten Zahlen gewonnen hatten! Einen Augenblick lang war sie wie vom Schlage gerührt. Dann erholte sie sich langsam von der ungeheuren Überraschung, trank rasch hintereinander zwei Gläschen Kräuterlikör und beschloß alsdann, erst einmal abzuwarten, welche Quote ihr zuteil werden würde, denn bislang war sie noch immer bitter enttäuscht worden. Ihr bisheriger höchster Gewinn waren 18,65 DM gewesen...

Also verhielt sie sich auch gegenüber ihrer Tochter Ira Gracia zurückhaltend, ließ es mit der Mitteilung bewenden, daß sie wieder mal etwas gewonnen habe – viel würde es wohl gewiß nicht sein –, doch heimlich hoffte sie natürlich, endlich mit einem Schlage mindestens eine Million ausgezahlt zu bekommen.

Tatsächlich, so stellte sich nach bangen vierundzwanzig Stunden heraus, hatten bei dieser Ziehung allzu viele richtig getippt, so daß ihr Gewinn von einer Million weit entfernt war. Aber immerhin betrug die Quote im ersten Rang 285 000 DM, und damit, befand Frau Magda, hatten sie und ihre Kinder nun ausgesorgt, und sie würde imstande sein, lang gehegte Pläne zu realisieren.

Zum Glück hatte sie alles schon bis ins kleinste ausgetüftelt und berechnet, wobei ihr ihre Kenntnis der Welt, der Menschen und des Lebens sowie ihre wissenschaftliche Erfahrung sehr von Nutzem gewesen waren. Nun brauchte sie nur noch den bis ins letzte Detail entworfenen Feldzugsplan in die Tat umzusetzen!

Als herzensgute und stets opferbereite Mutter sorgte sie zwar zunächst für ihre Brut: Karl-Egon, der Metzger, bekam 75 000 DM auf ein Festkonto, über das er würde verfügen können, sobald er sich durch Einheirat in eine solide Schlachterei eine selbständige Zukunft gesichert hatte, was ihm, mit solchem Vermögen im Rücken, nicht schwerfallen sollte. Für Ira Gracia wurde die gleiche Summe teils mündelsicher angelegt, teils sofort ausgegeben, und zwar für ziemlich aufwendige Garderobe, Accessoires, ein Silberfuchs-Cape sowie das, was Frau Magda als »Schliff« bezeichnete. Zu dessen Erlangung mußte Ira Gracia fortan dreimal wöchentlich die Kurse eines Instituts besuchen, das von einer verwitweten Baronin Zwerchthal-Riesenfeld geleitet wurde. (»Die Rieselfeld«, wie Ira Gracia ihre im übrigen sehr erfolgreiche Lehrmeisterin ihrer Mutter gegenüber respektlos nannte, bis diese ihr solchen ungehörigen Spott mit ungewohnter Strenge untersagte, brachte ihrer Schülerin in verhältnismäßig kurzer Zeit Manieren bei, die ausgereicht hätten, von der Queen an den Hof von St. James eingeladen zu werden, beispielsweise, daß man als Dame den Herren – nicht bloßen Männern, versteht sich! – die – nicht behandschuhte – Rechte zum – nur angedeuteten – Handkuß reicht; daß dergleichen aber, gänzlich unabhängig vom Alter, nur verheirateten oder verheiratet gewesenen Damen gestattet sei, zudem – wie so manche Frivolität – nur in Ausnahmefällen unter freiem Himmel ...)

Indessen trieb Frau Magda ihre Mutterliebe nun keineswegs bis zur Selbstverleugnung. Sie kaufte für sich, kaum daß ihr die Riesensumme ausbezahlt worden war, ein dunkelblaues Schneiderkostüm, eine doppelreihige Zuchtperlenkette, ein Nerzkollier, eine umfängliche Krokodilleder-Handtasche, dazu passende Schuhe - leider wieder eine halbe Nummer zu klein! - sowie einen neuen, sehr vornehm wirkenden Hut.

In dieser extravaganten Aufmachung ging sie zu der Verabredung mit ihrem blasenkranken Fürsten in die Weinstube. Fürst Fedor fielen fast die Augen aus dem Kopf, als er Frau Magda in so ungewohnt eleganter Garderobe sah. Sie erklärte ihm dann, sie sei unverhofft zu etwas Geld bekommen, habe vor, ihren Posten im »Esplanade« in Kürze aufzugeben und sich einen Herzenswunsch zu erfüllen, nämlich eine Mittelmeer-Kreuzfahrt! Sie wisse nur nicht, ob sie sich trauen könne, alleine fremde Länder zu besuchen, und zudem sei es ohne nette Gesellschaft ja nur die halbe Freude - kurz, sie lade ihn ein, sie zu begleiten, »in allen Ehren natürlich«, wie sie eilig hinzufügte, und auf ihre Kosten, und sie wäre auch bereit, ihm seine durch die sechzehntägige Abwesenheit entstehenden geschäftlichen Ausfälle mit baren tausend Mark zu ersetzen.

Fürst Fedor war von dem Angebot über alle Maßen entzückt, fast noch mehr von ihrem Takt, denn natürlich konnte es ihr nicht verborgen geblieben sein, daß er keinerlei geschäftliche Tätigkeit ausübte, folglich auch keine Ausfälle haben konnte, so daß sie ihm nur die Möglichkeit geben wollte, auf schickliche Weise das offerierte Taschengeld anzunehmen.

So reisten sie denn nach Venedig, Florenz und Rom, dann nach Neapel, von dort für einen Tag nach Capri, und schon kurz nach Besichtigung der Blauen Grotte bat Fürst Fedor Frau Magda, die Seine fürs Leben zu werden.

Er war tief gerührt, als sie einwilligte, und wäre sogar bereit gewesen, von seiner ursprünglichen einzigen Bedingung – dem Übertritt seiner Verlobten zum russisch-orthodoxen Glauben – großzügig abzugehen. Aber Frau Magda selbst bestand darauf, ihr bis dahin sehr gemäßigtes Luthertum im Interesse der ehelichen Harmonie preiszugeben. Anläßlich eines Aufenthalts in Nizza, der ersten Station der dann von Neapel aus angetretenen Kreuzfahrt, ließ sie sich in der dortigen russischen Kirche taufen und nahm bei dieser Gelegenheit neue Vornamen an. Fortan hieß sie Maria Irina Anastasia Iwanowna Grünfisch, wenngleich letzteres nur noch für kurze Zeit.

Schon auf dem Rückweg von der beendeten Mittelmeerkreuzfahrt – von Nizza aus hatten sie noch Tunis, Malta, Kreta und Tripolis besucht – fand in München die Hochzeit statt. Zur kirchlichen Trauung und zum anschließenden Festmahl in einem Nobelhotel am Promenadeplatz erschienen zahlreiche russische Emigranten, durchweg von hohem und höchstem Adel, und auf besonderen Wunsch der Braut sang ein Don Kosaken-Chor nach dem vorzüglichen Festessen vielstimmig das Lied von den Wolgaschiffern, alsdann eine Volksweise, die von einem Mütterchen und viel rotem Sarafan zu berichten wußte.

Bis zum späten - oder frühen - Ende der Feier wurde viel getanzt und noch mehr getrunken. Die Brauttochter Ira Gracia, in hellblauem Tüll, wurde mit Komplimenten überschüttet und erhielt sogar mehrere Heiratsanträge, die sie aber samt und sonders abwies, da es sich um schon recht betagte, auch gänzlich unbemittelte Bewerber handelte. Ihr neuer Stiefvater aber küßte sie auf die Stirn und besiegelte damit seine Zusage, daß er sie in Bälde ebenfalls zur Fürstin machen werde.

Dies tat er, kaum daß er sich von den Strapazen der Reise und der Hochzeit ein wenig erholt hatte - durch einfache Erklärung vor dem zuständigen Standesbeamten, daß er seine ledige, bislang noch den Muttersnamen führende Tochter Ira Gracia Ploffke nach den strengen Hausgesetzen seines Geschlechts »legalisiert« habe und dies nun auch nach bürgerlichem Recht tun wolle, so daß sie fortan den Vatersnamen führen und Ira Gracia Fürstin von Lobanow-Rostowsky heißen solle.

So wurde es ins Standesamtsregister von Düsseldorf-Oberbilk eingetragen, aber Ira Gracia fand, daß

»Fürstin« zu alt mache; sie nannte sich fortan Prinzessin Ira Gracia (außer natürlich in amtlichen Dokumenten und im Verkehr mit Behörden) und war damit außerordentlich zufrieden.

Das sagte sie auch ihrem nunmehr ganz legalen Papa, dem kränkelnden Fürsten, der sich darüber sehr freute. Es war übrigens seine letzte Freude, denn wenig später entschlummerte er sanft. Die vielen Aufregungen und jähen Veränderungen seines ehedem so beschaulichen Lebens waren wohl zu viel für ihn und sein schwaches Herz gewesen.

Frau Magda, die nunmehrige Fürstin-Witwe, sorgte für eine sehr würdige Beisetzung nach orthodoxem Ritus und für eine geschlossene Krone auf dem Grabstein.

Von den schier grenzenlosen Möglichkeiten gesellschaftlichen Aufstiegs

Die Beisetzung des Fürsten Fedor und nicht zuletzt die üppige Trauergarderobe, die Prinzessin Ira Gracia benötigen zu müssen meinte, weil sie fand, daß sie Schwarz gut kleide, ließen leider, wie schon zuvor die Feierlichkeiten anläßlich der Eheschließung sowie die vorgezogene Hochzeitsreise, dic Barmittel, die der Fürstinwitwe verblieben waren, zusammenschmelzen wie Schnee unter den Strahlen der Märzsonne. Als Ira Gracia, anstatt noch den Fortgeschrittenenkurs der Baronin Zwerchthal-Riesenfeld (Tischkonversation in allerhöchsten Kreisen einschließlich Hofzeremoniell) zu absolvieren, wie es eigentlich schon abgemacht war, lieber Fahrstunden nahm und dann Ausschau zu halten begann nach einem – wie sie es nannte – »flotten Coupé«, entschloß sich Frau Magda geborene Pfloffke geschiedene Grünfisch verwitwete Fürstin Lobanow-Rostowsky zu sofortigem Handeln und zündete, sozusagen, die zweite Stufe der Rakete, mittels derer sie sich und die Ihren in eine materiell bestens abgesicherte, stetige und hoch über dem sozialen Status normaler Bürger und Steuerzahler gelegene Umlaufbahn zu bringen gedachte.

Sie suchte dieserhalb zunächst das in einer Seitenstraße der Düsseldorfer Königsallee gelegene Institut der Gräfin v. Borczistowsky-Cadillac auf, erlegte mit kaum hörbarem Seufzer die im voraus zu zahlende Gebühr von tausend Mark und ließ sich alsdann von der Mitarbeiterin der Gräfin einen Erstberatungstermin in der darauffolgenden Woche geben.

Eingedenk der Ratschläge, die der verewigte Fürst Fedor ihr in der kurzen Spanne ehelichen Zusammenlebens hatte zuteil werden lassen, zeigte sie sich bei dieser einstündigen Beratung dann gegenüber der Institutsleiterin zwar leutselig, ließ sie aber dennoch den enormen gesellschaftlichen Abstand spüren, der zwischen ihr, der Trägerin eines Fürstentitels, und einer bloßen Gräfin (mit neunzackiger, jedoch *offener,* nicht, wie beim Fürstenhut, *geschlossener* Krone!) unleugbar bestand.

»Gräfin«, redete sie die Überraschte an und musterte sie dabei kritisch durch ein Lorgnon, das sie sich für einen Augenblick vor ihre rehbraunen Knopfaugen hielt, »ich bin entzückt, ihre Bekanntschaft zu machen, auch guter Hoffnung, daß sie uns dienlich sein können. Es war der innigste und letzte Wunsch meines verewigten Gemahls, daß eine baldige, standesgemäße Verehelichung stattfinden möge.«

»Aber gewiß doch, Durchlaucht«, sprudelte die Gräfin v. Borczistowsky-Cadillac eifrig hervor, kaum daß sie sich wieder gefaßt hatte. »Ihr Fräulein Tochter – ich meine, Ihre Durchlaucht die Prinzessin – werden sich bestimmt standesgemäß vermitteln lassen! Ich habe da zum Beispiel einen rumänischen Grafen, allerdings schon etwas fortgeschrittenen Alters, aber noch sehr rüstig. Dann einen entzückenden Baron, noch ganz jung, nur etwas - wie soll ich sagen? - unstet ... Er war zunächst Gebrauchtwagenhändler, dann Buchklub-Aquisiteur, dann Teilhaber einer netten kleinen Bar, und jetzt hat er in die Versicherungsbranche gewechselt ... Schließlich könnte ich Durchlaucht auch einen richtigen Prinzen offerieren - aus ehedem in Afghanistan sehr angesehenem Fürstenhaus, einen fast ebenbürtigen Reichsfreiherrn von und zu ...«

»Lassen wir doch den Schnickschnack«, unterbrach sie die Fürstinwitwe. »Aristokratisch sind wir selbst so reichlich, daß da ohnehin niemand mithalten kann. Wenn ich ›standesgemäß‹ sagte, dann meinte ich damit den Unterhalt. Es muß ein großes, grundsolides Vermögen vorhanden sein! Auch wirklich erstklassige Manieren muß er haben und Familiensinn, denn ich werde bei meiner Tochter wohnen, und viel Personal, denn die Prinzessin ist daran gewöhnt, umsorgt zu werden und nichts selbst zu machen, außer natürlich«, fügte sie noch rasch hinzu, »als Dame des Hauses zu repräsentieren ...«

»Ich verstehe«, sagte die Gräfin und gestattete sich erstmals ein Lächeln. »Das ist natürlich etwas anderes! Aber keine Sorgen, Durchlaucht! Da wird sich bestimmt etwas Passendes finden! Haben Durchlaucht schon feste Vorstellungen, was das Alter, die äußere Erscheinung, den Charakter und die besonderen Interessen angeht?«

Die Fürstinwitwe beschrieb der interessiert lauschenden Institutsleiterin ihren Idealkandidaten, eine Mischung aus dem Aga Khan nach erfolgreich durchgeführter Schlankheitskur, dem Fürsten Johannes von Thurn und Taxis nach gründlichem Bodybuilding, Dr. Friedrich Karl Flick ohne Hornbrille und Stirnglatze, einem Privatbankier mit Stimme und Antlitz Rudi Schurickes und einem Brauereikonzernerben, der wie ein semmelblonder Johnny Weißmüller aussehen sollte.

»Hm, ich verstehe«, ließ sich die Gräfin nachdenklich vernehmen, holte rasch ein dickes Album herbei und blätterte eifrig darin, bis sie den Gesuchten fand. Dann präsentierte sie der Fürstinwitwe ein Hochglanzfoto und sagte mit deutlich erkennbarem Stolz: »Ich glaube, Durchlaucht, hier habe ich genau den Richtigen!« Die Fürstinwitwe zückte ihr Lorgnon und betrachtete interessiert das Porträt des künftigen Schwiegersohns. Es handelte sich, wie sie enttäuscht feststellen mußte, um einen ziemlich kurz geratenen, dicklichen Mittvierziger mit spärlichen, aber sorgfältig gescheitelten schwarzen Haaren und etwas abstehenden Ohren. Mit sanften braunen Dackelaugen blickte er sie bittend an und schien ihr sagen zu wollen: »Ich kann es ja verstehen, daß mich keine mag, aber ließe es sich nicht vielleicht doch so einrichten ...?«

»Es handelt sich um den Alleineigentümer des ›Miezimiez‹-Konzerns, der mit über 350 Millionen Mark Jahresumsatz den Katzenfutterkonservenmarkt beherrscht«, flötete die Gräfin. »Wenn eine Verbindung zustande käme, würde er die Prinzessin und auch Sie, Durchlaucht, auf Händen tragen – natürlich nur bildlich gesprochen, Durchlaucht! Er ist Junggeselle, lebte bei seiner unlängst verstorbenen Mutter, der Konzerngründerin, und mußte ihr vor ihrem Tode versprechen, dafür zu sorgen, daß eine Frau aus wirklich vornehmem Hause ihm mütterliche Fürsorge zuteil werden läßt und ihm einen Erben (oder eine Erbin) schenkt. Der junge Herr ist etwas schüchtern, geht ganz in seiner Konzernarbeit auf und möchte das Lebenswerk seiner Mutter später in guten Händen wissen ...«

»Hm, ich verstehe«, sagte diesmal die Fürstinwitwe sehr nachdenklich, und nach einer kleinen Pause erkundigte sie sich hoffnungsvoll: »Sie haben gewiß noch weitere Vorschläge ...?«

»Nicht in dieser Preislage, Durchlaucht – ich wollte sagen: nicht in dieser Vermögensklasse ... Jüngere, passabel aussehende Herren mit 80 Millionen Mark Privatvermögen kommen nicht so häufig auf den Markt und bleiben dann auch nicht lange im Angebot.«

»Wissen Sie, Gräfin«, begann die Fürstinwitwe, »meine Ira Gracia ist jung und schön, und ich weiß nicht, ob man ihr, einer Prinzessin von Geblüt, einen Herrn mit abstehenden Ohren ...«

»Dagegen läßt sich bestimmt etwas machen«, fiel ihr die Gräfin ins Wort, dabei offenlassend, wogegen sich etwas unternehmen ließe. »Wir sollten zumindest eine unverbindliche Begegnung der beiden jungen Leute ins Auge fassen, nicht wahr, Durchlaucht?!«

Die frühere Frau Grünfisch und nunmehrige Durchlaucht seufzte tief, diesmal nicht wegen ihrer zu engen Schuhe, sondern weil sie Ira Gracias Gezeter schon zu hören meinte. Seit Fürst Fedor sie zur Prinzessin – eigentlich ja zur Fürstin – gemacht hatte, war »das Kind«, wie sie ihr inzwischen schon fast 28 Jahre altes Töchterchen noch immer nannte, noch mehr als früher geneigt, an allem herumzunörgeln. Gewiß hätte sie auch an diesem Katzenfutterfabrikanten etliches auszusetzen. Doch andererseits war ein Privatvermögen von 80 Millionen kein Pappenstiel und würde Ira Gracia über mancherlei hinwegtrösten. So willigte die Fürstinwitwe schließlich in den Vorschlag der Gräfin, Ira Gracia und den Katzenfutterkonzernherrn »bei einem 5-Uhr-Tee im Institut ganz zwanglos, zufällig und völlig unverbindlich« miteinander bekanntzumachen, mit leisem Seufzen ein. Sie gab der rührigen Institutsleiterin ein farbiges Porträtfoto der Prinzessin sowie alle erbetenen Auskünfte, die besonderen Neigungen, Interessen und Talente Ira Gracias betreffend, rühmte deren exquisiten Geschmack, auch und gerade, was Likörpralinen, Romanhefte, hochhackige Pumps, durchsichtige Blusen und flotte Sportcoupés anging, und machte sich dann lustlos auf den Heimweg, unterwegs darüber nachgrübelnd, wie sie »dem Kind« den steinreichen Mittvierziger mit den sanften Dackelaugen und den etwas unvorteilhaft wirkenden, aber vielleicht noch korrigierbaren Ohren beschreiben sollte. Durch bloßes Anpreisen, das wußte sie aus Erfahrung, würde sie bei Ira Gracia nichts erreichen. Dazu war »das Kind« zu widerborstig und mißtrauisch. Eine ganz nüchterne Beschreibung konnte auch nichts fruchten, weil es, außer von dem Vermögen, wenig Verlokkendes zu berichten gab. Sie müßte versuchen, Ira Gracias Widerspruchsgeist zu wecken und zugleich ihre Phantasie zu beflügeln...

Zu Hause angekommen, sagte sie deshalb nur: »Ich glaube, die tausend Mark hätten wir uns sparen können. Zwar hat die Gräfin einen vom Vermögen her interessanten Vorschlag – es ist ein recht netter, angeblich sehr großzügiger, aber auch ziemlich schüchterner Herr, kein Adonis, aber mit wunderschönen braunen Augen und einem Millionenvermögen ... naja, wenn du unbedingt willst, kannst du ihn dir ja mal ansehen, aber er kommt altersmäßig nicht für dich in Frage – ein Mann von über vierzig Jahren, lebt ganz einsam seit dem Tode seiner guten Mutter...«

Ira Gracia widersprach ihr ausnahmsweise nicht, hörte vielmehr gegen sonstige Gewohnheit aufmerksam zu, erklärte dann ihre Entschlossenheit, sich den schüchternen Millionär auf jeden Fall einmal vorführen zu lassen und angesichts der tausend Mark – was hätte sie sich dafür alles kaufen können! – zumindest die Einladung zum 5-Uhr-Tee anzunehmen und dabei auch die übrigen Heiratskandidaten der Gräfin in Augenschein zu nehmen.

»Ganz wie du willst«, sagte die Fürstinwitwe nur, »aber er ist zu alt für dich ...«

»Das mußt du schon mir überlassen«, gab Ira Gracia schnippisch zur Antwort, »ich finde bessere, ältere Herren durchaus interessant!«

Die Fürstinwitwe ließ es dabei bewenden.

In den folgenden Tagen kam Ira Gracia wiederholt auf den Millionär mit den schönen braunen Augen zurück.

»Ist er blond?« erkundigte sie sich am nächsten Morgen, einem Samstag. Ihre Mutter verneinte dies wahrheitsgemäß und fügte hinzu, sein dunkles Haar sei aber nur noch sehr spärlich. Allerdings merke man dies kaum, weil die sanften braunen Augen wirklich faszinierend seien.

Am Sonntag, beim Frühstück, kam Ira Gracia wieder auf den sanftäugigen Krösus zurück: »Glaubst du, Mama, daß er sich überhaupt für mich interessiert?«

Die Fürstinwitwe meinte dazu: »Woher soll ich das wissen? Außerdem kommt er nicht in Frage – er könnte ja beinahe dein Vater sein!«

Am Montag fragte Ira Gracia, ob sie zufällig wüßte, wieviele Autos der interessante Herr mit den bezaubernden Augen besitze?

Ihre Mutter sagte nur: »Woher soll ich das wissen? Es ist ja auch ganz egal - er ist zu alt für dich...« Dann fügte sie aber noch hinzu: »Er könnte sich jedenfalls Dutzende von Autos leisten, aber es heißt, er sei selbst sehr bescheiden, nur denen gegenüber ungeheuer großzügig, die ihm nahestehen...«

Am Dienstag wollte Ira Gracia von ihrer Mutter wissen, was man in einem so großen Haus, wie der millionenschwere, einsame Mann mit den schönen Augen es sicherlich bewohne, an Personal benötige.

Die Fürstinwitwe dachte an die Villa des Konsuls Rundstücker und erwiderte: »Auf jeden Fall eine Hausdame und Gesellschafterin, einen geschulten Diener, eine Zofe, ein Hausmädchen, dann Küchenpersonal, je nachdem, wieviele Gäste man zu bewirten gedenkt, und natürlich Gärtner, Chauffeure - und Leibwächter«, fügte sie kühn hinzu, denn sie hatte gerade einen Fernsehfilm gesehen, worin Leibwächter einen einsamen Millionär bewachten.

»Einen Leibwächter? Wirklich? Für mich? Oder nur für ihn?« Ira Gracia fand die Vorstellung prickelnd, ständig von einem Hünen begleitet zu werden, der jederzeit sein Leben für sie einzusetzen bereit war.

»Mehrere Leibwächter«, erklärte ihre Mutter ihr sachkundig. »Sie müssen ihn und dich ja Tag und Nacht bewachen - sonst hat es gar keinen Zweck! Sie lösen sich ab - rund um die Uhr ... Aber was soll deine Fragerei? Ich sagte dir doch: Der Mann mag immens reich und auch recht interessant sein, doch für dich kommt er wirklich nicht in Frage. Er ist zu alt für dich!«

Seltsamerweise widersprach Ira Gracia ihrer Mutter diesmal nicht, blickte verträumt in die Ferne und knabberte dabei eine Likörpraline.

Die Fürstinwitwe betrachtete ihr Töchterchen nachdenklich. Ihren flinken Knopfaugen entging nicht, daß Ira Gracia jetzt einen anderen, weit dezenteren Lippenstift benutzte als sonst, sich auch die Haare hatte kürzer schneiden lassen und nunmehr, anstatt blutroten, einen farblosen Nagellack verwendete.

Am Dienstagnachmittag besuchte Prinzessin Ira Gracia, ohne von ihrer Mutter dazu gedrängt worden zu sein, Frau v. Zwerchthal-Riesenfeld, um sich darüber belehren zu lassen, wie sich eine Dame aus höchsten Kreisen korrekt verhält, wenn ein Herr ihr einen Heiratsantrag macht, und danach ging sie ins führende Modehaus der Stadt, ließ sich beraten, was »man« derzeit zum 5-Uhr-Tee trägt, und kaufte dann ein sehr elegantes, enges weißes Seidenkleid, nicht zu kurz, aber auch nicht zu lang, das ihre vom Sonnenbaden auf dem Balkon gebräunte Haut betonte, sie schlanker als sie war erscheinen ließ und, wie sie fand, »noch jünger« machte. Die Rechnung ließ sie an ihre Mutter, die Fürstinwitwe, schicken.

Die Zeit bis zum Ladenschluß benutzte Ira Gracia noch zum eiligen Einkauf dessen, was die Baronin

v. Zwerchthal-Riesenfeld »Accessoires« genannt hatte: ein Handtäschchen, einen schmalen Gürtel, eine – zwar nicht echte, aber echt aussehende – Perlenschnur, einen hübschen Armreif und ein Paar Handschuhe – alles farblich genau abgestimmt auf das neue Kleid, das ihre Mutter, als sie es ihr vorführte, derart in Staunen versetzte, daß sie gar nicht danach fragte, was denn das alles gekostet hätte.

Auch gab ihr die Fürstinwitwe dann ohne Widerspruch den Damensiegelring mit dem Wappen des Hauses Lobanow-Rostowsky, mit nur leisem Murren leihweise sogar das goldene Zigarettenetui des verewigten Fürsten Fedor, das gerade noch in Ira Gracias neue Handtasche paßte.

Am Mittwoch ging Ira Gracia zum Frisör und blieb fast vier Stunden dort, abermals verschönt und verjüngt, und am Nachmittag dieses Tages fuhr sie dann, sehr aufgeregt, wie es der Mutter schien, mit einem Taxi zum 5-Uhr-Tee bei der Gräfin Borczistowsky-Cadillac, wo sie – gemäß den Weisungen der erfahrenen Baronin Zwerchthal-Riesenfeld – mit knapp zehn Minuten Verspätung eintraf, als dort bereits anderthalb Dutzend heiratswillige Damen und Herren unterschiedlichen Alters und Standes versammelt waren. Um Punkt 17.15 Uhr betrat sie den Salon, nachdem sie sich von dem Hausmädchen hatte anmelden lassen: »Ihre Durchlaucht Prinzessin Ira Gracia Lobanow-Rostowsky...« Alle Gespräche verstummten, alle Blicke richteten sich auf ihre strahlende, untadelig elegante und zugleich sehr dezente Erscheinung. Die Gräfin lispelte hochentzückt: »Welche Ehre, Durchlaucht, ich bin entzückt! Sie sehen wirklich blendend aus, Durchlaucht! Übrigens, darf ich Durchlaucht Herrn Schlitz-Karpfenstein-Tiernahrungswerke ... «

»Nennen Sie mich einfach Prinzessin«, sagte Ira Gracia weisungsgemäß, »Durchlaucht - das ist so förmlich, nicht?«

Und zu dem aufgeregten Herrn mit den wunderschönen braunen Augen, der eine Spur kleiner war als sie, keineswegs »dicklich«, wie die Fürstinwitwe behauptet hatte, sondern allenfalls etwas mollig, und dessen Ohren nur ein kleines bißchen abstanden, wie Ira Gracia fand, sagte sie freundlich: »Das gilt natürlich auch für Sie, Herr Schlitz-Karpfenstein: Nennen Sie mich bitte einfach Prinzessin! Ich freue mich sehr, Ihre Bekanntschaft zu machen, und ich darf Ihnen versichern, daß mir die ›Miezimiez‹-Nahrung als glücklichste Bereicherung auf dem Gebiet des Katzenfutters seit langem ein Begriff ist! Erzählen Sie mir, bitte, wie Sie diese gleichbleibend hohe Qualität erzielen ... «

»Prinzessin, mir - mir fehlen die - die Worte«, stammelte der Katzenfutter-Krösus, »Durchlaucht - ich meine: Prinzessin - Sie speisen - ich meine natürlich Ihre Katzen - wirklich unser ›Miezimiez‹ ... ?«

Als Ira Gracia gegen halb neun Uhr nach Hause kam, fiel sie ihrer Mutter um den Hals und rief:

»Mammi, ich bin ja so glücklich – Knut-Heidam will mir zur Verlobung ein Sport-Coupé schenken! Und ein Diamant-Diadem mit echten Steinen!«

»Ira«, fragte die Fürstinwitwe streng, nachdem sie ihre Prinzessin ans Herz gedrückt hatte, »ich hoffe doch, daß er erst einmal in aller Form um deine Hand bittet! Hast du ihn mit unseren Hausgesetzen vertraut gemacht?«

»Aber natürlich, Mammilein! Es würde ihn sehr glücklich machen, hat er gesagt, wenn du uns ständig mit deiner Anwesenheit beehren würdest, denn er hat ja keine Mutti mehr, die nach dem Rechten sieht ... Ich habe ihm gesagt, daß niemand strenger auf Sauberkeit und Hygiene in den gekachelten Bädern und WCs achten würde als du – und auch darauf, daß immer frische Handtücher und so weiter zur Verfügung stehen ... Wir werden das Herrenhaus auf Knut-Heidams Landsitz modernisieren und ausbauen – du brauchst ja standesgemäße Gemächer und eigenes Personal –, und dann nennen wir das Ganze ›Schloß Karpfenstein‹! Denn wenn ich wieder bürgerlich werde – Ira Gracia Schlitz-Karpfenstein geborene Prinzessin Lobanow-Rostowsky –, dann soll doch zumindest deutlich werden, daß Karpfenstein unser Schloß ist, nicht wahr, Mammi? Dann könnte ich mich auch Schlitz zu Karpfenstein nennen – das klingt noch besser, nicht?«

»Man muß es sich leisten können« meinte die Fürstinwitwe dazu, »dann kann man sich alles erlauben ...«

Teil 2

Bundesdeutsche Heimatkunde

Zum Geleit

Hochverehrter Herr Oberschulrat,
sehr geehrter Herr Direktor,
werte Eltern, liebe Buben und Mädel!

Wir treten jetzt in die Heimatkunde. Es soll uns Kunde werden von unserer Heimat, von unserem Vaterland, der Bundesrepublik Deutschland in den Grenzen vom 31. Dezember 1937, und von den Säulen, auf denen alles ruht.

Sitzt also schön gerade, haltet die Füße still und hört auf zu schwätzen – nein, natürlich nicht Sie, Herr Oberschulrat!

Jetzt schaut auf diesen Globus! Dort, wo ich jetzt die Nadel hineinpike, ist unsere Heimat – seht sie euch gut an, und das gilt auch für dich, Fatima, du bist hier zu Gast, gell?

Es ist nur ein winziges Pünktchen auf dem riesigen Erdball, das unsere Heimat darstellt, aber ihm gilt all unser Sinnen und Trachten, weil wir jetzt Heimatkunde haben.

Ich ziehe nun die Nadel wieder heraus – sehr vorsichtig, weil sonst wieder Nachbarländer beschädigt werden ... So! Zurückgeblieben ist bloß ein winziges Löchlein, das man nur mit der Lupe wiederfinden kann. Dem soll fortan unsere ganze Aufmerksamkeit und Liebe gewidmet sein.

Lektion 1
Was ist des Deutschen Vaterland?

In einer Zeit wie der unseren, in der die Grundwerte bundesdeutschen Zusammenlebens, zumal die Frage vermehrter Sicherheit durch maximierte Abschreckung, zunehmend in Frage gestellt werden, erscheint es dringend geboten, dieselben zweifelsfrei klarzustellen. Dabei muß der Grundwert »Vaterland« selbstverständlich an erster Stelle stehen. Was aber ist, hier und heute, im letzten Fünftel des 20. Jahrhunderts, des Deutschen (West) Vaterland?

Geographisch und *de facto* reicht des Bundesbürgers Vaterland, sein eigenes Nest, sozusagen, von der Marinefliegerstation List auf Sylt und dem ihr vorgelagerten Nacktbadestrand bis zur südlichsten Skimoden-Boutique nahe dem Idiotenhügel von Oberstdorf im Allgäu, von der exklusiven Westtribüne des Aachener Turnierplatzes bis zu den Andenkenständen der Bernauer Straße im West-Berliner Bezirk Wedding – unter sorgfältiger Aussparung eines breiten Streifens zwischen Harz und Havel.

Dieses Zwischenstück, darin die Abschreibungs-Frontstadt wie eine Insel schwimmt, ist zwar auch von Deutschen, sogenannten Brüdern und Schwestern, bewohnt. Aber mit diesen unter der grausamen Diktatur sächsischen Proletariats lässig dahinvegetierenden, nur in Anführungszeichen zu denkenden Menschen ist, allen gegenteiligen Behauptungen sattsam bekannter, links von der »F.A.Z.« angesiedelter Kreise zum Trotz, kein Staat zu machen, ja als solcher existierte das Zwischenstück überhaupt nicht, wäre uns eine um nur zwei Jahrzehnte längere Regierungszeit des schon 1967 allzu früh von uns gegangenen Bundeskanzlers Konrad Adenauer vergönnt gewesen. Jungen Menschen, vor allem solchen, die Beamte auf Lebenszeit werden wollen, empfiehlt es sich, jene Zwischen-Zone weiterhin als nichtexistent anzusehen, ihren angeblichen Namen, wenn überhaupt, nur hohnvoll-apostrophiert auszusprechen und sich damit zu trösten, daß unser kondensiertes bundesdeutsches Vaterland einen unveräußerlichen Anspruch auf die Grenzen vom 31. Dezember 1937 hat.

So hat es das Bundesverfassungsgericht für Recht erkannt, so steht es im Grundgesetz, so lernt es das deutsche Kind (West) bereits in der Volksschule, mag dieses erklärte Hauptziel bundesdeutscher Politik auch vielen Mitbürgern, die bereits von des Gedankens Blässe angekränkelt sind, als bloße Illusion erscheinen. Sie fragen neuerdings, etwa seit einem Vierteljahrhundert, warum sich die Bundesrepublikaner dergleichen vorgaukeln und zu ihrem höchsten Ziel erkoren haben, weshalb man sich ausgerechnet den Silvesterabend 1937 ausgesucht hat, um mit den damaligen Reichsgrenzen einen unabdingbaren Rechtsanspruch zu begründen.

Es empfiehlt sich, solchen destruktiven Gedanken so früh wie möglich entgegenzutreten, zweckmäßigerweise schon in den Kindergärten. Dabei muß man natürlich die Fakten, der besseren Verständlichkeit wegen, auf das Wesentliche reduzieren und aus den Höhen der Politik herunterholen auf vertrauten Boden, etwa in den Kreis einer ganz normalen Familie:

Da saßen also am Silvesterabend 1937 die netten Krauses in ihrer geräumigen, blitzsauberen Wohnküche beim Punsch und sangen die Weisen vom munteren Rehlein und von der blonden Katrein, das Horst-Wessel-Lied und »...wenn alles in Scherben fällt...«, wohl auch »Du sollst mein Glücksstern sein« und »Wenn das Judenblut vom Messer spritzt«. (Sie sangen diese Lieder unterschiedlich gern, teilweise mit starken inneren Vorbehalten, jedoch einträchtig und laut.) Alle waren lustig, nur Onkel Adolf, ein entfernter Verwandter aus Braunau, der sich schicksalhaft zum Wortführer der Familie aufgeschwungen hatte, dachte angestrengt nach. Onkel Adolf war sehr streng, wenn es um Grundsätzliches ging. Er hatte Karlchen mit einem Schlag das Nasenbein gebrochen, weil der Junge nicht vor der neuen Sippenfahne aufgestanden war. Irmchens Bräutigam, einen jüdischen Mitbürger, von Beruf Schneider, hatte er wegen dessen Verbindung mit der Weltverschwörung der bolschewistischen Wallstreet-Hochfinanz eigenhändig die Treppen hinuntergeworfen.

Aber sonst war Onkel Adolf ein guter Kerl, tüchtig und tierlieb.

In jener Silvesternacht 1937 forderte der Onkel schließlich kurz vor Mitternacht die ganze Familie auf, sich nicht länger mit ihrer viel zu kleinen Wohnküche und den wenigen Schlafkammern zu begnügen; auch brauchten sie mehr Wände, um schöne Bilder von ihm, dem Onkel, aufzuhängen, und einen Balkon nach Süden, einen Platz an der Sonne. Beim sechsten Glas Punsch verkündete er unter dem Jubel der Mehrheit ein Vergrößerungs- und Verschönerungsprogramm: Im neuen Jahr sollten die Krauses anfangen, sich alles zu nehmen, was sie als »Sippe ohne Raum« benötigten oder begehrten, und wer sich ihnen in den Weg stellte, der sollte vernichtet werden. Wer von den Krauses zögerte, Onkel Adolfs Plan gutzuheißen, bekam ein paar kräftige Rippenstöße, und so nahm das verhängnisvolle Schicksal seinen Lauf.

In den folgenden Wochen schickte der sehr herrische Onkel die jungen Krauses über den Flur, mal in diese, mal in jene fremde Wohnung. Sie sollten, befahl er, sich dort nehmen, was ihnen rechtmäßig gefiele, und das taten sie dann auch. Wenn eine Nachbarin schrie, schlugen sie ihr die Zähne ein oder hängten deren Mann am Fensterkreuz auf, denn so hatten es Onkel Adolf und die Vorsehung bestimmt. Sie steckten auch Wohnungen in Brand, warfen lästige Kinder aus dem Fenster, ließen sich aber auch aus den herausgebrochenen Goldzähnen der Leichen wohlhabender Nachbarn hübsche Broschen und Armbänder machen, die sie ihren Bräuten daheim zu Weihnachten schenkten, denn im Grunde waren sie ja nicht böse.

Die Nachbarn, die sie am Leben ließen – und das taten sie, wenn es irgend möglich war –, wurden von Onkel Adolf zu Untermenschen erklärt, deren einzige Daseinsberechtigung es wäre, niedere Arbeiten für die edlen Krauses zu verrichten. Dafür durften sie sich von den Abfällen ernähren und im Kohlenkeller schlafen. So wurden die eigentlich sehr netten, gutmütigen und fleißigen Krauses durch eine schicksalhafte Verkettung rasch zum Schrecken der Nachbarschaft. Aber andererseits starben auch etliche Krause-Jungen den Heldentod, weil einige der Untermenschen Widerstand leisteten. Alles in allem konnten die Krauses stolz auf ihre Leistungen sein, taten sie doch tapfer, diszipliniert und sauber gewaschen ihre Pflicht bis zum letzten.

Eines Tages gelang es jedoch den vereinten Kräften der ganzen Gegend, die Krauses zu überwältigen und furchtbare Rache an ihnen zu nehmen. Onkel Adolf nahm sich das Leben. Großvater verlor ein Auge und seinen Schrebergarten. Irmchen wurde von den Siegern wiederholt Gewalt angetan (für Kinder unter fünf Jahren: gemartert). Ihre Brüder Karlheinz und Gustav mußten die Straße fegen und wurden dann wochenlang eingesperrt. Tante Frieda, eine bedingungslose Anhängerin des verstorbenen Onkel Adolf, mußte die zuvor von den Krauses besetzten Nachbarwohnungen putzen. Es war eine äußerst schreckliche Zeit für die ganze Familie, die traurig auf den Trümmern ihrer Habe hockte und nichts zu essen hatte.

Aber dann erkannten die Krauses, daß sie durch fleißige Arbeit alles würden wiedergutmachen können. So krempelten sie die Ärmel auf und machten sich ans Werk, ihre verwüstete Wohnung, von der die habgierigen Nachbarn etliche Kammern abgetrennt und für sich behalten hatten, wiederherzustellen. Und als alles repariert war und in neuem Glanz strahlte, da begründete die Familie einen Rechtsstandpunkt: Alles, was einst krausisch gewesen war, ehe der verewigte Onkel Adolf am Silvesterabend 1937 den Plan gefaßt hatte, die Wohnung auf nicht ganz korrekte Weise zu vergrößern, gehörte rechtmäßig den Krauses, vor allem die beiden schönen Schlafzimmer, die sie den faulen und ungepflegten Schimanskys ersatzweise hatten überlassen müssen, bloß weil deren nicht halb so schöne Wohnung ein bißchen gebrannt hatte. Zudem waren von den ursprünglich sieben Kindern der Schimanskys nur noch vier am Leben, so daß sie eigentlich viel weniger Platz benötigt hätten – aber Schwamm darüber! Über diese Vorkommnisse von damals sollte man, so fanden die Krauses, gar nicht mehr reden. Zudem hatten sie ja an die Gräber der Kinder einen Blumentopf gestellt, der von Schimanskys aber nicht begossen worden war, so daß er jetzt wieder bei Krauses auf der Fensterbank stand.

Sie waren nicht nachtragend, die Krauses, hatten sich auch mit einem Teil der siegreichen Nachbarschaft wieder gut angefreundet. Tante Frieda arbeitete im – einst gegnerischen – Supermarkt als Abteilungsleiterin; Karlheinz und Gustav gehörten sogar zu den besten der »schwarzen Sheriffs«, die für Ordnung in der Gegend sorgten, und daheim in der wunderschönen neuen Wohnung hing über der Musiktruhe neben dem Spülstein ein großes Plastikschild, auf das Großvater in altmodischen Buchstaben die Worte gepinselt hatte:

»Recht muß Recht bleiben! Die von den Schimanskys nur verwalteten Schlafstuben sind krausisch! Familie Krause hat ein unverzichtbares Recht auf Wiederherstellung der Zustände vor Silvester 1937!«

Das Schild hängt nun schon fast vierzig Jahre in Krauses Wohnung, und wenn sonntags die kleinen Schimanskys ausnahmsweise still sind, können sie nebenan die erwachsenen Kinder von Gustav, Irmchen und Karlheinz hören, wenn sie sich gegenseitig versichern, sie seien verträgliche Leute, zudem recht wohlhabend, gewiß bereit, allen zu vergeben, vorausgesetzt, man erkenne zunächst einmal ihre unabdingbaren Ansprüche an.

Soweit das – gewiß ein wenig schiefe, nur dem Grundverständnis dienende – Beispiel aus dem schlichten Milieu der heute ebenso friedlichen wie begüterten und angesehenen Familie Krause, die in längst vergangener Zeit vorübergehend etwas entgleist war (wobei, wie jedermann weiß oder doch wissen sollte, die einzelnen Familienmitglieder teils Befehlsnotstand, teils innere Emigration und heimlichen Widerstand, außerdem sämtlich – den toten Onkel Adolf natürlich ausgenommen – idealistische Motive und, soweit noch keine Verjährung eingetreten ist, ganz besonders mildernde Umstände geltend machen können). Damit ist das erklärte Hauptziel bundesdeutscher Politik, die Wiederherstellung der Grenzen vom 31. Dezember 1937, hinreichend erläutert, unser bundesdeutsches Recht auf Heimat in den bescheidenen Grenzen von damals unabweisbar begründet.

Daß diese Gebietsansprüche bescheiden genannt werden können, ergibt sich schon daraus, daß das erklärte Hauptziel deutscher Politik an jenem Silvesterabend 1937 ja bedeutend weiter gesteckt war als heute. Damals wollte die deutsche Führung immerhin die Grenzen von 1914, ferner Österreich, das Sudetenland und natürlich die früheren deutschen Kolonien in Afrika, Asien und im Pazifik sowie ein bißerl Lebensraum in Osteuropa, etwa bis zum Kaukasus und Ural. Und auch diese Ziele, die sich auf Rechtsansprüche gründeten, waren im Grunde noch sehr bescheiden. Sie durften sogar als äußerst maßvoll gelten, zumindest im Vergleich zu den erklärten Hauptzielen deutscher Politik im Herbst 1914, als man die 1937 erstrebten Grenzen und auch die schönen Kolonien noch hatte. Damals beanspruchte die deutsche Führung – unter anderem – Longwy und Briey, Lüttich und Antwerpen, Malta und die Azoren, Finnland und die Landverbindung zum Persischen Golf, halb Europa zu Vasallen und halb Afrika zur kolonialen Abrundung.

Indessen steht heutzutage ja schon ein bundesdeutscher Patriot, der sich in den bescheidenen Grenzen von 1937 wohlfühlen möchte, vor gewaltigen, schier unüberwindlichen Hindernissen. Natürlich könnte man sich die *Freiheit* nehmen, diese in einem günstigen Augenblick rasch und gründlich zu beseitigen, um sich dann *in Frieden* wieder breitzumachen, wo man von Rechts wegen hingehört. Aber ob das mit der Forderung nach Wiederherstellung der Grenzen von 1937 »in Frieden und Freiheit« gemeint ist, kann nicht als gesichert gelten.

Glücklicherweise brauchen wir uns aber mit diesem erklärten Hauptziel bundesdeutscher Politik nicht weiter zu befassen, denn es ist inzwischen überholt, einesteils durch die rauhe Wirklichkeit, andernteils durch viele weitergehende, nicht minder rechtmäßige Forderungen. Ihnen ist zwar noch nicht durch das Bundesverfassungsgericht, wohl aber von dem die Verfassung hütenden Bundesinnenministerium quasi normative Kraft verliehen worden. Doch fürs erste soll's damit genug sein. Mehr davon in der nächsten Stunde.

Lektion 2
Ein Lied geht um die Welt

Die Bundesrepublik Deutschland ist die Rechtsnachfolgerin des Großdeutschen Reiches, wobei sie eine Menge geerbt hat, vor allem Güter: Viel altes, noch sehr brauchbares Rechtsgut ist dabei, doch zum Besten gehören natürlich die höchsten Güter, darunter das Liedgut, zum Beispiel jenes, das die Frage stellt (und auch gleich beantwortet), warum es am Rhein so schön sei, oder die alte Verklappungsweise »Wo die Nordseewellen trekken an den S-trand ...« Am wertvollsten aber ist ein Lied, das international schon wiederholt größte Aufmerksamkeit erregt hat. Das Schönste daran ist der Text, denn er behauptet mit seiner ersten Strophe Gebietsansprüche der Bundesrepublik Deutschland »von der Maas bis an die Memel, von der Etsch bis an den Belt«, recht exakte Forderungen, abgesehen vom Belt, bei dem nicht klar gesagt ist, ob es sich um den Großen oder den Kleinen Belt handelt (ähnlich wie bei der Oder-Neiße-Linie, wo auch nicht deutlich gemacht wird, ob die Lausitzer Neiße, die Glatzer Neiße oder womöglich die Wütende Neiße, ein Nebenfluß der Katzbach, gemeint ist, was jedoch letztlich für die Bundesrepublik belanglos ist, da deren Rechtsansprüche ohnehin über alle drei schlesischen Flüsse weit hinausgehen).

Das besagte Lied war von 1922 bis 1933 die alleinige Nationalhymne der Reichsdeutschen, wie zuvor »Heil dir im Siegerkranz!« – eine schöne, jedoch durch die eilige Abreise des Bekränzten, keineswegs zu seinen besiegten Truppen, sondern ins neutrale Ausland, nicht mehr die nötige Feierlichkeit gewährleistende Hymne. Später, von Ende Januar 1933 bis Anfang Mai 1945, wenngleich zuletzt nur noch selten, mußte sich das Deutschlandlied den Ruhm, Nationalhymne des erst immer größer, dann immer kleiner werdenden Reiches zu sein, leider teilen. Ihm gleichgestellt war die poetische Hinterlassenschaft eines jungen Mannes, Horst Wessel, dessen dichterisches Werk von einem CDU-Spitzenpolitiker, Heinrich von Brentano, gelegentlich mit dem Bertolt Brechts verglichen worden ist.

So ist es verständlich, daß Horst Wessels Lied, marschiergerecht vertont, enormen Anklang fand, bei jung und alt, hoch und niedrig. Zwölf Jahre lang wurde die von dem Verblichenen verfaßte Hymne, zusammen mit der ersten Strophe des Deutschlandlieds, bei allen großen, wichtigen und schönen Anlässen gesungen – bei Bücherverbrennungen wie bei geglücktem Überfall auf lebensunwerte Nachbarn, bei Grundsteinlegungen für neue, geräumigere Konzentrationslager wie bei Einweihungen trutziger Ordensburgen nebst »Lebensborn«-Häuschen.

Vom Mai 1945 an wurde dann eine Weile lang so gut wie gar nicht gesungen, aber seit den frühen fünfziger Jahren ist das Deutschlandlied wieder alleinige Nationalhymne, zwar nicht des ganzen Volkes, aber doch seiner besseren, wohlhabenderen Hälfte. Zunächst schien es so, als wäre nur die dritte Strophe der Ehre teilhaftig geworden, in großen nationalen Augenblicken offizieller Ausdruck patriotischer Gefühle zu sein. Doch im Dezember 1964 hat dankenswerterweise der damalige, für solche Grundwert-Festlegungen zuständige Bundesinnenminister Hermann Höcherl (CSU), sonst ein Freund allerfeinster Nuancierungen, ohne Wenn und Aber klargestellt, das Deutschlandlied sei (bundes-) deutsche »Nationalhymne mit allen drei Strophen«. Selbstverständlich hat keiner von Höcherls Nachfolgern im Innenressort bis heute daran etwas ändern mögen, und, da der gegenwärtige Ressortchef, Minister Fritzl Zimmermann, obwohl sonst recht forsch, *daran* gewiß nichts ändern wird, so gilt dies noch immer.

Damals, 1964, rief besagte Mitteilung aus so berufenem Munde bei den Nachbarn an Maas, Memel, Etsch und Belt leise Unruhe hervor; sie meinten, die Bundesbürger würden sich beim Absingen ihrer Nationalhymne womöglich etwas denken. Doch solchen Befürchtungen machte das Allensbacher Institut sogleich ein Ende. Es führte eine Repräsentativumfrage bei der erwachsenen Bevölkerung der Bundesrepublik und West-Berlins durch, und es erwies sich, daß die überwältigende Mehrheit der Befragten, nämlich bis zu 86 Prozent, gar keine oder nur eine ganz blasse

Ahnung hatte, wo sich die in der ersten Strophe ihrer Nationalhymne besungenen Gewässer nun eigentlich befinden.

Vieles spricht dafür, daß auch Dr. Höcherl der genaue Verlauf der im Deutschlandlied besungenen Ströme und die exakte Lage des Belt nicht mehr ganz gegenwärtig waren und daß auch seine zuständigen Referenten keine absolut zuverlässigen Informationen zur Hand hatten, als das Bundesinnenministerium die erste Strophe zum offiziellen Bestandteil der bundesdeutschen Nationalhymne erklärte. Denn es kann eigentlich nicht in der Absicht der damaligen Bundesregierung gelegen haben, neben einigen kleineren Bündnispartnern wie Dänemark, Holland, Belgien und Luxemburg auch Italien und gar Frankreich zu verprellen, nur um zwei hauptberuflichen Vertretern sogenannter Interessen memelländischer Heimatvertriebener eine bescheidene Freude zu bereiten.

Schließlich entspringt die Maas, dort Meuse genannt, in Frankreich, behält ihren Namen über mehr als 200 Stromkilometer durch das Land der so empfindlichen Franzosen und dann quer durch Belgien bei, ehe sie holländisch wird und bis zu ihrer Mündung auch bleibt. An ihren Ufern wird, außer nach Invasionen, kaum Deutsch gesprochen, und obwohl in den letzten 110 Jahren die deutschen Streitkräfte nur ein einziges Mal in Holland, bloß zweimal in Belgien und auch in Frankreich nur gerade dreimal gewaltsam eingedrungen sind, hegen die Bewohner der drei aufgesuchten Länder wie auch die des dabei stets mitvereinnahmten Luxemburg noch immer leisen Groll gegen die Invasoren. Mit der Forderung nach dem Belt, sogar bloß dem Kleinen, vergrämt man die Dänen, und mit dem Anspruch auf eine Etsch-Grenze verbittert man Österreicher wie Italiener. Denn wenn es auch 86 Prozent der erwachsenen Bundesbürger samt ihrem Innenminister nicht wußten: Die Etsch, italienisch Adige, fließt in voller Länge durch Italien und mündet erst südlich von Venedig in die Adria. An ihren Ufern wird nun tatsächlich viel Deutsch gesprochen, in Verona hauptsächlich von Touristen, nahe der Quelle auch von Südtirolern, die der verewigte »Führer« seinerzeit in die Sowjetunion auszusiedeln sich bemühte und deren Höfe er seinem Freund Mussolini schenkte.

Bliebe noch die Memel, die übrigens als Njemen seit jeher in Weißrußland entspringt, dann als Nemunas durch Litauen fließt und erst in ihrem Mündungsgebiet auch von Deutschen bewohnt war. Warum das nicht mehr der Fall ist, warum seit vier Jahrzehnten an beiden Memelufern nur noch Russisch, Polnisch oder Litauisch, allenfalls noch Kirgisisch gesprochen wird, kann nur denjenigen Rätsel aufgeben, die sich mit den erklärten Hauptzielen deutscher Politik früherer Jahrzehnte und mit der nicht ganz geglückten Verwirklichung derselben nur unzureichend beschäftigt haben.

So stößt denn heute der in der ersten Strophe der offiziellen Bundeshymne erhobene Anspruch auf Grenzen »von der Meuse bis an den Njemen, vom Adige bis zum (Großen oder Kleinen) Belt« in allen Himmelsrichtungen auf Hindernisse. Sie könnten nur durch siegreiche Feldzüge beseitigt werden, wobei die Betonung auf »siegreich« liegen müßte.

Dies wäre eine, zumindest fürs erste, allzu große Aufgabe, und so hat sich die Bundesrepublik in weiser Selbstbeschränkung zu einem einstweiligen Verzicht auf Grenzen an Meuse, Adige und Belt durchgerungen. Zugleich aber hat sie ihren unverzichtbaren Anspruch auf die am Silvesterabend 1937 noch deutschen Südufer des unteren Njemen bekräftigt und deren Rückgewinnung – in Frieden und Freiheit, versteht sich – zum obersten Ziel ihrer gesamten Politik erklärt.

Zur besseren Durchsetzung dieses unabdingbaren Rechtsanspruchs bot der seinerzeitige Bundeskanzler Konrad Adenauer anno 1950 den Westmächten, die die Bundesrepublik vollständig militärisch besetzt hielten, deutsche Truppenkontingente an, und tatsächlich erlaubten ihm dann die USA und widerstrebend auch die mit den Amerikanern zwangsverbündeten Franzosen und Briten, kräftig wiederaufzurüsten und der NATO beizutreten. Ja, sie gewährten der Bundesrepublik zwar keine Souveränität, aber doch eine ziemlich weitgehende Autonomie, die zum Teil noch großzügiger ausgestaltet war als etwa jene, die

Frankreich seinen damaligen Protektoraten - Assam, Kambodscha, Tunesien und Marokko - gütig zugestand.

Hätte Bundeskanzler Adenauer in den folgenden Jahren den unabdingbaren Rechtsanspruch Bonns auf das untere Südufer des Njemen und den übrigen Besitzstand des Reiches vom Silvesterabend 1937 weitgehend aufgegeben, was er selbstverständlich nicht tat, und wäre er gar auf Vorschläge aus Ost und West eingegangen, die den vollständigen Abzug aller Besatzungstruppen aus einem tatsächlich in Frieden und Freiheit wiedervereinigten Deutschland sowie eine Viermächtegarantie für dessen Unverletzbarkeit vorsahen, so hätte unser Land das schreckliche Schicksal der Schweiz, Österreichs und Schwedens teilen müssen: Es wäre nicht Mitglied der NATO!

Das ist gewiß eine grauenhafte Vorstellung, aber alle, die jetzt vor Schreck aufgesprungen sind, dürfen sich wieder hinsetzen, denn wir *sind* ja glücklicherweise in der NATO, besser noch: die NATO ist bei uns!

Damit wollen wir uns trösten bis zur nächsten Stunde, wo es um die Verteidigung gehen wird.

Lektion 3
Rüstung tut not!

Bitte alle schön gerade sitzen, denn wir haben heute ein wunderbares, wenngleich sehr ernstes Thema zu behandeln. Die Lektion soll unter dem Motto stehen: *Der Gott, der Eisen wachsen ließ, der wollte keine Knechte!* Auch der sehr gottesfürchtige Präsident der USA will nicht, daß wir anderer Leute Knechte werden – Ihr wißt schon, wessen –, und deshalb dürfen wir in der NATO sein. Es wäre furchtbar, wenn wir da nicht mittun dürften.

Unser Gesellschaftssystem, die fast ebenso soziale wie freie Marktwirtschaft, beruhte dann nicht auf den politischen Bedingungen des atlantischen Bündnisses, sondern bloß auf der freien Entscheidung der Bevölkerung, so wie in Schweden, Österreich und der Schweiz. Ja, die Bundesrepublik müßte dann, genau wie die anderen Staaten, die nicht oder – wie Frankreich – nicht mehr dem NATO-Militärbündnis angehören, in der ständigen Furcht leben, dem kräftigen Sog des östlichen Wirtschafts- und Gesellschaftssystems zu erliegen, dessen Attraktivität von Jahr zu Jahr, zumal nach der letzten Sonderzuteilung von Blumenkohl in Bulgarien, stark zunimmt. Dann hätte die Bundesrepublik, von allen anderen Nachteilen einmal abgesehen, heute nicht das angenehme Gefühl, unangreifbar zu sein, weil sie schließlich das mit Atomsprengköpfen am reichsten bestückte Territorium der Welt aufzuweisen hat. Dann könnte die Regierung in Bonn zwar einige -zig Milliarden Mark, die ihr heute fehlen, an Rüstung sparen, aber auch kein ruhiges Wochenende am Wolfgangsee, auf den Bahamas oder auf einem Flick-Schlößchen mehr verbringen, weil die Sicherheit des Landes ja dann nur noch von der Bundeswehr abhinge, die von Freitag mittag bis Montag früh nur sehr bedingt einsatzbereit ist. Und wie lange es dauern würde, bis sich die Garantiemächte zu entschlossenem Handeln aufrafften, wenn einmal Not am Mann sein sollte, das wagt man sich gar nicht auszumalen.

Nun gibt es leider, wie überall, auch hierzulande Nörgler, die darauf hinweisen, daß die Sicherheit der Bundesrepublik in den letzten drei Jahrzehnten, NATO hin, NATO her, ausschließlich von dem sogenannten Gleichgewicht des Schreckens garantiert worden sei, das zwischen den beiden Supermächten bestanden habe und glücklicherweise auch vorerst noch bestehe. Beide Seiten, so argumentieren diese Miesmacher, hätten begreiflicherweise bislang gezögert, der Verlockung nachzugeben, ihren Gegner so rasch und total zu vernichten, wie sie es ohne Zweifel könnten, weil sie dann mit einem sofortigen Gegenschlag rechnen mußten und noch müssen, und dies, sozusagen, todsicher.

Es stört diese Querulanten offenbar nicht, daß ihre Argumentation alle eigenen Rüstungsanstrengungen der Bundesrepublik, die über die konventionelle Verteidigung hinausgehen, höchst überflüssig erscheinen läßt – es sei denn, man wollte der Bundesrepublik eigene Angriffsabsichten im Alleingang unterstellen oder gar die Bündnistreue ihrer Schutzmacht USA im Fall eines nuklearen Angriffs auf bundesdeutsches Gebiet ernsthaft in Zweifel ziehen. Denn wozu brauchte die Bundeswehr mehr und andere Waffen als zur Sicherung der gegenwärtigen Grenzen nötig sind, Superpanzer vom Typ »Leopard« und »Tornados«, wenn *allein* die militärische Patt-Situation, in der sich die Supermächte befinden, der Bundesrepublik den Frieden garantierte?

Natürlich hat die Bundesrepublik keinerlei Angriffsabsichten, jedenfalls nicht im Alleingang. Ihren unverzichtbaren Rechtsanspruch auf die Grenzen von Silvester 1937 will sie bekanntlich »in Frieden und Freiheit« durchsetzen, zudem nur im Bunde mit ihren NATO-Partnern. Außerdem hat Bonn, was schon seinerzeit von vielen aufrechten Männern rechts von der »Frankfurter Rundschau« heftig kritisiert worden ist, Gewaltverzicht gegenüber ihren östlichen Nachbarn geleistet. Selbst die vielen zusätzlichen, nun ausschließlich zum Erstschlag verwendbaren Atomwaffen, die im Zuge der erforderlichen »Nachrüstung« auf bundesdeutschem Gebiet jetzt verbunkert werden, dienen allein dem friedlichen

Zweck vermehrter Abschreckung. Diese ist schon deshalb in verstärktem Maße notwendig, weil die Bundesrepublik weit stärker als alle anderen Länder gefährdet ist. Denn sie ist ja nicht nur viel dichter besiedelt und weit höher industrialisiert, also viel verletzlicher als andere Staaten, sondern bietet auch infolge der enormen (und bei durchgeführter »Nachrüstung« noch weit stärkeren) Konzentration atomarer Sprengköpfe auf ihrem Gebiet ein in ganz besonderem Maße lohnendes und daher ungemein verlockendes Ziel für jeden gegnerischen Angriff.

Ursprünglich war von Bonn – unter Federführung des seinerzeitigen Bundesverteidigungsministers Dr. h. c. Franz Josef Strauß – eine eigene Verfügungsgewalt über die Atomwaffen der Bundeswehr angestrebt worden, und zwar nicht nur über die Trägersysteme, beispielsweise die vielen hundert »Starfighter«, die Herr Minister Strauß damals bestellte, sondern auch über die damit zu transportierenden Bomben. Auf diesen »Finger am Abzug« mußte die damalige Bundesregierung zu ihrem Leidwesen verzichten, weil es der Schutzmacht USA, aber auch den anderen westlichen Verbündeten, einschließlich Luxemburg, etwas zu riskant erschien, den gerade erst mühsam besiegten und nunmehr verbündeten Deutschen eine eigene Atommacht zuzugestehen.

Seither ist es dabei geblieben, daß die von der Schutzmacht USA mit Abschreckungs-Sprengköpfen überreich bestückte Bundesrepublik zwar das volle

Risiko zu tragen hat, das sich aus dieser Massierung nuklearer Waffen auf ihrem Gebiet ergibt (und das durch immer neue Atomwaffen- Träger der Bundeswehr leider nicht vermindert werden kann), aber selbst keine Schlüssel zum Schärfen dieses riesigen Vernichtungspotentials besitzen darf.

Neuerdings, nämlich als die sogenannte Nachrüstung beschlossen wurde, die die Bestückung der Bundesrepublik mit neuen, ausschließlich zum Ersteinsatz geeigneten Pershing-II-Atomraketen vorsieht, da erbat sich die Bundesregierung von ihrer transatlantischen Schutzmacht zwar nicht die Verfügungsgewalt über dieses Arsenal, aber doch ein gewisses Mitspracherecht, was den Einsatz der neuen Angriffswaffen betrifft, um notfalls Schaden vom bundesdeutschen Volk abwenden zu können. Denn auf einen Erstschlag vom Rhein her kann sehr leicht ein Zweitschlag aus dem Osten folgen, der dann möglicherweise gerade der Gegend gilt, aus der die ersten Raketen ostwärts flogen, und nicht der Schutzmacht jenseits des Atlantiks.

Doch die Amerikaner sahen in solchem bundesdeutschen Verlangen zu Recht eine Anmaßung, zudem ein völlig unbegründetes Mißtrauen gegen ihren Präsidenten Ronald Reagan oder diejenigen, die ihn notfalls zu vertreten hätten.

Dabei ist es bis heute geblieben, und das ist auch gut so. Denn – wie es kürzlich in dem sonst von wehrwilligen Patrioten wenig geschätzten Nachrichtenmagazin »Der Spiegel« ganz richtig hieß: »Wenn die Bonner ein Mitspracherecht und einen zweiten Schlüssel besäßen, könnten die Sowjets darauf spekulieren, daß die Deutschen bei einem begrenzten Atomschlag aus dem Osten zwar nicht rot, aber erst recht nicht tot sein wollen, und den amerikanischen Vergeltungsschlag vereiteln in der Hoffnung, ihr Volk vor der drohenden Katastrophe zu bewahren. Die Amerikaner dagegen – so das Argument – wären so zimperlich nicht. Von ihnen müßten die Sowjets annehmen, daß sie die Waffen auch einsetzen. Und eben weil die Amerikaner auf dem fremden Boden Deutschlands nicht so zimperlich zu sein brauchten, stelle die amerikanische Alleinverfügungsgewalt über diese Waffen für die Sowjets ein glaubwürdigeres Risiko dar, und das wiederum bedeute mehr Sicherheit für die Bundesbürger.«

So beantwortet sich die Frage, was denn nun des Deutschen (West) Vaterland sei, auf eine ganz andere Weise, als es unsere ursprünglichen Überlegungen vermuten ließen. Es ist ziemlich gleichgültig, welche Ansprüche die Bundesrepublik erhebt, wo sie ihre rechtmäßigen Grenzen sieht und was sie sonst noch möchte. Die großen und wahrscheinlich finalen Entscheidungen trifft der Präsident der Schutzmacht in Washington (oder, falls er gerade, wie weiland Minister Strauß in der Kuba-Krise, nicht ansprechbar sein sollte, einer seiner Vertreter, vielleicht Mr. Caspar Weinberger).

Dies aber ließe auf ein Verhältnis der USA zur Bundesrepublik schließen, das dem Frankreichs zur Zeit der IV. Republik zu Assam, Kambodscha, Tunesien oder Marokko entspricht. Indessen ist die Bundesrepublik Deutschland kein Protektorat der USA, jedenfalls nicht im klassischen Sinne, sondern eher ein sogenanntes Quasiprotektorat. Darunter versteht man, dem Großen Brockhaus zufolge, »Staaten, die aus finanzieller oder anderer Bedrängnis in eine Beschränkung ihrer Selbständigkeit in Hinsicht auf die Finanzen, militärischen Angelegenheiten u. a. gewilligt haben«. Da aber Bonn, als es unter Führung Konrad Adenauers in die NATO und nach nuklearer Bewaffnung drängte und dafür auf Wiedervereinigung in Frieden und Freiheit sowie auf eine Viermächtegarantie für ein friedliches Deutschland verzichtete, keineswegs in wirtschaftlicher Not war, sondern gerade ein Wirtschaftswunder erlebte, lassen sich solche mildernden Umstände nicht geltend machen.

Nein, unser Vaterland hat sich in freier Selbstentscheidung zum künftigen Atomschießplatz der Supermächte gemacht. Ohne erst die Aufforderung *The Germans to the front!* abzuwarten, haben sich die Bundesbürger in vorbildlicher Pflichterfüllung die künftige Front, also den Schauplatz aller Kampfhandlungen, gleich in ihr Vaterland, vor die eigene Haustür legen lassen, um rascher zur Stelle zu sein, wenn der Ruf an sie ergeht.

Seit einem Vierteljahrhundert harren sie nun auf die Stunde der Bewährung, auch mit wachsender Ungeduld, denn was sonst könnte sie dazu verleiten, immer mehr Atomsprengstoff in ihrem Ländchen aufhäufen zu lassen, von dem schon der erste Generalinspekteur der Bundeswehr, Ulrich de Maizière, treffend festgestellt hat: »Das Territorium der Bundesrepublik ist lang und schmal. Ihm fehlt die für die Durchführung von Verteidigungsmaßnahmen notwendige Tiefe« – und dem inzwischen auch die Zeit dafür fehlen würde.

Schon etwa zwölf Minuten nach Beginn des – von Bonn nicht beeinflußbaren – Beginns der Kampfhandlungen ließe sich die Frage, was des Bundesbürgers Vaterland sei, nur noch im Perfekt stellen. Doch zu erkunden, was unser Vaterland *war,* wird uns, den derzeitigen Bewohnern, dann auch nicht mehr möglich sein.

Dies soll nun aber nicht zum Defätismus verleiten, im Gegenteil: Wir müssen die von unserem Land ausgehende Abschreckung weiter kräftig vermehren! Dadurch sinken zwar unsere eigenen Chancen, lebend davonzukommen, aber es steigen die Chancen unserer Schutzmacht, den uns bedrohenden Bolschewismus rasch und total auszurotten.

Dabei entscheidend mitzuwirken, als der abendländischen Idee geopfertes Stück Abendland, muß uns mit Stolz erfüllen. Denn deutsch sein heißt, Dinge um ihrer selbst willen tun. Doch davon mehr in der nächsten Stunde, und nun weint bitte nicht, sondern geht brav nach Hause, und laßt Euch unterwegs nicht von sogenannten Friedensfreunden ansprechen, hört Ihr! Auch nicht vom Herrn Pfarrer, der ist auch so einer.

Lektion 4
Mittlere Hallsteinzeit

Heute haben wir Geschichte, und auf die dürfen wir sehr stolz sein. Geschichte war und ist uns immer sehr teuer, am teuersten aber war die mittlere Hallsteinzeit.

Sie liegt noch nicht sehr lange zurück, weniger als zwanzig Jahre. Aber weil davon kaum noch gesprochen wird, haben die meisten, die die stolze, uns so teure Hallsteinzeit noch selbst miterlebt haben, sie schon vergessen. Das ist sehr schade, läßt sich aber schnell wieder in Ordnung bringen.

Also, es war einmal ein sehr kluger Professor, der hieß Walter Hallstein, der wurde, als die Bundesrepublik gegründet worden war, Berater des Herrn Bundeskanzlers Konrad Adenauer. Der war zwar noch viel klüger und brauchte eigentlich gar keinen Rat, aber manchmal eben doch, wenn es um ganz schwierige Dinge ging. Da erlaubte er dem Professor Hallstein etwas Hilfreiches zu erfinden, zum Beispiel die Hallstein-Doktrin.

Wie soll ich sie Euch erklären, liebe Kinder? Nein, es war nichts Unanständiges – so etwas hätte Professor Hallstein nie erfunden! Es war sogar etwas Hochanständiges, sehr vornehme Denkart und Manieren Beweisendes. Trotzdem ist es vielleicht besser, die

Kleinen gehen mal raus auf den Hof und spielen dort mit dem Ball - aber leise, bitte!

So, nun will ich versuchen, Euch Größeren diese Hallstein-Doktrin zu erklären:

Die Doktrin hätte die Erfindung eines ältlichen, etwas wunderlich gewordenen Fräuleins sein können, das immensen Familienstolz und äußerste Sittenstrenge entwickelt hat und mit bedenklicher Inkonsequenz anwendet, etwa so:

Das Fräulein hat eine genauso betuliche Schwester, die unter dem Einfluß eines brutalen Kerls steht, der ihr vor vielen Jahren Gewalt angetan hat. Seitdem ist die Schwester für das Fräulein »gestorben«. Die beiden sprechen nur noch das Allernötigste miteinander, ohne sich anzusehen: »Reich mir bitte den Tee!« oder »Weißt du, wo die wertvolle Brosche unserer seligen Mutter geblieben ist?« Mehr nicht.

Damit aber nicht genug, legt das Fräulein größten Wert darauf, als alleinige Repräsentantin der Familie zu gelten. Niemand darf die entgleiste Schwester grüßen, anreden oder gar einladen - das heißt: man darf ihr auf der Straße zunicken, möglichst nicht zu freundlich, aber nicht stehenbleiben und auf keinen Fall die Hand geben; man darf auch mit ihr sprechen, solange man sie als Fremde behandelt und nicht ihren Namen gebraucht, und man darf sich sogar von ihr besuchen lassen, aber nur ganz zwanglos, unter keinen Umständen zum Kaffeekränzchen oder gar zu einem Festtag.

Wer sich an diese ungeschriebenen, äußerst strengen Regeln des Fräuleins nicht hält, der ist für sie auch »gestorben« und wird künftig genauso schlecht behandelt wie die arme Schwester, »diese Person«, wie das Fräulein und seine Freundinnen sagen. Das gilt beispielsweise für ein halbes Dutzend Stiftsdamen, die der brutale Kerl »dieser Person« gleichfalls geschändet hat und noch immer terrorisiert. Mit diesen Frauenzimmern will das Fräulein nichts zu tun haben. Es »schneidet« sie, wann immer es ihnen begegnet. Nur mit dem Kerl selbst, diesem Proleten, hat sich das schwierige Fräulein überraschenderweise abgefunden: ihm gibt es die Hand, lädt ihn zum Geburtstag ein und besucht ihn sogar in seiner Behausung, selbst wenn »diese Person« auch da ist!

Alle lächeln über das Fräulein – natürlich nur hinter seinem Rücken! – und nutzen im übrigen die Verschrobenheit des alten Mädchens weidlich aus, etwa so: »Ihre Schwester, diese Person, hat mir eine goldene Brosche geschenkt, und sie will mir auch noch ihren schönen Mantel mit dem Bisamkragen überlassen, wenn ich sie zu unserem nächsten Kränzchen einlade. Was meinen Sie dazu, meine Liebe?«

Und dann meint die Liebe, die teure Freundin solle »diese Person« keinesfalls einladen. Auch sei der Mantel schon recht abgetragen, der Bisampelz sehr schäbig. Aber sie könne sich, auf Kosten des Fräuleins, einen nagelneuen Wintermantel mit echtem Nerzkragen kaufen, wenn sie fest verspreche, sich niemals mit »dieser Person« einzulassen...

Das Fräulein ist ziemlich wohlhabend und kann es sich, wie man oft von ihm hören kann, leisten, überall großzügige Geschenke zu machen.

Sechzig bis siebzig Damen der Nachbarschaft haben davon bereits profitiert. Einige besonders Unverschämte haben dem Fräulein schon komplette Aussteuern für ihre Töchter abgeschwatzt – immer mit der gleichen, manchmal kaum noch verhüllten Drohung, »diese Person« richtiggehend und öffentlich einzuladen, nicht bloß unverbindlich und unter vier Augen, sondern in aller Form und vor allen Leuten...

Dann wird das Fräulein stets von neuem von einer Art Hysterie gepackt, und zur stillen Belustigung der Erpresser rennt es sogleich zum Wäscheschrank, wo es sein Geld verwahrt hält...

Soweit der Versuch, die wundersame Hallstein-Doktrin und ihre praktischen Auswirkungen dem außenpolitisch Interessierten anschaulich zu machen. Das Bemühen, sie logisch zu begründen, ist von vornherein zum Scheitern verurteilt, und das ist gerade das spezifisch Deutsche an der Hallstein-Doktrin: Sie ist eine Sache des Herzens, nicht des kühlen Verstandes!

Auch andere Länder hatten und haben bestimmte Prinzipien der Außenpolitik, wollten oder wollen noch immer von gewissen Tatsachen keine Notiz nehmen, etwa die Araberstaaten von der Existenz Israels oder die Vereinigten Staaten von dem Vorhandensein der Volksrepublik China. Aber sie beschränken sich dabei auf das Mögliche, das heißt auf das, was sie selbst zur Aufrechterhaltung ihrer These zu tun imstande sind.

Sogar die enragiertesten Israel-Gegner der Araberliga finden nichts dabei, daß nahezu alle Mächte, die in Riad, Bagdad oder Kairo diplomatisch vertreten sind und auch mehr oder weniger freundschaftliche Beziehungen zu den anderen arabischen Staaten unterhalten, mit Israel ebenfalls Botschafter ausgetauscht haben. Und niemand in Washington hat je daran gedacht, die Beziehungen zu Paris, London oder gar zu Moskau abzubrechen, weil die dortigen Regierungen die für die Vereinigten Staaten seinerzeit »nichtexistente« Volksrepublik China schon offiziell anerkannt hatten. Nur die Bundesrepublik Deutschland verschmähte die schlichte Beschränkung auf das Mögliche und nahm sich die Verwirklichung des Unmöglichen vor.

Fast zwei Jahrzehnte lang verbot sie den anderen Ländern, die Existenz der DDR offiziell zur Kenntnis zu nehmen, und sie bedrohte jeden Staat, der sich über diese strikte Anweisung leichtfertig hinwegsetzte, mit dem Abbruch der diplomatischen Beziehungen. Und nachdem sie so der ganzen Welt klargemacht hatte, wie verteufelt ernst es ihr mit dieser starren Doktrin war, vollführte sie rasch noch ein paar lustige Kapriolen, die zeigen sollten, daß man gar nicht so stur, sondern bloß absurd wäre:

Da gab es zunächst eine verblüffende Ausnahme von der strengen Vorschrift – ausgerechnet zugunsten der Sowjetunion, die als die Gründerin und Schutzmacht der DDR, um deren Nichtexistenz es ging, mit der Sondererlaubnis belohnt wurde, *zwei* deutsche Botschafter in Moskau und *zwei* sowjetische Missionschefs in Deutschland zu haben, einen in Bonn und einen »bei dieser Person« in Ost-Berlin – ein kleiner Scherz der strengen Gouvernante, aber niemand sollte sich unterstehen, solche Witze nachzumachen!

Sodann schloß die Bundesrepublik mit der nur in Anführungszeichen denkbaren, nichtexistenten DDR allerlei Handels- und sonstige Abkommen – man selber wußte ja, daß damit die »Zone« nicht anerkannt wurde, und die anderen Länder ging das nichts an. Wehe ihnen, wenn sie sich erdreistet hätten, ähnliche Witze zu wagen!

Und schließlich, damit auch ja keine Zweifel an der Ernsthaftigkeit der mit so vielen kleinen Späßen gewürzten Verhaltungsmaßregeln aufkommen konnten, wurde ein Exempel statuiert: Die Beziehungen zu Jugoslawien, das die DDR, trotz des strengen Verbots, anzuerkennen gewagt hatte, wurden kurzerhand abgebrochen. Alle sollten sehen, wie grausam die Bundesrepublik zu strafen verstand:

Nun mußten die jugoslawischen Diplomaten in Bonn ihre Koffer packen – die bundesrepublikanischen in Belgrad natürlich auch –, und der strahlende Glanz, der von der Anwesenheit einer bundesdeutschen Exzellenz in Belgrad ausging, erlosch jäh.

Zwar kam dann eine Frau Gesandtin der DDR, Eleonore Staimer, in die jugoslawische Metropole, aber das war natürlich nur ein schwacher Trost für die von dumpfer Verzweiflung gepackten Völker Titos.

Wenn allerdings die Jugoslawen befürchtet hatten, daß nun auch aller Handel und Wandel mit der zwar nicht mächtigen, aber mächtig reichen Bundesrepublik aufhörte, so wurden sie auf das angenehmste enttäuscht: Nach dem Abbruch der diplomatischen Beziehungen vermehrte sich das Volumen des jugoslawischen Außenhandels mit der grollenden Hälfte Deutschlands ganz beträchtlich, mit einer für die Jugoslawen erfreulich aktiven Zahlungsbilanz. Und die letzten Belgrader Tränen wußte die strenge, aber gütige Bonner Regierung mit allerlei langfristigen Millionenkrediten zu trocknen.

Dennoch blieb die Strafe für Jugoslawiens schändliche Anerkennung der nichtexistenten DDR nicht ganz aus. Denn kaum war der eine bundesdeutsche Botschafter aus Belgrad abgereist, da kamen neue »Botschafter« der Bundesrepublik, erst in kleinen Trupps, dann in größeren Haufen und schließlich in so riesigen Scharen, daß sie im Handumdrehen das ganze Land besetzt hatten. Sie ließen ihren Motoren,

Kofferradios und vorgefaßten Meinungen freien Lauf, erschreckten friedliche Hirten und Fischer mit dem Surren ihrer Schmalfilmkameras, ihren lustigen Kriegserinnerungen und dem handfesten Sex ihrer Begleiterinnen, und wo immer irgend etwas auch nur den Anschein hatte, käuflich zu sein, da äußerten sie unter Vorweisen prallgefüllter Brieftaschen den dringenden Wunsch, es zu erwerben.

Ermattet und kahlgefressen wie nach einem Heuschreckeneinfall ging das Land alljährlich in den Winter, und wenn im nächsten Jahr der Sommer nahte, wiederholte sich die Invasion in noch stärkerem Ausmaß.

Selbstverständlich konnte es der übrigen Welt nicht verborgen bleiben, wie tief und hart Jugoslawien von der rachsüchtigen Bundesrepublik mit Millionenkrediten, vorteilhaften Handelsabkommen und endlosen Strömen devisenschwerer Touristen dafür gedemütigt wurde, daß es sich mit der nichtexistenten DDR eingelassen hatte. So konnte es auch nicht ausbleiben, daß auch andere, zum Teil weit kleinere und abgelegenere Ländchen Späher nach Bonn schickten, die erkunden sollten, ob auch ihre Heimat gegebenenfalls mit ähnlich harter Bestrafung rechnen dürfe.

Diese Kundschaften brauchten in Bonn das Ziel ihrer Mission nur zart anzudeuten, da öffneten sich ihnen auch schon die Panzertüren der prall gefüllten bundesdeutschen Tresore, und aufgeregte weiße

Männer in schlechtsitzenden, aber feierlichen Anzügen, mit geölten Haaren, Schildpattbrillen und Homburg-Hüten flehten sie an, sich so viel Geld mitzunehmen, wie sie tragen könnten.

Diese unerhörte Großzügigkeit der Bonner Effendis sprach sich schnell herum, nicht nur bei den souveränen (und existenten) Staaten der entwicklungsbedürftigen Erdteile, sondern auch bei den nichtexistenten Machthabern der Brüder-und-Schwestern-Zone. Minderwertigkeitskomplexe schossen auf, selbst bei klassenbewußten Funktionären, und während ein Strom von schwarzen und braunen Pilgern gen Bonn zog, fiebernd vor Ungeduld, sich aus rheinischem Gold ein prunkvolles Ehebett, prächtige Balkongitter oder gar ein funkelndes Pagodendach anfertigen zu lassen, schwammen ganze Schiffsladungen von Geschenken aus dem Lande der Nichtexistenten gen Afrika und Asien. Arbeiterinnen volkseigener Betriebe opferten ihr Strickzeug den unterentwickelten Freundinnen am Niger und Kongo; mächtige Kombinate fuhren Sonderschichten für den Freiheitskampf der Akassava, und mindestens zwei der sechs stellvertretenden Außenminister der DDR lagen ständig unter Dampf, gegen alle äquatorialen Seuchen geimpft, in herausfordernd elegante Tropenanzüge gekleidet und mit umfänglichen Redemanuskripten versehen. Auf die leiseste Andeutung hin, daß sie nicht völlig ungelegen kämen, reisten sie eilig in die entferntesten und entwicklungsbedürftigsten Länder, um dort den dringenden Wunsch ihres gar nicht vorhandenen Staates nach Freundschaft und Anerkennung vorzutragen.

Sie kamen auch mit leeren Händen nicht, sondern erfreuten die hohen Würdenträger gerade aus der Taufe gehobener Staaten mit allerlei nützlichen und schönen Geschenken: Das Staatsoberhaupt erhielt einen Orden, einen Feldstecher sowie eine umfangreiche Briefmarkensammlung; die Motorradfahrer der Präsidenteneskorte bekamen schmucke weiße Sturzhelme; die Minister wurden mit Schallplattenaufnahmen des gemischten Chors »Schwarze Pumpe« beglückt, und alle des Lesens kundigen höheren Staatsbeamten durften je ein Paket mit den Schriften des Staatsratsvorsitzenden Walter Ulbricht in Empfang nehmen.

Kein Wunder, daß die nichtexistenten Minister-Stellvertreter überall gerngesehene Gäste waren, und dies wiederum nicht so sehr der von ihnen mitgebrachten Gaben wegen als vielmehr aus einem ganz anderen Grunde:

Schon die bloße Ankündigung ihres Kommens versetzte nämlich ihre reichen Bonner Rivalen in panische Angst und steigerte deren Gebefreudigkeit ins Unermeßliche. Auch konnten es die Bonner meist gar nicht abwarten, daß einer käme, ein paar bescheidene Wünsche vorzutragen, etwa den Bau eines neuen Hafens, eines Stahlwerks, zweier Staudämme nebst einer Wasserleitung zum Präsidentenpalais.

Vielmehr schickten sie von sich aus Schiffsladungen mit Gaben aller Art, dazu Männer mit geschmeidiger Zunge, die die Geschenke anzupreisen verstanden, und andere mit wunderbar feinem Gehör, die jeden im Lande aufkeimenden Wunsch sofort erlauschten und dann sogleich erfüllten.

Sprach etwa der Erziehungsminister auf einem Bankett der »Nationalen Gesellschaft zur Förderung des revolutionären Gesangs und der Schönen Künste« von der Parkplatznot oder äußerte sich der Sohn des Staatspräsidenten einmal beiläufig in dem Sinn, daß es seinen Hohen Vater freuen würde, wenn die Unabhängigkeitsallee, wenigstens zwischen dem Justizpalast und dem nur von höchsten Würdenträgern frequentierten Etablissement »Chez Loulou« nachts beleuchtet werden könnte, so begannen schon vierundzwanzig Stunden später eilig herbeigerufene bundesdeutsche Experten mit den Vorarbeiten. Und wenige Wochen darauf, noch rechtzeitig zur Eröffnung der »Woche der Geburtenregelung«, erstrahlte die Unabhängigkeitsallee im hellen Licht der bronzenen Neon-Kandelaber, die bundesdeutsche Werkstätten in Tag- und Nachtarbeit angefertigt hatten, während sich auf dreißig neuen Parkplätzen Hunderte von schwarzen Mercedes-Limousinen wohlig recken konnten.

Natürlich ließ solche Hilfsbereitschaft der wohlhabenden Bonner auch die weit ärmeren Nichtexistenten großzügiger werden, als sie es sich eigentlich leisten konnten. Sie mochten nicht zurückstehen und schickten auch ihrerseits Spezialisten, die kleine ausgefallene Sonderwünsche, etwa die Installation bunter Scheinwerfer in den Badezimmern des Klubs »Chez Loulou«, sofort erfüllen konnten.

Bald wußten selbst die kleinsten und schmutzigsten Kinder am Senegal oder Sambesi, im Sudan wie auf Sumatra, daß alle blassen, blonden Männer mit knielangen Khaki-Shorts und rindsledernen Aktentaschen sämtlich selbstlose Freunde und Wohltäter aller schwarzen und braunen Menschen waren, wobei es nicht den mindesten Unterschied machte, ob diese noblen Gönner nun aus Braunschweig oder Magdeburg, Göttingen oder Jena stammten.

Für die Pilgerfahrten nach Deutschland, deren Beliebtheit eher noch zunahm, setzte sich bald ein wesentlich verfeinertes Ritual durch:

Sofort nach der Ankunft, gleich ob im bundesdeutschen oder im volksdemokratischen Teil des gastfreundlichen Landes und noch ehe man am dörflichen Regierungsflughafen Wahn oder am südöstlichen Stadtrand von Berlin die Front der jeweiligen Ehrenkompanie abschritt, empfahl es sich, den spontanen Wunsch zu äußern, an einer Mauer Erschütterung zeigen zu dürfen.

Das bewirkte, wie die Weisesten und Erfahrensten ausgerechnet hatten, in Bonn wie in Pankow – wenn auch aus ganz verschiedenen Gründen – eine Verdreifachung der Gebefreudigkeit.

Eine weitere erhebliche Steigerung ließ sich noch damit erzielen, daß der Abgesandte, sobald er irgendwo eine Mauer erblickte, mit fester Stimme erklärte, nun wolle er auch die andere Seite des Bauwerks in Augenschein nehmen, denn dort solle es noch viel schöner sein.

Ehe er dann, reich beladen mit Geschenken und Versprechungen, wieder die Heimreise antrat, bewirkte manchmal noch ein Wort des Abschieds Wunder, zumal wenn man in seine Dankrede einfließen ließ, man wolle demnächst die Staatsoberhäupter beider deutscher Staaten samt Lieblingsfrauen und Leibwachen zu einem wunderbaren Gegenbesuch einladen, sobald man einige Kanonen und soviel Munition zusammen habe, um zweimal einundzwanzig Schuß Salut feuern zu können.

Auf diese Art und Weise entwickelten zwischen siebzig und achtzig, zum Teil sehr kleine, aber durchweg souveräne Staaten in jahrelanger zäher Kleinarbeit das auf der Hallstein-Doktrin basierende System einseitiger Nachbarschaftshilfe bis zur Perfektion.

Sie ließen sich von der Bundesrepublik mit einer hübschen Erstausstattung versehen, die sozusagen den Maßstab ihres Wertes setzte. Dann nahmen sie von Ost-Berlin umfangreiche Geschenke an und stellten der Deutschen Demokratischen Republik die wohlwollende Prüfung ihres Gesuchs um Erlaubnis zur Errichtung eines kleinen Konsulats in Aussicht. Mit diesem Trumpf in der Hand erkundigten sie sich sodann in Bonn, was der Bundesrepublik die Nichtgenehmigung des DDR-Konsulats wert sei, kassierten und begannen nun Verhandlungen mit der DDR wegen eventueller ersatzweiser Gewährung eines halbkonsularischen Status für eine bescheidene Handelsvertretung.

Je nach Temperament und Laune erfanden sie immer neue Nuancen dieses Spiels, wobei Präsident Sékou Touré von Guinea mit besonders eigenwilligen, jeden Sammler faszinierenden Bereicherungen hervortrat.

Im November 1959, kurz nachdem Guinea seine Unabhängigkeit von Frankreich ertrotzt hatte, war Sékou Touré zu einem Staatsbesuch nach Bonn eingeladen worden. Dankbar nahm er die Einladung an, doch die kleinen Wünsche, die er dazu äußerte, stimmten die Bonner Ministerialbürokratie bedenklich:

Präsident Sékou verlangte nämlich in der für ihn reservierten Suite im Petersberg-Hotel (mit Blick auf den Rhein und die Bundesmetropole) die Aufstellung eines *drei*schläfrigen Bettes für sich und seine beiden Begleiterinnen, von denen die eine seine Gattin, die andere seine, sozusagen, Leib-Sekretärin war.

Nun hatten die Bonner Räte nicht etwa moralische Bedenken – dergleichen ist ihnen, zumal bei Ausländern und bei dienstlichen Anlässen, fremd. Wann immer man im Dienst in moralische Konflikte gerät – das hatte ihnen der oberste Bonner Rat, Hans Maria Globke, ausführlich erklärt –, tritt man einfach in eine Nische ... Nein, die Zweifel der würdigen Räte waren vielmehr politischer Art: Wie würde sich, so fragten sie sich sorgenvoll, Sékous offenbar zweiseitige Liebesfähigkeit in bezug auf die Hallstein-Doktrin auswirken? Mußte nicht einer, der daran gewöhnt war, zween Damen zu dienen, auch zwei deutschen Republiken anerkennende Liebkosungen erweisen können und wollen? Also sorgten sie dafür, daß Sékou Touré in der Bundeshauptstadt einen Empfang erhielt, der an Glanz und Pomp alles je Dagewesene in den Schatten stellte und durchaus geeignet war, den schwarzen Gast die »Existenz« eines anderen deutschen Staates völlig vergessen zu lassen.

Wo immer der Gast aus Conakry einherschritt, wurden prächtige rote Teppiche ausgerollt, blonde rheinische Mädchen und Buben streuten ihm Blumen und jubelten ihm, da sie schulfrei bekommen hatten, begeistert zu. Ungeheure Festessen wurden in großer Zahl veranstaltet, und die würdigsten Männer der Bundesrepublik nahmen Sékou (oder doch seine Begleiterinnen) innigst in die Arme: Der greise Bundeskanzler Konrad Adenauer selbst unterrichtete den Hohen Gast über den wunderbaren Reichtum seines Rheinbund-Ländchens.

Sékou zeigte sich tief beeindruckt von soviel Freundschaft, aber die einmal wachen Zweifel der Räte konnte er nicht ganz zerstreuen. Bald sollte sich zeigen, wie recht die Ministerialen hatten, als sie Sékou Touré für einen potentiellen (und potenten) Zwei-Staaten-Theoretiker, womöglich gar -Praktiker hielten!

Denn nachdem er so im November 1959 in der Bundeshauptstadt Bonn fürstlich empfangen und noch fürstlicher beschenkt worden war, obwohl (oder gerade weil) eine DDR-Handelsvertretung seit Anbeginn guinesischer Unabhängigkeit in Sékous Hauptstadt Conakry residierte, machte er sich bereits im März 1960, von beträchtlichen Rubel-Krediten angefeuert, daran, dem mitteldeutschen Handelsvertreter in seiner Metropole zu dem exaltierten Rang eines außerordentlichen Botschafters und bevollmächtigten Ministers zu verhelfen.

In dieser außergewöhnlich ernsten, die Hallstein-Doktrin auf die Probe stellenden Stunde, da Sékou Touré an den Nerven der Bonner Diplomatie zerrte und an den Fundamenten bundesrepublikanischer Politik zu knabbern begann, erfand dieser seiner Hautfarbe zum Trotz ungemein helle Kopf nach anderthalbstündigem Grübeln (und in Gemeinschaftsarbeit mit dem Autor, der als gerade anwesender Sonderkorrespondent eines deutschen Nachrichtenmagazins sein Scherflein beisteuern durfte) die in der internationalen Diplomatie bis dahin unbekannte Variante eines bloßen Höflichkeitsbotschafters ohne nennenswerte diplomatische Anerkennung:

Sékou bekannte, dem Chef der DDR-Handelsvertretung in Conakry, Genossen Kirschei, den Rang eines Botschafters nicht mehr verwehren zu können. Er tue dies aber nur, damit die Limousine dieses hochgeschätzten Gastes nicht wieder, wie es leider einmal vorgekommen sei, von übereifrigen, nach Hühnerdieben fahndenden Polizisten rücksichtslos durchsucht werde. Solche Peinlichkeiten einem Freund zu ersparen, bedeute aber noch längst nicht die volle diplomatische Anerkennung seines Landes...

Aufgrund dieser Ausrede konnte der schon nach Bonn zurückgerufene bundesdeutsche Botschafter Schröder nach Conakry zurückkehren, die Hallstein-Doktrin war gerettet, und einer neuen, imposanten Entwicklungshilfe für Guinea – aus Bonn wie aus Ost-Berlin – stand nichts mehr im Wege.

In allen Regierungspalästen Afrikas und Asiens bewunderte und pries man damals Sékou Tourés Schläue. Zugleich überlegte man kopfschüttelnd, was wohl den Deutschen Entsetzliches widerfahren sein mochte, daß sie auf den hirnverbrannten Einfall gekommen waren, gutes Geld mit vollen Händen zum Fenster hinauszuwerfen, nur damit schwarze und braune Menschen etwas, das doch offensichtlich vorhanden war, als nicht ganz existent oder beinahe nichtexistent oder nur höflichkeitshalber, aber nicht wirklich existent zu betrachten vorgaben.

Dieser doch angeblich gar nicht existierende Staat, so überlegten die ausgezeichnet informierten Afrikaner und Asiaten, hatte nicht nur alle Bananen Guineas aufgekauft, die niemand sonst mochte, er war auch der siebtgrößte Maschinenproduzent der Welt, der zweitstärkste Industriestaat im ganzen Ostblock – trotz seiner nur sehr geringen Bevölkerungszahl von knapp 17 Millionen. Dieser Staat, so sagten die Bonner, sei ein künstliches Gebilde, seine Bewohner seien unfrei und von einer Diktatur unterjocht. Die Deutschen, so wußte man, sind gelehrte Leute, und was sie sagten, war sicherlich richtig.

Aber warum sollte die DDR künstlicher sein als die Staaten Afrikas, deren Grenzen malariakranke Kolonialoffiziere auf ungenauen Landkarten ohne Rücksicht auf geo- und ethnographische Gegebenheiten mal mit, mal ohne Lineal gezogen hatten, je nachdem, wie sehr das Fieber sie gerade quälte?

Weshalb sollte die DDR weniger frei sein als etwa San Salvador oder die Südafrikanische Union, ihre Regierung diktatorischer als damals die Nkrumas in Ghana oder Trujillos auf Santo Domingo?

Gewiß, in der DDR regierten die Kommunisten – aber in der großen Sowjetunion sollen auch, so hieß es, Kommunisten regieren, und doch waren alle, die Bundesrepublik wie auch die Vereinigten Staaten, Frankreich und England, in Moskau mit Botschaften vertreten.

Auch hatte, so überlegten die wohlinformierten braunen und schwarzen Menschen weiter, die DDR bereits Handelsverträge mit drei Dutzend Ländern abgeschlossen, ferner Regierungsabkommen mit Finnland und Indien, Ägypten und dem Irak. Die DDR war schon Mitglied von nicht weniger als 264 internationalen Organisationen, von der Internationalen Vereinigung für Samenkontrolle in Dublin bis zur Union zum Schutz der Natur und zum Gehörlosen-Weltschachbund.

Die DDR war da, ob das der Bundesrepublik nun gefiel oder nicht. Sie war ein Staat - vielleicht ein künstlicher, unfreier kommunistischer Zwangsstaat, aber nichtsdestoweniger ein Staat, der existierte.

Dieser Staat hatte gerade Bankenabkommen mit Portugal und Griechenland getroffen. Er lieferte soeben sechshundert Traktoren nach Brasilien. Wo sich durch das Beieinanderstehen dreier Lehmhütten die Bildung eines neuen weltpolitischen Zentrums ankündigte, war die DDR vertreten, und noch ehe der erste *Uhuru*-Schrei den Beginn der Unabhängigkeit angekündigt hatte, war noch stets ein blasser Mann aus Ost-Berlin erschienen, der das höfliche Angebot der DDR überbrachte, mit dem gerade das Licht der Welt erblickenden Staat Botschafter auszutauschen!

Warum, bei Allah!, sollte diese DDR, die doch schon viel eher existiert hatte als die meisten afrikanischen Staaten, von diesen nicht anerkannt werden?

So grübelte man am Kongo wie am Euphrat, am Nil wie am Niger, und am Ende entschloß man sich, das Rätselhafte nicht ergründen zu wollen, sondern nur künftig noch mehr zu verlangen als bisher, nun neben Geld beispielsweise auch Waffen.

Während aber Gaben an Geld und sonstigen Kostbarkeiten höchstens den Neid und die Habgier aller Nachbarn des Beschenkten wachrufen, erwecken Waffengeschenke bei den Anliegern Angst und Sorge. Müssen sie nicht befürchten, daß die bundesrepublikanischen Gewehre, Handgranaten, Panzer und Flugzeuge dazu dienen werden, ihnen, den wehrlosen Nachbarn, fette Weidegründe und ergiebige Jagdreviere zu entreißen? Müssen sie nicht um ihre schönen jungen Weiber zittern, auf die die jetzt bis an die Zähne Bewaffneten schon immer begehrliche Blicke geworfen haben?

In solchen Fällen nützen auch die üppigsten Geldgeschenke nichts mehr. Gewiß, man nimmt die Millionen, aber man gibt nicht eher Ruhe, als bis man auch Waffen bekommt, aber natürlich mehr und bessere als die bösen Feinde. Denn sonst bliebe keine andere Wahl, als die Nichtexistenten anzuerkennen und die Bonner zum Feind aller friedlichen Völker Asiens und Afrikas zu erklären ...

Bis zum Beginn des Jahres 1965 war die Bundesrepublik zum Waffenlieferanten von mindestens neun afrikanischen Staaten geworden und rüstete daneben auch noch die damals in ganz Afrika verhaßten portugiesischen Kolonialherren sowie die südafrikanischen Apartheidsfanatiker mit Kriegsmaterial aus. Auch hatten die Kurse für bestimmte Gefälligkeiten und Unterlassungen im Sinne der Hallstein-Doktrin schwindelnde Höhen erreicht:

Im Februar 1965 wurden bereits für eine gewöhnliche Absage einer an den Staatsratsvorsitzenden der DDR ergangenen Einladung runde 750 Millionen DM (West) geboten, ohne daß sich bei dieser bisher höchsten Notierung Interessenten fanden. (Die Gegenseite hatte die Aufrechterhaltung besagter Einladung eben noch weit höher bewertet.)

Bei derartigen Kursen, einer ständig wachsenden Zahl neuer blockfreier Staaten und den rapide sich vermehrenden Gelegenheiten, den Bonnern die von ihnen selbst angefertigten Daumenschrauben der Hallstein-Doktrin anzulegen, bedurfte es keiner höheren Mathematik, um den Zeitpunkt zu errechnen, an dem ein weiteres Festhalten an der nun schon anderthalb Jahrzehnte alten Tradition, sich wohlig erpressen zu lassen, die Finanzkraft selbst der Bundesrepublik übersteigen würde. Sogar unter Berücksichtigung des Sturheitskoeffizienten, dessen Anwendung sich in diesem Falle fast von selbst verstand, mußte die Hallstein-Doktrin sehr bald, vermutlich noch vor dem Winter 1965/66, mit einem wehmütigen Seufzer aufgegeben werden.

Rückschauend konnte man dann erstaunt feststellen, daß die Schulen und Universitäten, Kliniken und Laboratorien, die in der Bundesrepublik so bitter fehlten, aus nun gar nicht mehr so einleuchtenden Gründen anderswo gebaut worden waren. Und wenn man dann den neuen, zunächst noch ungewohnten Zustand mit dem altvertrauten verglich, so bemerkte man verwundert, daß all die Ängste, aus denen heraus man sich so lange hatte erpressen lassen, völlig überflüssig gewesen waren – so überflüssig wie die Bronzekandelaber für die Beleuchtung der Unabhängigkeitsallee einer afrikanischen Metropole.

Denn – so unwahrscheinlich es den Bonner Staatsmännern fünfzehn lange und teure Jahre hindurch auch dünkte – die mit dem Zusammenbruch der Hallstein-Doktrin einsetzende Anerkennung der DDR durch eine Reihe von kleineren und größeren Staaten der farbigen Welt konnte an den tatsächlichen Gegebenheiten nicht das mindeste ändern: Weder Bonn noch Ost-Berlin wurde davon besser oder schlechter!

Die »Aufwertung« der DDR – von Bonn anderthalb Jahrzehnte lang unter würgender Angst selbst betrieben – endete automatisch an dem Tage, an dem die Bundesrepublik mit versagender Stimme, aber eben noch glaubwürdig, versicherte, daß ihr die Nichtanerkennung Ost-Berlins durch noch so liebe afrikanische oder asiatische Freunde völlig gleichgültig und keinen roten Heller mehr wert sei. Falls aber irgendein Land den Wunsch empfinde, mit der DDR diplomatische Beziehungen aufzunehmen und der Bundesrepublik zum Trost ein schönes neues Krankenhaus und ein paar moderne Schulen zu schenken, so stehe dem nichts im Wege.

So, das war eine lange Lektion. Aber dafür wißt Ihr nun schon fast alles über die Geschichte unserer Bundesrepublik Deutschland. Jetzt müßt Ihr nur noch lernen, darauf immer sehr stolz zu sein und niemals Schlechtes zu denken (oder gar zu sagen), was unsere Heimat beflecken könnte. Denn der Staat, das ist sozusagen unser aller Familie. Darüber wollen wir in der nächsten Stunde reden.

Lektion 5
Die Familienbande

Heute wollen wir etwas besonders Schönes, jedem ans Herz Gewachsenes durchnehmen: die Familie. Sie ist unsere Heimat im engeren Sinn. In ihrem Schoß dürfen wir uns geborgen fühlen. Die Familie ist auch eine Säule der Gesellschaft, der Volksgemeinschaft, des Vaterlands und überhaupt. Deshalb ist sie heilig, und alles, was damit zusammenhängt, genießt – wenn es sich nicht gerade um ausländische Familien handelt, die auch noch ihre Kinder herholen wollen – die allergrößte Fürsorge und den ganz besonderen Schutz der Verfassung und der Gesetze.

Die Familie ist – vergeßt das nicht aufzuschreiben! – der Hort guter deutscher Sitte. So, und nun gehen alle, die noch nicht 16 sind, wieder auf den Hof und spielen Ball! Denn wir wollen uns jetzt näher befassen mit dem, was man Familienbande nennt.

Die Familie ist die Keimzelle des Staates, jedoch statistisch unzureichend erfaßt. Es gibt in der Bundesrepublik rund 60 Millionen Einwohner, aber nur 25,3 Millionen Haushalte. Nicht jeder Haushalt ist eine Familie, wie ihr Größeren ja wohl schon wißt. Es leben in jedem bundesdeutschen Haushalt zwar im Durchschnitt 2,3 Personen; es könnte sich also durchaus um ein Ehepaar mit einem noch ganz kleinen

Kind handeln, aber es gibt viele Ausnahmen, sogar gleichgeschlechtliche. Auch dort, wo ein Mann und eine Frau zusammen die Haushaltsbewohner vor dem Komma sind, sind sie manchmal keine Familie, und der Herr ist nur ein Onkel auf Besuch.

Im Normalfall gehören zu einer Familie im weiteren Sinn etliche Haushalte, denn die Großeltern und alle Onkel, Tanten, Vettern, Kusinen, Neffen und Nichten, und was es sonst noch alles gibt, wohnen ja Gott sei Dank nicht ständig beisammen. Außerdem sind die Grenzen nicht ganz genau zu bestimmen; wer noch zur Familie gehört und wer nicht, ist durch keine Verordnung geregelt, und selbst auf die Stimme des Blutes ist nicht immer Verlaß. Daß beispielsweise unsere Tante Märtchen, schon kraft ihrer Persönlichkeit und ihres beträchtlichen Vermögens, zur Familie gehört, ist sonnenklar, obwohl das einzige verwandtschaftliche Bindeglied, Großonkel Sebastians schwächlicher Stiefbruder Karl, Tante Märtchens einstiger Gemahl, schon vor mehr als fünfzig Jahren das Zeitliche gesegnet und sie kinderlos zurückgelassen hat.

Ob man hingegen Jens-Uwe, einen Schwippschwager von Kusine Gerda, der als Öko-Freak bekannt ist, mit einem indischen Ehepaar und zwei amerikanischen Philologiestudentinnen, die eine schwarz, die andere weiß, einem homophilen Maler und einem fast 90jährigen Trotzkisten in Wohngemeinschaft lebt und in der Fußgängerzone abstrakte Madonnen aufs

Pflaster malt - ob dieser »beknackte Kiffer«, wie ihn Kusine Gerda nennt, noch zur Familie gerechnet werden kann und soll, ist mehr als zweifelhaft.

Lassen wir indessen die schwierigen Grenzprobleme beiseite und richten wir unser Augenmerk auf eine intakte westdeutsche Familie, eine Keimzelle der Bundesrepublik sozusagen, und prüfen wir an ihrem Beispiel, wie solche Familienbande in unterschiedlichen Situationen festen Bestand haben oder auch nicht. Nehmen wir die Haberstrohs, eine wohlsituierte, in sehr geordneten Verhältnissen lebende Sippe, die mit einem angeheirateten Vetter Rudolf behaftet ist, einem stillen und bescheidenen Mann von nicht allzu hoher Intelligenz.

Natürlich wird Vetter Rudolf - »der liebe Rudi«, wie man ihn nennt - zur Familie gerechnet, obwohl er Zeitungsschreiber ist, also - wie Onkel Jupp, der Herr Geistliche Rat, Bismarck zitierend, zu scherzen beliebt - »ein Mensch, der seinen Beruf verfehlt hat«.

Den lieben Rudi ficht das nicht an. Er ist in der Redaktion des Kreisblatts zuständig für Saftiges auf der Seite 3 und verfaßt allwöchentlich einen ausführlichen Bericht, den er selbst als »Sittenbild« bezeichnet. Darüber kann man sich an den Stammtischen und in den Damenkränzchen sieben Tage lang entrüsten, bis am nächsten Wochenende ein neuer Bericht erscheint. Der liebe Rudi hat schon über vieles geschrieben, und er hat sich auch immer im Rahmen des Schicklichen gehalten, jedenfalls was die Ausdrücke und Umschreibungen betrifft. Da war sein Report über das Lotterleben der Filmstars von Hollywood, sein Bericht über das Dolce Vita Mailänder Millionäre, seine knallharte Beschreibung eines Familiendramas in Frankreich mit Blutschande, Mord und vielen pikanten Details, schließlich seine ergreifende Darstellung des bitteren Schicksals zweier Egerländerinnen, die ihre Villa jahrelang mit slowakischen Zigeunern hatten teilen und für diese niedrigste Arbeiten hatten verrichten müssen, bis es ihnen gelang, über die Todesgrenze in den freien Westen zu flüchten und beim nächsten sudetendeutschen Heimattreffen den totgeglaubten Gatten und Vater, einst Sturmbannführer im Stabe des Reichsprotektors Heydrich und später Lageradjutant in Maidanek, als pensionierten Ministerialdirigenten wiederzufinden. Dieser letzte Bericht hatte dem lieben Rudi nicht nur einen Preis der zuständigen Landsmannschaft eingetragen, sondern auch anerkennendes Kopfnicken im Familienkreis sowie ein freundliches Lob des Staatssekretärs im Sozialministerium. Ob dies nun alles dem lieben Rudi etwas zu Kopf gestiegen oder ob ihm einfach der Stoff ausgegangen war – man schrieb August, eine Hitzewelle durchglühte die Provinz –, muß dahingestellt bleiben. Jedenfalls überraschte er sein Publikum am nächsten Wochenende mit einer saftigen Geschichte, die ausnahmsweise nicht in fremdem Milieu spielte, sondern in der eigenen Stadt.

Von zwei Schwestern war die Rede, und jeder Kenner mußte in ihnen sogleich Tante Agnes und Tante Jutta vermuten, obwohl Rudi mit einem Rest von Anstand keine Namen genannt und auch etliche Details absichtlich verändert hatte. Sie waren aus bescheidenen Verhältnissen zu Millionärsgattinnen aufgestiegen: die eine, als sie im letzten Krieg einen biederen Metzgermeister (Onkel Markus) geheiratet, ihn zu Schwarzschlachtungen und allerlei Schiebungen getrieben und von den Erlösen die Aaronsohnsche Fleisch- und Wurstwarenfabrik samt beträchtlichem Grundbesitz in »arische«, nämlich die eigenen, Hände überführt hatte. Die andere Tante war mit Hilfe zweier Kisten zu erklecklichem Wohlstand gelangt, die ihr Gatte, der inzwischen verstorbene nachmalige Kriminalrat und seinerzeitige Rapportführer, 1942 aus Minsk mitgebracht hatte. Deren Inhalt - hauptsächlich Juwelen - war von der Tante nach und nach in Brauereiaktien verwandelt worden; billigere Stücke hatte sie wohl auch zu Geburts- und Namenstagen, Kindstaufen sowie zur Erstkommunion dreier Nichten zur lebhaften Freude der jeweiligen Empfänger verschenkt und sich dadurch den Ruf unerhörter Großzügigkeit verschafft.

Am Rande hatte Rudi auch noch von Opas Mißtrauen gegen die Tanten geschrieben, das diesen veranlaßt habe, jeden von den Tanten ihm ins Krankenhaus mitgebrachten Kuchen zur toxikologischen Untersuchung einzuschicken - nur nicht den letzten, nach bitteren Mandeln duftenden Guglhupf. Von Opas sehr stattlicher Hinterlassenschaft war ebenfalls die Rede sowie davon, daß deren Verteilung zu ärgerlichem Streit geführt hatte, in dessen Verlauf dann die haarsträubende Affäre von Marianne, der Tochter von Tante Agnes und Onkel Markus, ausgerechnet mit dem Ministerialdirektor im Landwirtschaftsministerium, aufgekommen war. Dieser, ein Bundesbruder von Mariannes Onkel Ferdinand und hochherziger Gönner aller irgendwelche Nahrungsmittel produzierenden Familienmitglieder, wäre um ein Haar vom Dienst suspendiert worden!

Ja, Rudi hatte sogar - immer noch am Rande - Dinge erwähnt, die mit den Tanten wenig zu tun hatten und nur - wie er dreist erklärte - der Geschichte Kolorit verleihen sollten: etwa Peter-Josefs kleine Episode mit dem 14jährigen blonden Pagen vom »Esplanade«, eine Peinlichkeit, die die väterliche Devotionalienhandlung an den Rand des Ruins und ihn selbst um die Aussicht gebracht hatte, das Notariat zu ergattern, so daß er jetzt als Staatsanwalt mit kleinem Gehalt auf die Güte der Tanten angewiesen war, wenn er seinen kostspieligen Vergnügungen nachgehen wollte. Auch Tante Jettchens, Juttas und Agnes' buckeliger Schwester, alberne Angewohnheit, an Schlüssellöchern zu lauschen und hindurchzuspähen, hatte in Rudis Bericht Erwähnung gefunden, sogar, was sie damals am fünfzehnten Geburtstag der kleinen Karin entdeckt hatte - als das Kind so entgleist war, noch dazu im elterlichen Schlafzimmer und mit dem leiblichen Onkel, dem Herrn Geistlichen Rat ...

Kurz, alle im Grunde ja nicht weiter tragischen kleinen Geschichten, die nun mal - wie etwa das Feuer im hochversicherten Lagerhaus, das Onkel Oskar, den leidenschaftlichen Spieler, vor dem Bankrott bewahrt hatte - in jeder großen und achtbaren Familie vorkommen können, ohne daß man sie allzu ernst nehmen oder gar an die große Glocke hängen sollte, hatte Rudi in seine Wochenendgeschichte hineingepackt.

Wer sich die von Rudi beschriebenen Vorfälle anhand seiner zwar anonym gehaltenen, aber jedem mit den örtlichen Verhältnissen vertrauten Leser erkennbaren Andeutungen auszumalen vermag, der wird sich auch denken können, wie Rudis Familie darauf reagiert: Eben noch untereinander verzankt und gespalten in sich gegenseitig verachtende und beneidende Gruppen, wird sich nun die ganze geschändete Sippe zusammenscharen und wie ein Mann über Rudolf den Ehrlosen herfallen!

Onkel Gustav wird, als Opas Testamentsvollstrekker, Rudis Namen aus der Liste der Anwärter auf einen Platz in der Familiengruft streichen und das dem Verräter zugedachte Legat wegen groben Undanks sperren; Onkel Alex, im Vorstand der Kreissparkasse, kündigt Rudi die Hypotheken und den Kredit sowie das gemeinsame Theaterabonnement;

die Devotionalienhandlung erteilt Rudi Hausverbot und läßt das bischöfliche Ordinariat beim Kreisblatt intervenieren, was zu Rudis fristloser Entlassung führt; Onkel Markus schließt den mißratenen Neffen vom verbilligten Bezug seiner vorzüglichen Leber- und Rotwurstkonserven aus und unternimmt Schritte zur Ächtung des Entgleisten durch alle Vereine und Kreisausschüsse; der greise Geistliche Rat aber, die schlanken Finger betont gütig am flachsblonden Nackenhaar der frühreifen Karin, wird die Gefühle aller Familienmitglieder in einem seiner üblichen Sprüche zusammenfassen: »Ein arger Vogel, der sein eigen Nest beschmutzt!«

Damit ist über Rudi, den argen (oder, wie das Kind Karin schnippisch sagt, den schrägen) Vogel, der Stab gebrochen. Er ist, obgleich er selbst ein makelloses Leben geführt und seiner Familie nichts als Liebe entgegengebracht hat, fortan verfemt, ausgestoßen, diskreditiert, geächtet, auch von Tisch und Bett seiner ihn bis dahin liebevoll umsorgenden Gattin geschieden.

Deren momentaner Tennispartner und, wie das Kind Karin weiß, auch Hausfreund, ein Kriminaloberrat mit goldenem Sportabzeichen und glänzenden Beziehungen zum Staatsschutz, wird weitere geeignete Schritte unternehmen, die definitiv verhindern werden, daß der arge (oder schräge) Vogel Rudi noch einmal zwitschert.

So, jetzt wißt Ihr, warum man die Familie eine Keimzelle des Staates nennt. Die Kleinen können wieder hereinkommen, und nächste Stunde nehmen wir uns den Staat vor, unser aller »eigenes Nest«, das man auch nicht beschmutzen darf.

Lektion 6
Warum unsere schöne Heimat kein Platz für Miesmacher ist

Es gibt Leute, die haben an allem etwas herumzumeckern, sogar an unserem Staat, der Bundesrepublik Deutschland. Sie berufen sich dabei auf unser Grundgesetz, das die Meinungsfreiheit garantiert. Doch, liebe Buben und Mädel, das tut unser Grundgesetz wirklich! Aber es gibt Leute, die mißbrauchen das.

Nehmen wir mal an, jemand findet etwas wirklich Großartiges schlecht – zum Beispiel die neuen Raketen oder die letzte Rede unseres Herrn Bundeskanzlers. Darf er das? Doch, Kinder, er darf es! Solange er seine Meinung still für sich behält, kann er in seiner Kritik sogar noch viel weiter gehen! Aber was ist, wenn er seine abfälligen Meinungen, etwa vom Sitz der Anzüge der Herren Bundesminister, öffentlich äußert, in Wort und Schrift? Nun, auch das ist nicht direkt strafbar. Die guten Jahre, da man mit solchen Leuten kurzen Prozeß machte, sind vorbei. Es gibt zwar noch ältere Herren, die sich gern daran erinnern, wie man damals mit Leuten verfuhr, die in angetrunkenem Zustand das Bild des Staatsoberhaupts von der Wand nahmen und es zertrampelten, vor Gericht auch noch dreist behaupteten, die Vernichtung des Führerbildes sei das Werk feindlicher

Bomben. Solche Burschen wurden seinerzeit nach Recht und Gesetz hingerichtet. Daß alles rechtmäßig und gesetzlich dabei zuging, ist erwiesen, denn die Richter und Staatsanwälte, die dabei mitwirkten, beziehen, soweit sie unser Herrgott nicht schon zu sich geholt hat, schöne Pensionen und gehen erhobenen Hauptes in ihrem verdienten Ruhestand umher.

Nichtsdestoweniger wird in der Bundesrepublik Deutschland heute niemand mehr geköpft oder anderweitig hingerichtet - weder wegen eines Mordes noch zur Sühne selbst der ärgsten Kritik am Staat und seinen Vertretern. Wer etwa öffentlich behauptet, eine Republik, die sich einen Polizei- und Verfassungsminister wie Herrn Dr. Friedrich Zimmermann leiste oder die Rückkehr eines Politikers wie des Herrn Ministerpräsidenten Dr. h. c. Franz Josef Strauß ins Bundeskabinett ernsthaft erwäge, werde zur Karikatur, der braucht um sein Leben nicht zu bangen.

Gewiß, man wird sein Telefon diskret überwachen, auch seine Post, wird wohl auch, vielleicht nicht ganz so diskret und unter einem passenden Vorwand seine Wohnung durchsuchen. Wenn weder so noch durch Umfragen bei Nachbarn, Lieferanten, örtlichen Ämtern und Vorgesetzten deutliche Indizien östlicher Agententätigkeit gefunden werden können, die den Staats- (oder doch Zimmermann-Strauß-)feind dann ins Kittchen bringen, wohin er gehört, wird man es anders versuchen.

Bei Angestellten oder freien Mitarbeitern von Presseorganen, die auf Anzeigen angewiesen sind, genügt oft schon ein kurzer Brief eines großen Kunden: Der Verlag wird sich dann verhältnismäßig rasch entschließen können, die Dienste des Staats- (oder Zimmermann-Strauß-)feindes künftig nicht mehr in Anspruch zu nehmen. Bei Mitarbeitern von öffentlich-rechtlichen Anstalten genügt ein Anruf beim jeweiligen Intendanten, wobei man ruhig etwa siebenmal so grob werden kann, wie man eben noch für möglich hält; Intendanten sind soviel Grobheit gewohnt, daß sie sich von einfachen Drohungen nicht mehr einschüchtern lassen.

Wenn alles nichts nützt, wenn der Schmäher weder als Ostagent entlarvt noch völlig brotlos gemacht werden kann, wenn auch das Angebot eines einflußlosen, aber hochdotierten Postens nicht fruchtet, dann wird sich zunächst der Chefkommentator des Hauses Springer, Matthias Walden, zu Wort melden und einem Millionenpublikum mitteilen, was er an den »geistreichen Nörglern«, wie er sie nennt, vermisse: *»Den ernsten, bescheidenen Appell, die uneitle Sorge, den Protest ohne Pose. Sie lassen sich Mut bescheinigen, obwohl sie wissen, daß sie keinen brauchen, um zu tönen...«* Und nachdem Matthias Walden seinen eigenen uneitlen Sorgen um die Nörgler bescheiden und ohne Pose ganzseitig mit geschmackvoller Abbildung des Autors in nicht zu kleinem Format Ausdruck verliehen hat, ist Herr Dr. h. c. Strauß an der

Reihe, damals wie heute Boß einer in Bonn mit etlichen Ministern vertretenen Partei:

»Wem es hier nicht paßt, der kann 'rausgehen aus Deutschland! Es wird sich dann herausstellen für diese Nestbeschmutzer, diese nonkonformistischen Literaten, ob es für sie außerhalb der Bundesrepublik noch ein Land gibt, wo sie mit ihren geistigen, halbgeistigen und ungeistigen Produkten mehr verdienen können als hier!«

Damit hat Herr Dr. h. c. Strauß in großartiger, auf seine niederbayerischen Gefolgsleute berechneter Schlichtheit genau das zum Ausdruck gebracht, was ein anderer bedeutender deutscher Politiker dreißig Jahre vor dieser Rede des Herrn bayerischen Ministerpräsidenten »die ewige Sehnsucht nach Erlösung vom Geiste« genannt hat.

Auf den ersten Blick könnte man sogar meinen, Dr. h. c. Strauß habe diesen anderen großen Politiker wortgetreu zitiert. Aber Dr. Joseph Goebbels verwendete noch geschliffenere Formulierungen, und außerdem war dem einstigen Reichsminister für Volksaufklärung und Propaganda das von dem Herrn bayerischen Ministerpräsidenten gewählte Adjektiv »nonkonformistisch« noch nicht geläufig.

»Für intellektualistische, destruktive Kritik ist im neuen Deutschland die Zeit endgültig vorbei«, hat es einst Herr Dr. Goebbels formuliert, *»Diese Ewig-Gestrigen sollen ihr Zersetzungswerk meinetwegen anderswo betreiben ... Sie mögen doch Deutschland verlassen, je eher, desto besser! Wir brauchen keine Kritikaster, und*

es wird sich zeigen, wie willkommen sie anderswo sind ...«

Herr Dr. h. c. Strauß, materialistischer eingestellt als Dr. Goebbels, hat die Schwierigkeiten, die sich einem Kritiker im Exil eröffnen, klarer umrissen: *»Es wird sich dann herausstellen ... ob es ... noch ein Land gibt, wo sie mit ihren ... Produkten mehr verdienen können als hier.«* Und der Herr bayerische Ministerpräsident und frühere Bundesverteidigungsminister hat damit die Wahrheit gesagt, was nicht immer der Fall gewesen ist. Für Kritiker und andere Literaten ist es erfahrungsgemäß wirklich sehr schwer, in der Emigration ihr Brot zu verdienen – im Gegensatz etwa zu Persönlichkeiten wie dem inzwischen verewigten Strauß-»Onkel Aloys«, dessen Granaten- und sonstiger Handel mit Rüstungsgut aufgrund schöner, noch während der Regierungszeit des »Neffen« in Bonn abgeschlossener Verträge auch in des Onkels schweizerischem Exil munter florierte, ja, der an diesen »ungeistigen Produkten« draußen mehr verdienen konnte als hier.

Aber nicht Herrn Dr. h. c. Strauß, sondern Goebbels blieb es vorbehalten, Kritik am Staat und seinen Repräsentanten nicht in Bausch und Bogen zu verdammen, sondern eine feine Unterscheidung zwischen »zersetzender« und »aufbauender« Kritik zu machen, wobei es sich fast von selbst versteht, daß der Reichspropagandaminister nur der konstruktiven Variante eine Existenzberechtigung zusprach.

Wenn man heute von solchen feinen Unterscheidungen offiziell abgegangen ist, so findet sich doch auch in der bundesrepublikanischen Praxis noch erstaunlich viel davon. Gerade das weite Feld des Krieges und der Rüstung des einstigen Bundesverteidigungsministers Strauß und seines »Onkels« Aloys hat oftmals und besonders in kritischen Augenblicken Gelegenheit zur Demonstration des Unterschieds zwischen erwünschter aufbauender und höchst unerwünschter zersetzender Kritik geboten.

Erinnern wir uns dazu der letzten Oktobertage des Jahres 1962, als wegen des Baues sowjetischer Raketenbasen »an Amerikas Türschwelle«, nämlich auf Kuba, ein dritter Weltkrieg auszubrechen drohte.

Die USA kündigten eine strikte Blockade der Zuckerinsel an; ein amerikanischer Fernaufklärer vom Typ U 2 wurde von sowjetischen Spezialisten über dem roten Eiland abgeschossen; das politische Barometer, nicht nur im karibischen Raum, sondern in allen Zentren der Welt, stand auf Sturm, und jeden Augenblick konnte es zu einem offenen Konflikt zwischen den beiden Atommächten kommen, einem Konflikt, der die Bundesrepublik und Berlin mit Sicherheit nicht verschont hätte.

In Bonn waren wenige Stunden nach Bekanntwerden der amerikanischen Gegenmaßnahmen sämtliche Lebensmittelgeschäfte ausverkauft; an den westdeutschen Aktienbörsen purzelten die Kurse, und je näher die sowjetischen Raketenfrachter der amerikanischen Blockadeflotte kamen, desto mehr Goldbarren und -münzen verkauften die bundesrepublikanischen Banken und Sparkassen ihren danach in langen Schlangen anstehenden Kunden.

Am Mittwoch, dem 24. Oktober 1962, trat im Palais Schaumburg der Verteidigungsrat zusammen. Am selben Tag kam im Bundestagsplenum eine freidemokratische Anfrage nach der früheren Tätigkeit des Dr. Hans Maria Globke, weiland Geheimdienstchef der Bundesrepublik und Staatssekretär im Bundeskanzleramt, selbstverständlich *nicht* zur Erörterung.

Da die Anfrage geeignet war, einen der höchsten und einflußreichsten Beamten des Staates zu diffamieren, bloß weil er zur »Endlösung« des leidigen Judenproblems sein Scherflein beigetragen hatte, fiel sie eindeutig in die Kategorie der *zersetzenden,* also unerwünschten Kritik und damit unter den Tisch. Innenminister Hermann Höcherl, dem Ernst der Stunde gewachsen, erklärte dem Parlament kurzerhand und dabei *aufbauende* Kritik übend, er finde es *höchst unpassend,* angesichts der äußerst gespannten Weltlage *solche* Dinge zu erörtern.

Am nächsten Tage fand es die Partei Höcherls keineswegs unpassend, trotz der nun noch weit gespannteren Weltlage, ausgerechnet den damaligen Verteidigungsminister der Bundesrepublik, ihren Parteifreund Franz Josef Strauß, seinen Amtspflichten als

Oberbefehlshaber der Streitkräfte in Friedenszeiten zu entziehen.

Es handelte sich hier nämlich um einen typischen Fall von *aufbauender* Kritik, nämlich um die fast sieben Stunden in Anspruch nehmende, äußerst schwierige Mohrenwäsche in der heiklen FIBAG-Angelegenheit. Man wollte dem Minister Strauß wieder zu einer strahlend weißen Weste verhelfen und alle Schuld seinen Untergebenen sowie den widrigen Umständen zuschieben. Die weltpolitische Krisensituation gab in diesem Falle, wie es hieß, *dem Parlament nicht die Freiheit, sich vom Tagewerk loszusagen.*

Diese Freiheit erhielt das Hohe Haus aber gleich darauf, als die Sozialdemokraten auch die leidige Affäre des Strauß-»Onkels« Aloys behandelt wissen wollten - weil man ja gerade bei den geschäftlichen Angelegenheiten des Herrn Verteidigungsministers und dieser offenbar abkömmlich wäre. Hier war nun ganz offenkundig *zersetzende* Kritik beabsichtigt, und die CDU/CSU-Fraktion konnte das sozialdemokratische Ansinnen als *ungehörig* zurückweisen.

Auch die freidemokratischen Koalitionspartner fanden, man könne doch den für die Wehrbereitschaft verantwortlichen Minister *nicht in diesem Augenblick anschießen, wo er Kanonen putzen muß.*

Minister Strauß putzte aber gar nicht Kanonen, sondern spülte sich in diesen kritischen Stunden vornehmlich die Kehle.

Die Nacht zuvor, als sowjetische Frachter mit Raketen für Kuba an Bord dem amerikanischen Blockadering entgegenfuhren und sich die Weltkrise ihrem Höhepunkt näherte, hatten die so patriotisch zwischen nötiger und überflüssiger Kritik unterscheidenden Volksvertreter auf Schloß Brühl verbracht, wo sie Gäste des Bundespräsidenten Heinrich Lübke waren.

Der Präsident, Oberbefehlshaber in Kriegszeiten, gab einen Empfang, und der Verteidigungsminister Strauß, Oberbefehlshaber in Friedenszeiten, durfte natürlich nicht fehlen.

Bis in die frühen Morgenstunden sprach Franz Josef Strauß teils den dargebotenen Getränken reichlich zu, teils den anwesenden Abgeordneten der Opposition väterlich ins Gewissen.

Zum Volksvertreter Kahn-Ackermann (SPD), der kurz zuvor im Rundfunk einiges an der Bundeswehr auszusetzen gehabt, also *zersetzende* Kritik geübt hatte, sagte Franz Josef Strauß gütig: *»Wenn Sie Ihre Immunität nicht hätten, kämen Sie wegen Beleidigung der Bundeswehr ein halbes Jahr ins Kittchen!«*

Strenger ging Strauß mit dem Sozialdemokraten Gerhard Jahn ins Gericht, der die *zersetzende* Kritik so weit getrieben hatte, den Verteidigungsminister im FIBAG-Untersuchungsausschuß nicht reinwaschen zu wollen.

So etwas wie Jahn, meinte Strauß in seiner üblichen dezenten Art, müßte man *eigentlich aufhängen.* Der damalige Bundestagspräsident Eugen Gerstenmaier, der dieses Strauß-Verdikt mit anhörte, beschränkte sich auf leise *aufbauende* Kritik: Er erhob sich und ging.

Auch der gerügte Kahn-Ackermann zeigte, daß er seine Lektion inzwischen gelernt hatte. In vorbildlich *aufbauender* Weise stellte er sich vor den grollenden Hüter der schimmernden Wehr unseres Ländchens: *»Herr Strauß hat das alles sicher nur scherzhaft gemeint, denn er war wirklich sehr stark angeheitert!«*

Tatsächlich war Franz Josef Strauß in dieser wohl kritischsten Nacht der ernstesten Krise seit 1945 einer Tradition gefolgt, die schon in rückwärtigen, kronprinzlichen Hauptquartieren des Ersten Weltkrieges von deutschen Oberbefehlshabern vor großen Offensiven häufig gepflegt worden war: Er hatte sich, so gut und ausgiebig das in Gegenwart des Staatsoberhauptes und des gesamten Parlaments einem Verteidigungsminister nur möglich ist, einen gewaltigen Rausch angetrunken. Dies zu kritisieren steht einem deutschen Manne schlecht an: Franz Josef Strauß stand, selbst wenn ihm in den frühen Morgenstunden unter anderem auch die Beine versagten, keinen Fingerbreit *außerhalb der Legalität.*

Das Gesetz verbietet wohl einem Kraftfahrer, sich in angeheitertem Zustand seinem Fahrzeug auch nur in der Absicht zu nähern, selbst das Steuer noch führen zu wollen; es ahndet mit erbarmungsloser Strenge auch den kleinsten Rausch eines einfachen Soldaten auf Posten. Aber der Oberbefehlshaber der

Streitkräfte darf sich in der möglichen Stunde X minus eins getrost in Volltrunkenheit versetzen.

Er hatte übrigens nicht nur das gesetzliche Recht, sich zu diesem kritischen Zeitpunkt zu betrinken, sondern auch allen Grund zur Freude, also auch Anlaß zu einem dieser Freude angemessenen Schluck: Denn gerade war eine Aktion angelaufen, die nicht nur allen Bundesrepublikanern, sondern der ganzen Welt nachdrücklich die unterschiedlichen Folgen aufbauender und zersetzender Kritik im Land der Denker und Kritiker zeigte: der große Schlag gegen das Nachrichtenmagazin DER SPIEGEL!

Dieses Wochenblatt hatte jahrelang *zersetzende* Kritik geübt, besonders an Strauß und zuletzt mit einer besonders destruktiven Schilderung des raschen Aufstiegs eines völlig Mittellosen zum millionenschweren »Onkel Aloys« des Oberbefehlshabers der Streitkräfte.

Zuvor hatte der SPIEGEL gar an der Verteidigungsbereitschaft der Bundeswehr genörgelt und dazu perfiderweise die niederschmetternden Ergebnisse eines unter dem Decknamen *Fallex 62* durchgeführten Planspiels herangezogen, das zwar weitbekannt und auch anderswo in der Presse besprochen worden war, aber als streng geheim gelten sollte.

Es handelte sich beim SPIEGEL, wie der Bundeskanzler Dr. Adenauer mit leiser, *aufbauender* Kritik im Bundestag dazu bemerkte, um *einen Abgrund von Landesverrat,* den er *gemein* fände, zumal der SPIEGEL-Herausgeber *auch noch daran verdient hätte.*

Der Abgrund von gemeinem »Onkel-Verrat«, der sich daneben aufgetan hatte und an dem auch nicht gerade schlecht verdient worden war, wurde vom Regierungschef dezenterweise gar nicht erwähnt.

Kaum hatte man die SPIEGEL-Büros durchsucht und versiegelt, die Archive beschlagnahmt und umfängliche Teile der Redaktion sicher hinter Schloß und Riegel gebracht, da setzte eine neue Welle destruktiver Kritik ein, die sich zu einer Sturmflut der Zersetzung steigerte:

Große Teile des Volkes, darunter gewiß viele vaterlandslose Gesellen, Fremde, Gottesleugner, Intellektuelle und Berufsnörgler, aber auch brave Bürger in großer Zahl, die wohl von einer in- und ausländischen Pressehetze irregeleitet worden waren, griffen in atemberaubender, noch nie dagewesener Weise ihre eigene angestammte, von Gott eingesetzte Obrigkeit an, vor allem den trinkfrohen Aloys-»Neffen« Franz Josef Strauß, ein – wie man in seiner bayerischen Heimat sagt – *gstandenes,* aber noch nicht ausgestandenes Mannsbild.

Der hatte zunächst schlicht und fest, wie es einem Oberbefehlshaber geziemt, alle *zersetzende* Kritik zurückgewiesen: *»Nein, es ist kein Racheakt meinerseits. Ich habe mit der Sache nichts zu tun, im wahrsten Sinne des Wortes nichts zu tun!«*

Dies wiederholte er, verknüpft mit viel *aufbauender* Kritik an den hartnäckigen Fragern, am 9. November 1962 im Bundestagsplenum, um dann am 15. November mit einer dem obersten Soldaten wohlanstehenden Energie klarzustellen:

»Ich habe nie behauptet, daß ich mit der ganzen Angelegenheit nie etwas zu tun gehabt habe!«

Dies präzisierte er noch, indem er in den folgenden Tagen nach und nach erläuterte, wie und mit wem er wann telefoniert oder geplaudert habe, um noch das eine oder andere Detail, etwa die Verhaftung des SPIEGEL-Redakteurs Conrad Ahlers in dessen spanischem Ferienversteck, unter dem Gesichtspunkt spezieller verteidigungsministerieller Interessen möglichst vorteilhaft zu regeln.

Es bedurfte in der Folgezeit noch eines beträchtlichen Aufwands an konstruktiver Kritik, ehe die Kabinettskrise ganz überwunden und der Franz Josef Strauß in seine bayerische Heimat weggelobt werden konnte. Nicht, daß er an seinem Ministersessel geklebt hätte – er mochte nur nicht gern gehen, und er sträubte sich so, wie es jedem Mädchen zur Ehre gereichte.

Am Ende mußte das ganze Kabinett zurücktreten und sich dann neu konstituieren – ohne Franz Josef Strauß.

Seitdem grämt sich Herr Dr. h. c. Strauß und macht sich wenig aus seinem schönen Ministerpräsidentensessel, auch keinen Unterschied mehr zwischen »aufbauender« und »zersetzender« Kritik. Und an allem schuld waren diese »Nestbeschmutzer, diese nonkonformistischen Literaten«, wie er sie dann in verständlichem Ärger nannte.

Warum hatten sie ausgerechnet an ihm Kritik geübt?

Es gibt in der mehr oder weniger freien Welt weit über hundert fremde Staaten mit vielen tausend, oft nur in ihrer engsten Heimat namentlich bekannten und verehrten Ministern. Doch nicht einen von diesen, die man um so leichter vermissen kann, als man sie gar nicht kennt, nahmen die Eigennestbeschmutzer aufs Korn - nein, ein hiesiger Minister mußte es sein! Das eigene Nest wurde einer Zierde beraubt und der Schmutz darunter schamlos vor dem Volk und den Nachbarn ausgebreitet.

Damit sei's genug für heute - morgen haben wir etwas sehr Schönes, nämlich wie man in unserer Heimat Karriere macht.

Lektion 7
Wie man in unserer Heimat zu Reichtum und Ansehen kommt

Aufgepaßt, heute befassen wir uns mit etwas, das euch allen Freude bereiten wird: mit dem Karrieremachen! Bei uns in der Bundesrepublik Deutschland – das hat schon unser verewigter Herr Bundeskanzler Adenauer ganz richtig festgestellt – trägt jede Bürgerin und jeder Bürger etwas im Tornister, und Konrad Adenauer fügte noch hinzu: »Das ist auch richtig so, meine Damen und Herren! Der eine trägt mehr, die anderen sehr viel weniger...«

Das ist die Ausgewogenheit unserer sozialen Marktwirtschaft, wo es mehr Freiheit gibt als jemals zuvor.

Mit anderen Worten gesagt: Jeder Bub und auch jedes Mädel kann alles werden – sogar Bundespräsident oder Generaldirektor, selbst Vorstandsvorsitzer der Flick-Gruppe. Ist das nicht schön? – Was willst du schon wieder, Fatima? Ja, natürlich – Mädchen können selbstverständlich auch Bundespräsident werden, das ist garantiert von unserem Grundgesetz! Sie müssen allerdings richtig Deutsch schreiben und sprechen können – jedenfalls besser als du, mindestens so gut wie unser heimgegangener Altpräsident Heinrich Lübke... Daß noch niemals eine Frau deutsches Staatsoberhaupt gewesen ist, spielt keine Rolle,

Fatima, und sei nicht so vorlaut und naseweis! Gerade weil es bislang immer Buben waren, die Kaiser oder Präsident geworden sind, wird es schon bald ein Mädel schaffen - das ist das Gesetz der Serie! Auch in der Natur gleicht sich alles aus.

So, und nun wollen wir uns mal überlegen, was das Allerwichtigste ist, wenn man zu Macht, Ansehen und Reichtum kommen will. Was braucht man dazu, außer Gottvertrauen, Strebsamkeit und sauberer Gesinnung? Mut und Fleiß, ja, Ehrfurcht vor den Vorgesetzten, richtig - wer hat da »viel Busen« gerufen!? Das ist nicht nur unanständig, sondern auch unwahr! Seht euch doch nur Frau Ministerialdirigentin Markwitzer vom Unterrichtsministerium an - sie wird es bald sogar zur Staatssekretärin gebracht haben, auch ohne solche Zutaten! Nein, ich will es euch sagen, was das Allerwichtigste ist: Sparsamkeit!

Ich werde euch jetzt die Geschichte von meinem Onkel Gottlieb erzählen, der schon sehr alt ist, genauso alt wie unser Jahrhundert, denn er ist 1900 geboren. Er hat viel durchgemacht in seinem Leben, aber trotz aller Rückschläge hat er sein Ziel erreicht! Er hat sich nämlich schon im Kindergarten - damals sagte man noch »Krippe« - fest vorgenommen, eines Tages Millionär zu werden, und er hat es geschafft! Durch nichts anderes als Fleiß und Sparsamkeit, denn von seinen Eltern und Verwandten konnte er nichts erben: Onkel Gottliebs Mutter war Kräuterweiblein, sein Vater, ein ehrbarer Kesselflicker, war früh verstorben. Seine einzige Anverwandte, eine Weißnäherin, ergab sich im Alter dem Trunk und vergeudete ihre kleinen Ersparnisse für die Pflege ihres Lasters. Es fehlten also alle Voraussetzungen für ein kleines Startkapital, das Onkel Gottlieb die Sache erleichtert hätte. Er hatte nicht mehr als ein Fünfpfennigstück, das ihm sein Klassenlehrer im ersten Schuljahr geschenkt hatte, weil der Bub so brav war und dem Herrn Lehrer Tag für Tag die Tasche trug, zur Schule und auch auf dem Heimweg ... Er trug auch frühmorgens für Bäcker und Krämer die Brötchen und Zeitungen aus, übernahm nachmittags Besorgungen für kränkliche Hausfrauen, betätigte sich als Balljunge auf Tennisplätzen, schippte im Winter Schnee für die Gemeinde und mähte im Sommer den Rasen begüterter Nachbarn. Sonntags trat er in der Kirche den Blasebalg für den betagten und rheumatischen Organisten, und mit alledem verdiente er sich hier ein Zehnerl, dort gar eine halbe Mark, und weil er nichts von seinem Geld vernaschte, sondern alles zur Sparkasse trug, wo sein wachsendes Kapital gut verzinst wurde, hatte er am Ende seiner Schulzeit ein hübsches Stück Geld auf der hohen Kante.

Er konnte dann durch Vermittlung des Herrn Pfarrers die Handelsschule besuchen, erledigte in seiner freien Zeit die gesamte Buchführung und Korrespondenz des größten Metzgers am Ort und wurde dann – es war 1917, mitten im Ersten Weltkrieg – Hilfsbuchhalter bei einem Steinbruchunternehmen. Im Frühjahr 1918 zog man ihn ein, doch ehe er als Soldat ins Feld ging, zeichnete er für alle seine bisherigen Ersparnisse Kriegsanleihen, was wegen der Höhe der Summe bei der Sparkasse viel Aufsehen erregte und sogar im Kreisblatt lobend erwähnt wurde. Wieviel Geld es im ganzen war, hat weiter keine Bedeutung, denn als Onkel Gottlieb ein Dreivierteljahr später, im Feld unbesiegt, aber auch nicht so siegreich wie geplant, wieder heimkehrte, da standen seine Kriegsanleihen nicht mehr sehr hoch im Kurs. Später wurden sie mit 2,50 Mark je tausend Goldmark vom Staat zurückgekauft, aber da hatte der so jäh verarmte Onkel Gottlieb schon längst wieder von neuem mit dem Sparen begonnen, war in verhältnismäßig kurzer Zeit, obwohl immer noch Hilfsbuchhalter, zum Multimillionär, dann zum Milliardär und sogar zum Billionär aufgestiegen, allerdings ohne rechte Freude an diesem Reichtum, weil er sich für seine mit harter Arbeit und vielen Überstunden verdienten Milliarden nicht einmal mehr eine altbackene Semmel kaufen konnte. Es war nämlich gerade Inflation.

Aber 1924, als wieder Geld mit vollem Wert verdient werden konnte, fing Onkel Gottlieb mit frischem Mut wieder zu sparen an. Er verdiente ganz gut, wurde sogar Exportkaufmann und Leiter der Auslandsabteilung einer Seifenfabrik, 1931 sogar deren Prokurist, und weil er jede Mark, die er erübrigen konnte, auf sein Sparbuch einzahlte, hatte er bald wieder mehr beisammen, als er 1918 und 1923 verloren hatte. Er ehelichte dann die Tochter seines Chefs, fand in ihr eine gleichgesinnte Partnerin, die zudem eine stattliche Mitgift einbrachte, und sparte nun mit seiner Frau um die Wette an allen Ecken und Enden, bis die erste Viertelmillion beisammen war. Die legte er nun gut an: Er kaufte für 200 000 RM preußische Goldpfandbriefe, die sogar mündelsicher waren, für den Rest erwarb er eine erststellige Hypothek auf ein stattliches Geschäftshaus, derweilen die Seifenfabrik seines Schwiegervaters in Konkurs ging. Bis 1938 hatte Onkel Gottlieb weitere dreihunderttausend Mark gespart und sicher angelegt, war Direktor eines Unternehmens, das Kochgeschirre für die Wehrmacht herstellte, und trug sich mit der Absicht, ein hübsches kleines Häuschen mit Garten zu kaufen, wenn sich eine Gelegenheit dazu bot, bis dahin aber in der bescheidenen Zweieinhalbzimmerwohnung auszuharren, die für ihn, seine Frau und die drei Kinder, die sie hatten, schon etwas eng geworden war. Nun, mit dem Hauskauf wurde es nichts. Die Preise zogen an, und Onkel Gottlieb brachte es nicht übers Herz, mehr zu bezahlen, als ihm angemessen schien; seine Frau dachte ebenso, und so verschoben sie den Hauskauf bis auf die Zeit nach dem Endsieg, denn inzwischen war der Zweite Weltkrieg ausgebrochen. Dafür bekam er die erste Million eher zusammen, als er zu hoffen gewagt hatte: die Kriegskonjunktur gereichte der Kochgeschirrfabrik zum Segen; sein Gehalt und seine Tantiemen stiegen, und schon im

März 1945, als Onkel Gottlieb den Wert seiner Goldpfandbriefe, Reichsanleihen, Hypothekenforderungen und Eisernen Sparguthaben wieder mal zusammenrechnete, da konnte er seiner Frau mit vor Glück versagender Stimme berichten, daß sie nunmehr neunhundertsiebenundachtzigtausend Reichsmark Vermögen besäßen. Seine Gattin gestand ihm nun, etwas verschämt, daß sie selbst noch ein geheimes Sparguthaben von zwölftausend Mark habe, außerdem eine Barreserve von fast siebentausend Mark im obersten Fach des Wäscheschranks, so daß sie nun richtige Millionäre waren!

Dieses Glück währte allerdings nur wenige Tage. Der Zusammenbruch des Großdeutschen Reichs, letzte Fliegerangriffe, rapide Geldentwertung und das Chaos der Nachkriegszeit machten alles wieder zunichte. Viel zu spät, nämlich erst eine Woche vor der Währungsreform von 1948, trat Onkel Gottlieb die Flucht in die Sachwerte an. Er erwarb blindlings, was ihm gerade angeboten wurde: über tausend, nur leicht beschädigte Kunststoffgehäuse für sogenannte »Volksempfänger«; zweieinhalb Zentner Rohkaffee der (in ihrem Ursprungsland vorwiegend zum Heizen von Lokomotiven verwendeten) Sorte »Santos V«; dreitausend Stangen Kriegsrasierseife der Marke »Heros« (nichtschäumend und garantiert unempfindlich gegen Feuchtigkeit) sowie einige zehntausend Dosen mit (hölzernen) Grammophonnadeln – alles in allem keine sehr glückliche Wahl!

Onkel Gottlieb erzielte später für diese – dann nur noch sehr schwer absetzbaren – Waren einen Preis von insgesamt 766 DM, doch verringerte sich dieser Erlös durch unverschämt hohe Provisionen der Vermittler und um drei falsche Hundertmarkscheine, die ein Käufer dem Onkel dreist mit in Zahlung gab. Alles in allem blieb von der ersten Million nicht viel übrig: Seine Hypothekenforderungen, soweit sie die Gläubiger nicht schon mit wertlosen Reichsmark getilgt hatten, wurden vom Staat auf ein Zehntel des Nennwerts reduziert. Die Sparguthaben, gleich ob »eisern« oder nicht, wurden ebenfalls rigoros zusammengestrichen; die Reichsanleihen verfielen ebenso entschädigungslos wie die Goldpfandbriefe des untergegangenen Preußens, und als Onkel Gottlieb 1950, an seinem 50. Geburtstag, Bilanz zog, da waren von der Million gerade 58 000 DM übriggeblieben ... Indessen hat Onkel Gottlieb sich davon nicht beirren lassen. Er hat fleißig weitergespart, ist auch nicht in Pension gegangen, sondern arbeitete bis zu seinem 80. Geburtstag weiter, ließ die Zinsen seines schon wieder kräftig angeschwollenen Sparkapitals auflaufen, gönnte sich keinen Tag Urlaub noch den kleinsten Luxus. Erst vor kurzem, als ich ihn in seiner bescheidenen Zweieinhalbzimmer-Altbauwohnung besuchte – er ist Witwer und hat ein Zimmer untervermietet –, flüsterte er mir zu, daß er jetzt wieder Millionär sei! Er hat also seinen Jugendtraum verwirklichen können, und nun sagt, liebe Schülerinnen und Schüler, ist das nicht schön!?

Alle reichen Leute haben ihr Vermögen so zusammengespart wie Onkel Gottlieb, nur daß einige etwas geschickter gewesen sind. So hat beispielsweise der inzwischen verewigte Dr. h. c. Friedrich Flick im Ersten Weltkrieg mit seinem Spargeld keine Kriegsanleihe, sondern damals sehr billigen und wertbeständigen Schrott gekauft, wohl auch hie und da Aktien. Er ging auch nicht, obwohl groß und kerngesund, als Soldat ins Feld, sondern leitete als wehrwichtiger junger Direktor einen Rüstungsbetrieb. Er gab sein Geld nicht der Sparkasse, sondern lieh sich, soviel wie er kriegen konnte, um noch mehr Schrott und noch mehr Aktien zu kaufen. Und als dann die große Geldentwertung kam, wo man für eine Semmel fünf Milliarden geben mußte und für ein Kilo Schrott fünfzehn Milliarden bekam, da zahlte Herr Flick alles pünktlich zurück, was er sich von den Banken geliehen hatte - viele Millionen, so daß sie ihm, als sich das Geld wieder stabilisiert hatte und er seinen restlichen Schrott für gute Reichsmark-Millionen verkaufte, gern wieder etwas dazu borgten, damit er noch mehr Aktien kaufen konnte - immer gerade soviele Anteile, wie nötig waren, um allein das Sagen zu haben. Herr Dr. h. c. Flick hatte da eben mehr Erfahrung als Onkel Gottlieb, und etwa 1929, kurz vor der großen Weltwirtschaftskrise, da gehörten ihm schon der größte Teil der deutschen Stahlindustrie sowie viele Kohlenbergwerke. Die Franzosen, hieß es, wollten ihm aber alle seine Aktien abkaufen, und alle Zeitungen schrieben, das wäre ein nationales Unglück, so daß die Reichsregierung eingriff und selbst dem Herrn Flick ein Angebot machte, sogar ein sehr, sehr großzügiges: Etwa das Vierfache dessen, was die Aktien wert waren, nur damit die Franzosen nicht das Sagen haben sollten im Deutschen Reich. Herr Dr. h. c. Flick gab dann als guter Deutscher seine Aktien der Reichsregierung, was ihm sicherlich nicht leicht fiel, obwohl es, wie sich dann herausstellte, überhaupt kein Angebot aus Frankreich gegeben hatte. Das war von den tüchtigen Mitarbeitern des Herrn Flick nur als Gerücht verbreitet worden. Doch der durch seinen Fleiß und seine Geschicklichkeit nun etwa viermal so reiche Dr. Flick gab von seinem Gewinn gern etwas ab. Kanzler und Minister, die ihm geholfen hatten, bekamen ein bißchen, und für die Journalisten fiel auch etwas ab.

Als dann Hitler an die Macht kam, gab ihm Herr Dr. h. c. Flick eine Spende, damit der Führer die Arbeitslosigkeit beheben konnte, und der SS-Reichsführer Himmler bekam regelmäßig Geld von ihm, damit auch er etwas leisten konnte. Wo Unternehmen von Stillegung bedroht waren, weil die jüdischen Inhaber das Weite gesucht hatten, nahm sich Herr Dr. Flick der Arbeiter und der Aktien an, und bis zum Ende des Zweiten Weltkriegs und des Dritten Reiches harrte er an der Spitze seines Industriekonzerns aus, bis er der Allerreichste im Lande war. Dafür sperrten ihn die Amerikaner ins Gefängnis, bis sie sich darauf besannen, daß wir Verbündete und eine atlantische Schicksalsgemeinschaft sind. Da ließen sie Herrn Dr. h. c. Flick wieder frei, und der hatte derweilen gespart und gespart, dieses verkauft, jenes erworben, und als seine Zellentür aufgeschlossen wurde, war er wieder der Allerreichste im Land. Er konnte seinem Sohn Friedrich Karl ein ganz großes Vermögen vererben, auch manchen guten Ratschlag geben, wie man es macht, daß Minister Einsicht zeigen und einem nicht alles wegsteuern, was man braucht, wenn man für viele hunderttausend fleißige Arbeiter sorgen und ihnen Woche für Woche den Lohn auszahlen muß. Leider sind viele, ja die meisten der Arbeiter und Angestellten nicht so sparsam wie die Herren Flick, senior und junior, sonst hätten sie längst jeder eine eigene Fabrik.

Merkt euch das, liebe Schülerinnen und Schüler, und das nächste Mal haben wir noch mal Karrieremachen, aber da geht es nicht ums Reichwerden, sondern um den Erwerb von hohem Ansehen, womit ich nicht sagen will, daß die Familie Flick etwa kein Ansehen genießt – im Gegenteil! Aber es gibt noch andere Sorten von Hochachtung, die einem zuteil werden kann. Ihr werdet staunen!

Lektion 8
Karrieren, wie man sie sich in unserer Heimat erträumt

Heute, liebe Schülerinnen und Schüler, erzähle ich euch von Frau Magda Grünfisch, geschiedener Ploffke; sie nahm nach der Scheidung von Herrn Johannes W. Ploffke, Gelegenheitsarbeiter zu Köln-Nippes, wieder ihren Geburtsnamen an und war bis zu ihrem 56. Lebensjahr eine schlichte, fleißige und bescheidene Arbeitnehmerin, angestellte Toilettenpflegerin in den schwarzgekachelten Kellerräumen des eleganten »Hotel Esplanade«, zuständig für Damen *und* Herren, was von großer Bedeutung für ihr weiteres Schicksal wurde.

Frau Grünfisch verfolgte ehrgeizige Pläne, inspiriert durch die regelmäßige Lektüre von Zeitschriften wie »Frau im Glück«, »Glück und Frau«, »Große Welt der Frau« und »Frau und große Welt«. Sie sah sich selbst in einer Königinmutter-Rolle, ihre heranwachsende einzige Tochter mal als künftige Begum, mal als Schabanuh auf dem Pfauenthron, den es damals, ehe der Ayatollah Persien an sich riß, noch gab. Sie hatte ihrem zu dieser Zeit schon schulentlassenen Töchterchen deshalb auch die anspruchsvollen Vornamen Gracia Caroline gegeben.

Meist lag Gracia Caroline Grünfisch daheim auf der Couch, las Heftchen, knabberte Pralinen und träumte von einem Prinzen, derweil ihre Mutter im »Esplanade« ihrem Beruf nachging. Sie durfte auch abends ausgehen, aber nur in bessere Lokale mit Tischtelefon und nicht länger als bis Mitternacht, wogegen sich ihre Mutter, wenn sie gegen 21 Uhr ihr Tagewerk beendet hatte, vom Streß der Geschäfte, wenn man so sagen darf, einer ungewöhnlich regen, weil naßkalten Herbstsaison erholte und vor dem Fernseher saß.

Dort erfuhr sie eines Abends, daß sie im Fußball-Toto einen fetten Treffer erzielt hatte, zwar nicht den Hauptgewinn, aber nahezu 300 000 DM! Sie legte sofort ihr Strickzeug beiseite, erlaubte sich ein Gläschen Eierlikör und ging daran, ihre Träume systematisch zu verwirklichen: Gracia Caroline und sie selbst wurden mit völlig neuer, recht aufwendiger Garderobe ausgestattet, das Töchterchen, obwohl es maulte, in einen Kursus der Baronin Zwerchthal-Riesenfeld geschickt, wo ihm beigebracht wurde, wie man sich als Dame benimmt, zum Beispiel dem Herrn die Hand zum Kuß reicht oder wie man Spargel ißt.

Indessen trieb Frau Grünfisch solche Mutterliebe nicht bis zur Selbstverleugnung, sondern verfolgte zielstrebig auch eigene ehrgeizige Pläne: Zu ihren Stammkunden zählte, nicht zuletzt wegen eines chronischen Blasenleidens, ein älterer russischer Emigrant, der 1918 nach Deutschland gekommen war und seine reichliche Freizeit gern im »Esplanade« verbrachte – nicht als Zimmer-, Restaurant- oder Bargast, sondern mehr der Kühle im Sommer, der Wärme im Winter wegen, auch weil das Hotel so angenehme Aufenthaltsräume, Schreib- und Lesezimmer hatte. Manchmal, wenn ihm Frau Grünfisch mit ihren Nähkünsten ausgeholfen hatte, erzählte er ihr zum Dank von den glanzvollen Tagen am Hof zu St. Petersburg. Dort war er, ein Sproß des zweiten Astes der dritten Linie des Fürstenhauses Lobanow-Rostowsky, als junger Mann Ehrenkavalier der Großfürstin Olga Antonowna gewesen. Frau Grünfisch hatte Seiner Durchlaucht auch mitunter kleine Beträge geliehen, genug, dem Fürsten die Bestellung einer Tasse Mokka in der Halle des »Esplanade« zu gestatten ...

Frau Grünfisch, deren Ehrgeiz bar jeder Ungeduld war, ging bald nach ihrem Totogewinn in unbezahlten Urlaub, zog das neue, dunkelblaue Schneiderkostüm an, dekorierte sich mit Nerzkollier, Zuchtperlenkette und Krokodilledertasche sowie einem sehr vornehm wirkenden Hut und besuchte den Fürsten Lobanow in seinem möblierten Zimmerchen. Sie bat ihn, der sie erst gar nicht erkannte, dann eine Eintreibung seiner Schulden befürchtete, um kurzes Gehör und erläuterte ihm seine Aufgabe: Er sollte sie, natürlich auf ihre Kosten und »in allen Ehren« sowie gegen monatlich bare tausend Mark, auf eine Italienreise nebst Mittelmeerkreuzfahrt begleiten.

Fedor Alexandrowitsch, wie er sie bald darauf bat, ihn zu nennen, ließ sich nicht lange drängen, und so reisten sie nach Venedig und Rom, Neapel und Capri, wo bei Besichtigung der Blauen Grotte das geschah, was sich Frau Grünfisch erhofft hatte: Fürst Fedor bat sie, die Seine fürs Leben zu werden; er war auch bereit, die strengen Hausgesetze der Lobanow-Rostowskys außer acht zu lassen, zum Beispiel den Übertritt der Braut zum orthodoxen Glauben. Doch Frau Grünfisch bestand selbst darauf, zur russischen Kirche überzutreten und ihr bis dahin sehr gemäßigtes Luthertum im Interesse ehelicher Harmonie preiszugeben. Anläßlich ihrer Taufe in der russischen Kirche zu Nizza nahm sie auch neue Vornamen an: Sie hieß fortan Maria Irina Anastasia Iwanowna.

Vierzehn Tage später heirateten die beiden. Das Hochzeitsmahl fand nicht im »Esplanade«, sondern im »Excelsior-Astoria« statt, und mehrere Dutzend russische Freunde des Bräutigams, ausnahmslos von hohem und höchstem Adel, umarmten und küßten das jungvermählte Paar, entwickelten dann beträchtlichen Durst und tanzten gegen Mitternacht Krakowiak, während ein Don-Kosaken-Chor das Lied von den Wolgaschiffern sang. Noch vor Tagesgrauen versprach Fürst Fedor seiner Maria Irina, auch ihr Töchterchen zur Fürstin zu machen – durch einfache Willenserklärung vor dem zuständigen Standesamt, wo er die erst zwei Jahre nach der Scheidung von Herrn Ploffke geborene Gracia Caroline Grünfisch »legalisieren« werde. Dies tat er auch, glücklicherweise schon sehr bald, denn drei Wochen später erlag Fürst Fedor, ohnehin bereits alt und kränklich, einer fiebrigen Erkältung.

Seine trauernden Hinterbliebenen, Fürstin Maria Irina und Prinzessin Gracia Caroline (wie sich die Tochter in Abweichung von den strengen Hausgesetzen lieber nannte, weil »Fürstin« sie so alt mache, wie sie sagte), erbten von ihm, neben kleinen Schulden, nur das Recht, sich geschlossene Krönchen in ihre Taschentücher sticken und auf ihr Briefpapier prägen zu lassen. Aber Vermögen hatte die Fürstin ja noch, und es reichte über das Trauerjahr hinaus bis zu dem Tage, an dem Prinzessin Gracia Caroline einen dynamischen Mittfünfziger gräflichen Standes kennenlernte, der sehr begütert war. Es war Liebe auf den ersten Blick bei den beiden. Der Graf, ein französischer Weingutbesitzer, bat um die Hand der Prinzessin, und da die gefürstete Frau Grünfisch keine Bedenken hatte, auch nicht der greise Chef des Fürstenhauses, ehemals kaiserlich russischer Gardeleutnant und pensionierter Nachtportier eines Stundenhotels an der Pariser Gare de l'Est, gab es bald eine Märchenhochzeit.

Die Fürstin-Witwe lebt jetzt bei dem jungen Paar an der Côte d'Azur, beaufsichtigt dort das Hauspersonal, vor allem hinsichtlich des makellosen Glanzes aller Kacheln in den Bädern und WCs, und es ist ihr gelungen, sich in der Welt des Hochadels und des Jetsets das erträumte hohe Ansehen zu erwerben, vor allem durch ihre intimen Kenntnisse des Familien- und Liebeslebens aller gekrönten Häupter. Ihre Unkenntnis der Landessprache wird aufgewogen durch ihr Geschick im Kartenlegen. Niemand erwartet von ihr Manifestationen universaler Bildung, und mit ihren deutschstämmigen Standesgenossen, die zu Besuch kommen, weiß sie munter zu plaudern: über Häkelarbeiten, Horoskope, ihren Dackel Waldi, Backrezepte, etwa für Apfelstrudel, sowie über die Linderung von rheumatischen Beschwerden durch Auflegen eines Katzenfells. Alle verehren die Fürstin-Witwe, bewundern ihre Belesenheit und ihre wahrhaft aristokratische Würde...

Da seht ihr, liebe Schülerinnen und Schüler, wie auch eine einfache Frau aus dem Volk ihre Träume verwirklichen und zu höchstem Ansehen gelangen kann. In der nächsten Stunde aber haben wir: Verkehr, wie er der Erhaltung unserer Heimat dient!

Lektion 9
Die Heimat dient dem Verkehr!

Heute, liebe Buben und Mädel, wollen wir uns mit etwas befassen, das ihr alle kennt. Ich habe mir dafür ein schönes Motto ausgesucht, das Wort eines sehr berühmten Reichskanzlers, wonach die großen Fragen der Zeit nicht durch Reden und Parlamentsbeschlüsse gelöst werden können, sondern allein durch *Eisen und Blut!* Nein, das stammt nicht von Hitler, sondern von Bismarck, und ihr werdet euch schon denken können, wovon jetzt die Rede sein soll: vom Straßenverkehr! Denn längst wäre unsere blühende Automobilindustrie verwelkt, die Hälfte aller Beschäftigten arbeitslos, längst hätte man alle Grünanlagen und Friedhöfe, womöglich gar die gepflegten Rasenflächen unserer Fußballstadien zu Parkplätzen umwandeln müssen, schaffte nicht die mutige Fahrweise unserer Autosportler immer wieder Abhilfe. Sie haben ein anderes Bismarck-Wort beherzigt, wonach *ein Appell an die Furcht im deutschen Herzen niemals ein Echo findet!*

Auch die Belastung unserer Volkswirtschaft durch immer mehr unproduktive Altersrentner nähme überhand, gäbe es nicht den von tapferen Autofahrern und kühnen Motorradsportlern durchgeführten Ausleseprozeß. Und wenn allzu geburtenstarke Jahrgänge heranwachsen, die Klassenräume überfüllen und die Regierung zu überflüssigen Ausgaben zwingen, zur Vergabe von Mitteln, die besser im Verteidigungsbereich, etwa zur Entrostung schöner neuer U-Boote, aufgewendet würden, dann entheben furchtlose bundesdeutsche Kraftfahrer uns aller Sorgen und lösen auch diese Zeitprobleme durch Eisen und Blut.

Nach der letzten verfügbaren Statistik gelang es den Motorisierten unserer Heimat, in knappen zwölf Monaten fast fünfzigtausend Kinder und Jugendliche den Schulen für längere Zeit fernzuhalten, davon achthundert für immer. Auch konnten sie rund 25 000 Rentner zur Strecke bringen oder ihnen zumindest einen blutigen Denkzettel verpassen – als letzte Warnung, sozusagen, der Allgemeinheit nicht länger zur Last zu fallen.

Insgesamt räumten die Kraftfahrer unserer Heimat im letzten Jahr etwa 315 000 Lebensuntüchtige aus dem Wege, davon knapp 5 000 endgültig. Noch vor wenig mehr als 125 Jahren stöhnte der aufrechte deutsche Patriot Heinrich Leo, Ordinarius für Geschichte an der Universität Halle, im »Volksblatt für Stadt und Land« diese ergreifende Bitte:

»Gott erlöse uns von der europäischen Völkerfäulnis und schenke uns einen frischen, fröhlichen Krieg, der Europa durchtobt, die Bevölkerung sichtet und das skrophulöse Gesindel zertritt, das jetzt den Raum zu eng macht, um noch ein ordentliches Menschenleben in der Stickluft führen zu können!«

Damals lag die Bevölkerungsdichte in den vielen Klein- und Mittelstaaten des späteren Deutschen Reichs zwar erst bei 59 Einwohner je Quadratkilometer, wogegen es in der heutigen Bundesrepublik bereits im Durchschnitt 248 Einwohner je Quadratkilometer gibt, und mit der Stickluft ist es daher nicht besser geworden. Aber Professor Leos Bitte wurde von den zuständigen himmlischen Instanzen alsbald erhört, nur fiel die erbetene »Sichtung« der Bevölkerung etwas kläglich aus: Im Deutsch-Dänischen Krieg von 1864 gab es auf unserer Seite nicht mehr als 738 Tote und 2 443 Verwundete.

Wegen dieses mageren Ergebnisses, das unsere bundesdeutschen Kraftfahrer heute in sechs Wochen normalen Verkehrs mühelos übertreffen und an hohen christlichen Feiertagen in noch kürzerer Zeit, wurde zwei Jahre später ein neuer Versuch unternommen. Aber auch im Deutsch- Österreichischen Krieg von 1866 büßten die Preußen und ihre Verbündeten nur 4 072 Tote und 12 212 Verwundete ein – ein beschämendes Resultat, wenn man weiß, was unsere Auto- und Lastwagenfahrer in kürzerer Zeit und mit weniger Mühe schaffen, von den Motorradfahrern ganz zu schweigen!

Erst im großen Feldzug gegen Frankreich 1870/71 brachten es die vereinigten deutschen Stämme endlich auf 17 255 Gefallene, was etwa der Anzahl derer entspricht, die der bundesdeutsche Verkehr im Jahre 1964 auszurotten vermochte. Doch an Verwundeten konnte man 1870/71 auch nur etwa ein Drittel dessen vorweisen, was bundesdeutsche Kraftfahrer Jahr für Jahr leisten – bloße 116 821!

Trotz dieser im Grunde also nicht sehr überzeugenden Leistungen hat man zur freundlichen Erinnerung an den so erfolgreichen Krieg gegen Frankreich ein kolossales Denkmal errichtet, das dort, wo Vater Rhein am schönsten ist, es also am ehesten verschmerzen kann, auf stolzer Bergeshöhe aus der Bewaldung wuchert.

Das Niederwald-Nationaldenkmal, wie es sich in aller Bescheidenheit nennt, gehört mit fünfundzwanzig Metern Sockelhöhe und einer daraufgestellten, nochmals 10,60 Meter hohen Frauensperson ohne jeden Zweifel zu den ganz großen, wenn nicht sogar zu den größten Kunstwerken seiner Art, und es benimmt dem ahnungslos daherkommenden Wanderer, der sich damit plötzlich konfrontiert sieht, glatt den Atem: Da ist wahrlich kein Plätzchen an dem ganzen, heute im Geiste der noch jungen und unerprobten deutsch-französischen Freundschaft sorgsam gepflegten Ungetüm, das nicht mit Ornamenten über und über besät, allegorisch auf das üppigste bedacht und mit allerlei markigen Sprüchen versehen wäre.

»Es braust ein Ruf wie Donnerhall, wie Schwertgeklirr und Wogenprall ... «, steht in Bronze gegossen auf der einen Seite des Denkmalsockels – nach den Formen der daraufstehenden Dame zu urteilen, ganz offenbar der vorderen.

Ein mit Flügeln von beachtlicher Spannweite ausgestatteter junger Mann, der mit gefälligem Äußeren und gezücktem Schwert aufwarten kann, hält sich zur Linken der gewaltigen Füße jener vollbusigen Frauensperson auf. Er wird von den beamteten Sachverständigen, die stets in der Nähe des schönen Mals umherlungern, als »Genius des Krieges« bezeichnet. Bedauerlicherweise kam das mächtige Bronzeschwert dieses Geflügelten kurz nach seinem letzten Geniestreich (1939/45) abhanden. Es wurde inzwischen selbstverständlich und mit einigem, jedoch im Vergleich zu den sonstigen Rüstungsausgaben ganz unerheblichen Kostenaufwand so einwandfrei nachgebildet und ersetzt, daß nicht einmal Experten die Reparatur des Meisterwerks bemerken können.

Diese erfreuliche Rückbesinnung auf gute alte Traditionen und das wunderbare Einfühlungsvermögen in den eigenartigen Kunstsinn einer ja immerhin schon ein Dreivierteljahrhundert zurückliegenden Epoche sollte uns ermutigen, auch den bundesdeutschen Kraftfahrern, die ja nicht minder Großes leisten als der Genius des Krieges von 1870/71, endlich ein würdiges Denkmal zu setzen!

Denn sie leisten ja noch weit mehr als die bloße »Sichtung« des Volkes und die Austilgung derer, die jetzt »den Raum zu eng« machen, »um uns noch ein ordentliches Menschenleben in dieser Stickluft« zu ermöglichen. Sie lösen nicht allein die großen Zeitfragen furchtlos durch Eisenblech und Blut, vielmehr tragen sie auch wesentlich bei zur Ertüchtigung und Wehrhaftmachung des Bundesvolks! Denn sie eliminieren die Schwachen und züchten auf diese Weise Fußgänger heran, die den Wünschen eines anderen berühmten deutschen Altreichskanzlers entsprechen, indem sie sich *flink wie die Windhunde, zäh wie Leder und hart wie Kruppstahl* erweisen. Der verewigte »Führer« Adolf Hitler, von dem das Zitat stammt, hätte seine helle Freude an den windhundflinken alten Mütterchen, den lederzähen Invaliden und kruppstahlharten Altersrentnern des heutigen bundesdeutschen Straßenverkehrs. Wenn sie, von Rudeln rasch zupackender Motorradfahrer vor die Kühler heranrasender Porsches getrieben, mit kühnem Sprung gerade noch den rettenden Bordstein erreichen oder, zwischen den aus beiden Richtungen herandonnernden Fernlastern in der Mitte der regennassen Fahrbahn festgenagelt, wie deutsche Eichen im Sturmwind auszuharren verstehen, lacht einem das Herz!

Mit dieser hundertfach gesiebten, im Feuer der großstädtischen Materialschlachten ebenso wie im idyllischen Dorf an der Bundesstraße gestählten bundesrepublikanischen Fußgänger-Elite hätte der verblichene »Führer«, nach eigenem Urteil der »größte Feldherr aller Zeiten«, noch jahrzehntelang einer Welt von Feinden trotzen können!

Wie aber kommt es, daß unsere Kraftfahrer so hervorragende Ausbilder sind; daß sie die übrigen Verkehrsteilnehmer so gut zu sieben und die Überlebenden auf Höchstleistungen zu trainieren verstanden? Natürlich hängt das damit zusammen, daß die Kraftfahrer selbst so glänzend ausgebildet und aufs strengste geprüft worden sind!

»Setzen wir Deutschland, sozusagen, in den Sattel! Reiten wird es schon können!« Dieses – nun wieder von Bismarck stammende – Altreichskanzlerwort sei, so könnte man irrigerweise annehmen, zur Maxime der bundesdeutschen Verkehrsbehörden und ihrer Führerscheinerteilungen geworden. Das ist aber keineswegs der Fall, im Gegenteil:

Nirgendwo in der Welt sind die Fahrprüfungen strenger als in der Bundesrepublik, nirgendwo müssen die Fahrschüler so viele in der späteren Praxis dann allerdings niemals mehr benötigte Kenntnisse vorweisen, so umfangreiche Kataloge verzwickter Fangfragen richtig beantworten und so ausgefallene technische Probleme zur Zufriedenheit des an solchen Fragen brennend interessierten Prüfers lösen.

Auch die äußerst umfängliche und verwickelte Straßenverkehrsordnung – die detaillierteste und strengste der Welt! – muß der angehende Kraftfahrer in allen Teilen genauestens kennen. Dabei wirkt es besonders erschwerend, daß besagte Straßenverkehrsordnung in unregelmäßigen Abständen grundlegend geändert und ergänzt wird, wobei die redigierenden Experten und Juristen einesteils sehr einfallsreich sind, was das Ausmalen von sehr speziellen und äußerst selten vorkommenden Situationen angeht, anderenteils ihre Akribie nun nicht so weit treiben, klare Vorschriften auch für einfache und normale Fälle zu erlassen. Doch gerade die enorme Dehnbarkeit sogenannter Gummiparagraphen gestattet eine strenge, wenn auch nicht immer eindeutige Reglementierung weit über das internationale Maß hinaus.

Auch die Beschilderung der Straßen und Plätze ist nahezu lückenlos: Wo irgendwo ein zur Anbringung eines Verkehrszeichens geeignetes Plätzchen durch die Unachtsamkeit eines jungen Beamten frei geblieben ist, wird es bestimmt noch in derselben Woche durch einen aufmerksameren Kollegen entdeckt und mit einem hübschen Verkehrsschild versehen.

Meist findet man drei, vier oder auch fünf Schilder über- oder nebeneinander, oft in raffinierten und überraschenden Kombinationen, die ein stolzes Zeugnis ablegen, einmal von dem großen Talent und der hinreichenden Muße des Verwaltungskörpers, immer neue und interessante Denksportaufgaben zu stellen, zum anderen von der hohen Meinung, die die Beamten von der Intelligenz und der Auffassungsgabe auch des einfachen Bürgers haben.

Dazu kommt ein Meer von Ampeln aller Art, wobei sich allerdings die stolzen grünen Wellen dieses Meeres in der Regel als kurze Brecher erweisen. Und bei Flut, das heißt in den Stunden des Spitzenverkehrs, stehen oft noch uniformierte Recken wie Felsen in der Brandung, wobei ihr Handzeichen, ja selbst das bloße Vorweisen ihres breiten Rückens, auch die intensivsten und buntesten Lichtsignale aufhebt.

Schließlich sind noch Höchstgeschwindigkeiten festgesetzt, die nur um bestimmte Prozentzahlen überschritten werden dürfen, wobei die normalerweise acht bis zwölf von Hundert betragende Tachometerabweichung berücksichtigt werden kann.

Taucht also vor einem auf einer geraden und leeren Landstraße mit hundert Stundenkilometern dahingleitenden Autler ein gelbes, rechteckiges (nicht längliches!), schwarzbeschriftetes Schild auf mit der ebenso erregenden wie beglückenden Mitteilung, daß er nunmehr

Kleinwiesenbrück
– Ortsteil An der alten Linde –
Rhein-Wupper-Kreis
Reg. Bez. Düsseldorf

zu durchqueren im Begriffe sei, so muß der Wagenlenker die Geschwindigkeit seines Gefährts unverzüglich so weit drosseln, daß sein (in diesem Bereich um etwa elf Prozent übertreibender) Tachometer 55,5 km/st, allerhöchstens jedoch 61,3 km/st anzeigt. Etwa sieben Meter weiter entdeckt er dann hinter einem alten Baum, vermutlich einer Linde, zwar keine Häuser, aber ein neues Schild, diesmal rund

und in den Farben Rot-Weiß-Schwarz gehalten, das ihm großzügig gestattet, nunmehr das Tempo 70 (= 77,7 Tachostand = 10 Prozent Kleinwiesenbrücker Toleranz) einzuschlagen, und weitere vierzehn Meter voraus verspricht ein neues gelbes, rechteckiges (nicht längliches!), schwarzbeschriftetes Verkehrsschild, es sei

Nach
Kleinwiesenbrück
1,5 km.

Damit sind dann alle Geschwindigkeitsbeschränkungen wieder aufgehoben, es sei denn, die gerade begonnenen Schulferien hätten die Straßenbaubehörde zu kleineren Ausbesserungen, zum Beispiel an der Farbe des weißen Mittelstrichs, inspiriert. In solchem Falle käme dann gleich hinter der nächsten Kurve ein rotgerändertes Dreieck mit einem eifrig grabenden Männchen, drei Schritt weiter ein Überholverbotsschild mit der großmütig, aber in sehr kleiner Schrift gewährten Sondererlaubnis, »landwirtschaftliche Fahrzeuge unter 20 Stundenkilometer« dennoch zu überholen, sodann, sieben Schritt weiter, ein neues, diesmal rundes Schild, das die Höchstgeschwindigkeit für alle auf 15 km/st begrenzt, und kurz vor dem Ortseingang von Kleinwiesenbrück, neben einem Schild, weiß mit schwarzem Querbalken, das alle Beschränkungen wieder aufhebt, ein einsamer Mann mit einem Farbtopf, der auch auf dem Weg zum Mittagessen durch grellrot-weiß gestreifte Jacke und Mütze als amtlicher Mittelstrich-Nachmaler ausgewiesen und geschützt ist.

Ja, und dann ist man für etwa 23 Sekunden in Kleinwiesenbrück (50 km/st), wo es einige Frostaufbrüche, eine Schule, siebzig Meter Geruchsbelästigung, zwei Baustellenausfahrten, dreißig Meter Straßenverschmutzung durch Rübenabfälle und selbst im Hochsommer Glatteisgefahr gibt, daneben noch einen unbeschrankten Bahnübergang und selbstverständlich Halte- und Parkverbot auf der ganzen Länge der Dorfstraße, ausgenommen werktags von 0 bis 4 Uhr...

Das Beispiel ist bewußt einfach und aus ländlich-schlichtem Milieu ausgewählt worden. Es soll nur aufzeigen, wie abwechslungsreich das Leben der bundesdeutschen Autofahrer ist, die immer - selbst in idyllischer Abgeschiedenheit - ein Auge auf die Schilder am Straßenrand, das andere auf ihr Armaturenbrett gerichtet und nur hin und wieder im Rückspiegel Ausschau nach beamteten Verfolgern halten müssen. In Großstädten reicht ein Auge zur Wahrnehmung der unzähligen Schilder natürlich nicht aus, weshalb es sich empfiehlt, stets einen sehr aufmerksamen und in der Schilderdeutung erfahrenen Begleiter mitzunehmen. Das dadurch frei werdende rechte Auge des Wagenlenkers kann sich alsdann auf das flinke Aufspüren von Ampeln und Verkehrspolizisten konzentrieren.

Den anderen Verkehrsteilnehmern braucht keinerlei Aufmerksamkeit geschenkt zu werden, was bei der geringen Anzahl der gemeinhin zur Verfügung stehenden Augen ja ohnehin nicht gut möglich ist. Sollte indessen noch ein zweiter Mitfahrer zur Verfügung stehen, so kann sich dieser nach Seemannsart nützlich machen, indem er das von ihm auf der Straße Wahrgenommene aussingt, etwa: »Schwerer Laster hart steuerbord voraus! Alte Frau zwei Strich backbord, Kurs zum Bürgersteig, noch zwanzig Fuß, noch zwölf, noch acht ...! Volle Kraft voraus, dann rammen wir sie mittschiffs!« Nötig ist diese Art der Fahrerberatung jedoch nicht. Es geht auch so, wie die stolzen, in der Unfallstatistik ausgewiesenen Ergebnisse zeigen.

Die deutschen Kraftfahrer erfüllen auch ohne Hilfestellung Dritter, also sozusagen blind, was ihnen an großen nationalen Aufgaben anvertraut worden ist.

Und wenn ihr nun noch wißt, liebe Schülerinnen und Schüler, daß es der Automobilindustrie gelungen ist, in jede schmucke Limousine auch noch einen, sozusagen, unsichtbaren Bulldozer einzubauen, der, ohne daß man es sieht oder hört – jedenfalls zunächst nicht –, die noch unbebauten Flächen, also die Wälder, Gesträuche, Felder und Wiesen, allmählich bebaubar macht – durch ein schmerzloses Gift –, so daß die gewonnenen Flächen, etwa des Schwarzwalds, in Kürze zubetoniert werden können, dann könnt ihr auf unseren Verkehr, seine Planer und Lenker, noch stolzer sein!

Es gibt aber noch manches, auf das wir in unserer Heimat stolz sein können - davon in der nächsten Stunde!

Lektion 10
Worauf wir stolz sein können

Also, liebe Schülerinnen und Schüler, da ist zunächst einmal unser Vaterland als solches, auf das wir stolz sein können. Es gibt viele ganz kleine Länder, die auch sehr reich sind – zum Beispiel das Scheichtum Liechtenstein oder die Emirate am Persischen Golf. Aber kein anderer Staat ist so frei wie unser Land, die Bundesrepublik Deutschland. Was wird nicht alles von unserem Grundgesetz garantiert: das Eigentum und dessen soziale Bindung, das Brief- und Telefongeheimnis, die Wehrdienstverweigerung und das Recht auf Arbeit, Asyl und Menschenwürde. Wenn wir uns bei unseren Nachbarn umsehen, finden wir in der Praxis so gut wie nichts dergleichen! Da werden – zum Beispiel in der Schweiz – Leute einfach abgeschoben, nur weil sie arm und keine Schweizer sind; da gibt es selbst im freien England geheime Schnüffler, die Telefone abhören; in Italien werden politische Gefangene in Isolierhaft gehalten, und nur einmal in der Woche ist Umschluß. In Frankreich werden Fabriken einfach verstaatlicht, also enteignet, und von dem sogenannten zweiten deutschen Staat wollen wir gar nicht reden – da gibt's nicht mal ein drittes Fernsehprogramm, das müssen sich unsere Brüder und Schwestern von uns aus dem Äther holen ... In der Türkei, mit der wir so eng befreundet und verbündet sind – ja, Fatima, das stimmt wirklich! Eure Generale werden von uns sehr, sehr gut behandelt und versorgt! Ja, auch mit Geld, natürlich, wie könnten sie sich sonst ernähren und an der Macht halten? – also, wo war ich stehengeblieben? Richtig, aber wir wollen über die Türkei lieber schweigen und nach Polen blikken, wo man die große freie Gewerkschaft in Staat und Gesellschaft nicht mitbestimmen läßt und sogar politische Streiks zu unterdrücken versucht. Pfui! Das hat sogar die F.A.Z. geschrieben, die sonst gar nicht so sehr auf gewerkschaftliche Mitbestimmung eingeschworen ist. Das ist Pressefreiheit – die ist auch bei uns garantiert, da sollen sich die anderen mal ein Beispiel nehmen, besonders die Polen...

Also, wir sind darauf stolz, daß wir das freieste Land seit Bestehen der Bundesrepublik sind – merkt euch das! Und wenn ihr lest, daß bei uns Kinder ohne Eltern in fremde Länder ausgeflogen, daß abgeschobene erwachsene Asylbewerber bei ihrer Ankunft daheim gleich erschossen werden; daß man hierzulande Wehrdienstverweigerer schikaniert und Leute gar wegen ihrer Gesinnung verfolgt, dann nehmt mal unser Grundgesetz zur Hand – da könnt ihr euch davon überzeugen, daß das alles gar nicht stimmen kann, denn es ist ausdrücklich untersagt!

Besonders stolz können wir auch auf unsere Regierung sein: Erstens haben wir den größten Kanzler überhaupt. Habt ihr ihn mal gesehen? Zum Beispiel im Fernsehen, neben dem Kaiser von Japan oder dem israelischen Premierminister oder der Kronprinzessin von Segabwe – die ist allerdings erst neun Jahre alt. Jedenfalls überragt unser Kanzler alle, auch sämtliche Vorgänger, sogar Konrad Adenauer, Hitler und Bismarck. Ich finde ihn himmlisch, wie er so aufragt und immer so freundlich runterlächelt, auch daß er keine übereilten Entscheidungen trifft, sondern alles mit Sorgfalt und Bedacht vor sich herschiebt, und daß er treu zu seinen Ministern hält.

Ja, und das ist das zweite, auf das wir stolz sein können: unsere Minister, um die uns alle Welt beneidet, den Sultan von Abu Dhabi ausgenommen. Der hat soviele Ölmilliarden, daß seine Minister sich soviel Geld aus der Staatskasse nehmen dürfen, wie sie wollen. Allerdings sind alle sieben Minister des Sultans dessen Lieblingssöhne ... Alle anderen Könige und Präsidenten und Sultane aber beneiden uns um unser System der Ministerbesoldung: nur ein Taschengeld aus der Staatskasse und alles andere von denen, die etwas wollen und sich das leisten können.

Worauf wir ebenfalls sehr, sehr stolz sein können, ist unsere Staatsverwaltung.

Gewiß haben auch andere bedeutende Staaten, etwa die USA oder die Sowjetunion, ein enormes Wachstum ihrer ihnen nach den Worten des Apostels Paulus, eines weitgereisten Mannes, »von Gott verordneten« Obrigkeit zu verzeichnen. Doch die gewiß starke Vermehrung der Beamtenschaft dieser und anderer Staaten verhält sich zu der in der Bundesrepublik Deutschland etwa wie die gemächliche Vermehrung des Rindviehs zu der stürmischen, geradezu explosiven Bestandszunahme bei gutgenährten und geschützten Nagetieren.

Um die Jahrhundertwende hatte die kaiserlich deutsche Reichsregierung noch ein Gebiet von mehr als drei Millionen Quadratkilometern zu verwalten, die Kolonien und Schutzgebiete einbegriffen. Etwa 70 Millionen Untertanen blickten erwartungsvoll nach Berlin und harrten der Gesetze und Verordnungen, die von dort kamen. Es gab damals auch beträchtliche Verständigungsschwierigkeiten zwischen Obrigkeit und großen Teilen des steuerzahlenden Volkes, denn rund 17 Millionen, fast ein Viertel der Gesamtbevölkerung, verstand nicht einmal soviel Deutsch, um den Sinn einer Aufschrift wie »Nur einzeln eintreten!« oder »Nachmittags kein Publikumsverkehr!« zu begreifen, geschweige denn eine etwas kompliziertere Verfügung. Hereros, Papuas, Hottentotten, Chinesen, aber auch Kassuben, Masuren, Litauer und vor allem Polen, daneben Dänen, Wallonen und Franzosen machten fast den vierten Teil der zu Regierenden aus.

Sodann gab es beträchtliche Verwaltungserschwernisse, an die heute niemand mehr denkt, zum Beispiel auf dem ohnehin schwierigen Gebiet der Rechtschreibung: Wer als Zoll-Supernumerar in Klein-Popo (Togo) seinen Dienst versah, hatte es in dieser

Hinsicht leicht; wer dagegen, ohne Hilfe eines Computers oder auch nur eines Schreibautomaten, dutzendmal am Tag »Kaiserliches Stationsamt Shungubweni über Mwambamku (Provinz Usaramo), den soundsovielten« an die Spitze von amtlichen Verfügungen zu setzen hatte, tat sich damit schon erheblich schwerer. Und wer von Wysztyten an der Pissa (Regierungsbezirk Insterburg) nach Myslowitz an der Przemsza (Regierungsbezirk Oppeln) versetzt wurde, mochte sich fragen, ob er einen guten Tausch gemacht hätte.

Schließlich sind auch die riesigen Entfernungen zu bedenken, die damals bei noch fehlenden modernen Verkehrsmitteln die Verwaltungsarbeit enorm erschwerten. Wollte etwa der Inspektor des Postamts von Ponape (Karolinen) für das Jahr 1902 eine Tropenzulage von 25 Blatt Löschpapier beantragen, außerdem wegen eines für den Januar 1903 in Aussicht genommenen Familienzuwachses um eine Beihilfe nebst drei Tagen Sonderurlaub einkommen, so mußte er die entsprechenden Gesuche spätestens im Dezember 1899 auf den Dienstweg bringen, was ihn zu sehr langfristiger Planung und zeitraubenden Berechnungen zwang.

Auch in der engeren deutschen Heimat stellte zum Beispiel der Transport eines Arrestanten von, sagen wir, Moyenvic im Reichsland Elsaß-Lothringen, wo man ihn aufgegriffen hatte, zum zuständigen Landgericht Gumbinnen (Ostpreußen) und von dort, zwecks

Gegenüberstellung, nach Wladislawowo (Provinz Posen) für den damit befaßten Justizhauptwachtmeister fast eine Lebensaufgabe dar, zumal er selbst zwar reiten konnte, der Gefangene hingegen, an den Steigbügel gefesselt, laufen mußte.

So sollte man denn, alles in allem, meinen, daß damals zur Verwaltung des ausgedehnten Reiches und seiner vielen, weitverstreuten Kolonien ein wesentlich größerer Beamtenstab erforderlich gewesen wäre als im heutigen, von Bonn aus bequem zu überschauenden Restdeutschland. Vor allem an der höchsten Spitze dieser damals weltweiten deutschen Administration, wo sich die Last ungeheurer Verantwortung konzentrierte und sich alle ortho-, ethno- und geographischen Schwierigkeiten häuften, kurz, wo alle Fäden zusammenliefen, wären Hunderte von Ministerialdirektoren, ganze Rudel von Ministern und Staatssekretären zu vermuten gewesen. Indessen war das, was damals die Ministerialbürokratie ausmachte, eher mickrig zu nennen. Es gab wahrlich keinen quantitativen Grund, darauf stolz zu sein: 1 Kaiser, 1 Reichskanzler, 6 Staatssekretäre, 12 Abteilungsleiter, zusammen also 20 Spitzenkräfte – das war alles!

Da stehen wir heute gottlob besser da! Nehmen wir beispielsweise nur unser Auswärtiges Amt, und betrachten wir seine stolze Entwicklung seit der Jahrhundertwende: Im Jahre 1900, als Deutschland noch eine Weltmacht und den USA wie auch Rußland mindestens ebenbürtig war, bestand dieses Zentrum deutscher Außenpolitik aus vier Abteilungen, die zusammen von einem Staatssekretär als Amtschef geleitet wurden; eine der AA-Abteilungen war für die Kolonien und Schutzgebiete zuständig. Bedenkt man deren Wegfall, auch den stark verminderten Einfluß der - nicht einmal richtig souveränen - Bundesrepublik in der Weltpolitik, so könnte man befürchten, daß sich auch das leitende Personal des Auswärtigen Amts entsprechend vermindert haben könnte.

Aber solche Sorgen brauchen uns nicht zu quälen! Das Bonner AA benötigt heute zur Aufrechterhaltung und Pflege seiner Beziehungen zu den übrigen Ländern der Welt, neben einem sehr schlauen, überall seine Ohren habenden Außenminister, zwei Staatsminister, zwei Staatssekretäre, einen *des* Auswärtigen Amts, einen *im* Auswärtigen Amt, einen Chefinspekteur (der sich als einziger die Namen der unzähligen Außerordentlichen Botschafter und bevollmächtigten Minister der Bundesrepublik zu merken hat, während es 1900 nur sechs solcher Außerordentlichen in den wenigen Zentren der Weltpolitik gab), zwei Inspekteure und - außer dem Planungsstab, dem »Büro Staatssekretäre« und dessen Leiter, dem Ministerbüro, dem Protokoll und dem Pressereferat - sechs Abteilungen mit je einem Ministerialdirektor an der Spitze sowie drei Sonderabteilungen. Wir können also mindestens zehnmal so stolz auf unser AA sein als unsere Groß- und Urgroßeltern anno 1900, als es noch nicht mal einen Minister des Auswärtigen gab.

Doch die heutige Lenkungsspitze unserer Außenpolitik findet noch so manche glückliche (natürlich auch die eine oder andere weniger glückliche) Ergänzung: Da gibt es im Bundeskanzleramt einen für das Auswärtige zuständigen Ministerialdirektor und im Bundespresseamt ebenfalls einen solchen. Da hat die Abteilung 4 des AA – Außenwirtschaft und Entwicklungspolitik – beträchtliche Unterstützung durch die Abteilung V des Bundeswirtschaftsministeriums, deren Zuständigkeiten genau die gleichen sind, auch von dem Minister, dessen beiden Staatssekretären und drei Abteilungsleitern im Range von Ministerialdirektoren des Bundesministeriums für wirtschaftliche Zusammenarbeit, dessen Aufgaben sich mit denen der vorgenannten Außenwirtschaftler und Entwicklungshelfer weitgehend decken, mindestens mehrfach überschneiden.

Kurz, alles in allem dürfen wir etwa fünfzigmal so stolz auf unsere mit Auslandsaufgaben betrauten Behörden sein als die Deutschen um 1900, die nur ihren Kaiser, einen Kanzler, einen kümmerlichen Staatssekretär und ganze vier bärtige Abteilungsleiter zu bewundern hatten, auch nur sechs Außerordentliche, wogegen wir davon mehr als eine Hundertschaft in aller Welt unterwegs haben.

So wie es im Dienstbereich des Auswärtigen Amts ist, ist es natürlich auch in allen anderen Bereichen:

Bei stark verminderter Bevölkerung, drastischer Verkleinerung des Herrschaftsgebiets, eingeschränkter Souveränität und starkem Einflußverlust haben sich zwar die eigentlichen Aufgaben der Regierung enorm reduziert, aber es ist gelungen, dafür in kurzer Zeit, vor allem an den Spitzen, mehr als nur Ausgleich zu schaffen, und zwar personell. Und auf die Personen, die Menschen, auf die kommt es doch an, und deshalb können wir wirklich sehr, sehr stolz sein, liebe Buben und Mädel!

Teil 3

Karriereratgeber

Zum Geleit

Dieser bundesdeutsche Karriere-Ratgeber, liebe Leserin und lieber Leser, darf in aller Bescheidenheit ein wesentliches, im Wortsinne bahnbrechendes Werk von existentieller Bedeutung genannt werden.

Es soll den Menschen draußen in diesem unserem Land, also auch und gerade Ihnen persönlich, dabei behilflich sein, raschestens prominent und reich zu werden – sei es durch ehrliche Arbeit in Ihrem Traumberuf (Industriekapitän, Chef eines Pfandleih-Konzerns oder Außerordentlicher Botschafter und bevollmächtigter Minister der Bundesrepublik Deutschland am Hofe von Vaduz), sei es – nach dem Vorbild hochkarätiger Politiker in Bund, Ländern und Gemeinden – durch kleine Handreichungen, wobei die Hand natürlich offenzuhalten ist, ein Auge hingegen geschlossen.

Allerdings, um es gleich vorweg zu sagen: Mit Geld allein ist es freilich nicht getan – man muß es auch haben! Dies wiederum gilt nicht allein für gebündeltes Bares, wie es sich unsere heimischen Staatsmänner achtlos in die Tasche stecken – so achtlos, daß sie sich schon kurze Zeit später kaum noch daran erinnern können, wieviel es war, von wem sie es bekommen hatten oder gar wofür. Wir sind schließlich keine Bananenrepublik, wo die Minister die ihnen zugesteckten Banknoten erst mit angefeuchtetem Daumen gierig zählen und sie dann sorgsam im Brustbeutel verstauen, weil sie befürchten müssen, daß es ihnen sonst bei der anschließenden Kabinettssitzung abhanden kommen könnte ... Unsere Minister haben Niveau und zählen das erhaltene Geld erst daheim, im Kreis ihrer sie darob bewundernden Lieben, und sie fürchten keine Taschendiebe, weil wir ein Rechtsstaat sind, der seine Minister bei ihrer Vorteilnahme durch geschulte Leibwächter beschützen läßt.

Das Prinzip des Haben-Müssens gilt natürlich auch für alles andere, was man so als Top-Karrierist(in), außer viel Geld, sonst noch benötigt: einen eindrucksvollen Namen, umwerfend gute Manieren, ein paar piekfeine Adressen, Aristokraten zu Freunden, zumindest Edelmänner wie Eberhard von Flick, Otto Graf v. und wg. Lambsdorff oder den Ständigen Vertreter des Zeitungszaren am Hofe Helmuts des Seßhaften, den Großfürsten Peter Boenischoffski, dazu Rudel von Leibfotographen, Pistoleros und persönlichen Referentinnen, viel Scheinwerferlicht, Schlagzeilen, Starruhm und die neidvolle Bewunderung der Bürgerinnen und Bürger draußen an den Bildschirmen, wenn man drei »Tagesschau«-Minuten lang zu seinem massiv goldenen Privat- Jet schreitet und ihn leutselig winkend besteigt, während der Cheflobbyist mit gesenktem Degen die angetretene

Ehrenkompanie meldet und das Musikkorps unsere Lieblingshymne schmettert: *Wir versaufen unsrer Omama ihr Häuschen ...!* So soll es sein.

Auch und gerade für Sie, liebe Leserin und lieber Leser, wobei natürlich in Abwandlung des Geschilderten Ihren speziellen Wünschen Rechnung getragen werden kann. Denn unser Staat, der mit Abstand beste und freieste seit seinem Bestehen, garantiert allen strebsamen Bunzreplikanern jedweden Geschlechts und ohne Rücksicht auf Hautfarbe, Vermögen und andere besondere Kennzeichen absolute Chancengleichheit, vollen Datenschutz sowie freie Entwicklungs- und Aufstiegsmöglichkeiten noch und noch!

Allerdings ist es den, wie unser Kanzler sie zu nennen beliebt, *jungen Männchen draußen im Lande* (was aber Buben *und* Mädel bedeuten soll) häufig nicht klar, daß sie diese Chancen auch richtig wahrnehmen müssen, wobei die Betonung auf *richtig* liegen sollte.

Natürlich kann man es auch als schlichter Waldbauernbub ohne nennenswerte Manieren weit bringen, kann Bayern-Kini und sogar der Pate Patriae werden und dann die anderen Spitzenpolitiker hämisch fragen, ob sie überhaupt's Abitur hätten. Und auch unserem derzeitigen Kanzler hätte man wohl in seiner Jugend eher eine nicht allzu steile Holzfäller-Karriere prophezeit, und doch hat er sein Ziel erreicht, ohne intellektuelle Brillanz, Weltläufigkeit und aristokratischen Lebensstil vorzutäuschen.

Doch das sind eben seltene Ausnahmefälle, und besser ist es schon, man startet ohne die Nachteile kleinstkarierten Provinzlertums, ausgestattet mit allen Attributen angestammten Reichtums, edelsten Geblüts und Zugehörigkeit der eigenen Sippe zum internationalen Jet-set seit den Tagen Kuniberts des Reizbaren, so daß man von sich einigermaßen glaubhaft behaupten kann, man sei schon in der Wiege vom Personal gesiezt worden und habe maßgeschneiderte Seidenbrokatwindeln getragen, mit eingestickter Krone und Kontonummer.

Mancher mag sich nun verdutzt fragen, wie er denn als Kind eines einfachen Zahnarztes und einer schlichten Steuerberaterin an den Start gehen soll, wenn derartige Anforderungen gestellt werden.

Aber gemach! Selbst wer als elftes Kind einer blinden Abortpflegerin und eines wegen nervösen Liderzuckens in Frührente gegangenen Trickbetrügers zum Karrieremachen antreten muß, zudem behaftet mit vielerlei Gebrechen, wobei ein erheblich unterdurchschnittlicher Intelligenzquotient, zwei linke Hände und der ererbte Familienname *Seimschleißer* noch die harmlosesten sind, braucht deshalb keineswegs zu verzagen. Es haben schon weit stärker Benachteiligte Traumkarrieren gemacht, sind Feldmarschall, Aufsichtsratsvorsitzer oder sogar Prinz Karneval geworden, haben es als Mädel zur Inhaberin der Goldenen Schallplatte, zur Weinkönigin, Premierministerin oder gar zur Arden-Chefberaterin gebracht!

Alles, was zur Erringung solcher gesellschaftlichen Spitzenpositionen erforderlich ist, läßt sich ohne große Mühe, beinahe spielend erlernen, und dieser auf neuesten wissenschaftlichen Erkenntnissen beruhende Karriere-Ratgeber ermöglicht es auch den in jeder Hinsicht Minderbemittelten, in geradezu schwindelnde Höhen aufzusteigen.

Unser Karriere-Ratgeber ist angelegt für Normalaufsteiger (bis etwa zum Filialleiter, Brigadegeneral oder Postminister), aber auch für Steilstkarrieren (zum Beispiel Konzernchef, Quizmaster oder Chef-Animateur im Kanzleramt). Er führt sowohl zu arbeitsintensiven Traumberufen (zum Beispiel Kupon-Schneider, Maffia-Boß oder Chefunterhändler der Rüstungsindustrie) als auch zu solchen, die bequem im Liegen ausgeübt werden können (zum Beispiel Hauptaktionär, Bundestagspräsident i. R. oder Starmodell).

Unsere fast ebenso soziale wie freie Marktwirtschaft hält für alle Bürgerinnen und Bürger pflegeleichte, kletterfreundliche, Sprosse für Sprosse aus sonnengereiften Edelhölzern gefertigte Leitern parat, die jedweden Aufstieg ermöglichen – heraus aus der grauen Masse der bloßen Fernsehzuschauer, Lohnsteuerpflichtigen, Eigentümer von Klein- und Mittelklassewagen und Kassenpatienten, hinein ins strahlende Rampenlicht jener duftenden großen und weiten Welt, wo man mit Ehren (h. c.) und Geld (»wg.«) überhäuft wird, absolut *in* ist sowie auf Du und Du mit den Repräsentanten unserer Elite beziehungsweise der Elite unserer Repräsentanz – mit Frau Beate v. Biskin und Geheimrat Jägermeister, mit Gabriele Schinkenhäger und dem Fürsten zur Lippe, mit Staatsminister Jürgen W. Möllemann und Frau Gaby Henkel, mit Dieter Thomas Heck und Frau Professor Dr. Noelle-Neumann, kurz, mit der *Crème de la crème,* begehrt als Cover-boy (oder -girl) von *Quick, Frau & Garten, Praline* und *Gesunde Zähne,* verfolgt von Fernsehkameras und Autogrammjägern, umjubelt von der gaffenden Menge.

Naturgemäß beginnt unser Karriere-Ratgeber mit dem Einfachsten, dem richtigen Sparen, denn auch das will gelernt sein. Die meisten machen es ganz falsch und bringen es zu nichts – wie mein verewigter Stiefonkel Engelbert, der als geradezu klassisches Beispiel dafür gelten kann, wie man es unter gar keinen Umständen machen sollte:

Onkel Engelbert wurde im Jahre 1900 zu Meseritz an der Obra geboren. Schon seine Eltern und beide Großeltern waren als emsige Sparer bekannt, aber der Knabe Engelbert übertraf sie darin bei weitem. Etwa von seinem fünften Geburtstag an, als ihm der Sinn des Sparens aufging, begann er jeden Pfennig zu sparen, dessen er habhaft werden konnte. Schon mit sechs Jahren fing er an, sich bei wohlhabenden Nachbarn nützlich zu machen, erledigte kleine Besorgungen, führte Hunde spazieren, sammelte Reisig und welkes Laub, verdiente sich hier einen Groschen und dort einen Groschen. Später verdiente er sich noch weit höhere Beträge als Kegeljunge, schälte Kartoffeln für die Küche des »Deutschen Hauses« und gab Nachhilfestunden. Das Wichtigste aber war, daß er nichts von all dem sauer verdienten Geld verpraßte, sich nie einen sauren Drops, geschweige denn einen Negerkuß gönnte, sondern jeden ergatterten Pfennig seinem Sparkassenbuch gutschreiben ließ. So hatte er bis zu seinem 16. Geburtstag bereits einen so stattlichen Betrag beisammen, daß ihn der Direktor der Kreissparkasse Meseritz zu sich rufen ließ und ihm persönlich die Hand auf die Schulter legte, ihn einen vorbildlichen Sparer hieß und ihm den Rat erteilte, das angesammelte Kapital gut anzulegen.

Es erübrigt sich, die stolze Summe zu nennen, die Engelbert damals schon sein eigen nannte. Denn der Jüngling erwarb damals für sein gesamtes Vermögen sechsprozentige Schuldverschreibungen des Deutschen Reiches, sogenannte Kriegsanleihe, die aber, als der Erste Weltkrieg zu Ende war, an Wert viel verloren hatte. Genau genommen bekam er für seine gesamten Ersparnisse, außer dem Dank des Vaterlands, nicht einmal mehr eine altbackene Semmel!

Indessen ließ sich Engelbert davon nicht entmutigen, im Gegenteil! Er beschloß, fortan noch intensiver zu sparen und – Millionär zu werden! Zu seiner Verwunderung erreichte er dieses hohe Ziel weit rascher, als er es sich hätte erträumen können: Schon im Frühjahr 1923 war es soweit: Er besaß mehr als eine Million Mark! Eine Woche später war er bereits Multimillionär, zwei Monate später sogar Milliardär, und im Herbst 1923 - Engelbert konnte es gar nicht fassen! - hatte ihn sein immenser Fleiß tatsächlich zum vielhundertfachen Milliardär werden lassen. Er schaffte es sogar noch, Billionär zu werden, allerdings nur für kurze Zeit. Denn dann war der Hexentanz der Inflation vorbei, es gab neues, gutes Geld, und das alte wurde fortan nur noch beim Tapezieren als Makulatur verwendet.

Aber Engelbert ließ es sich nicht verdrießen: Er fing sofort von neuem an zu sparen, und da er unerhört fleißig war und glänzend verdiente, nicht mehr ausgab, als zum Leben unbedingt nötig war, hatte er bald wieder ein Vermögen beisammen. Schon 1929 hätte er sich ein eigenes Haus kaufen können, zog es aber vor, mietfrei bei seiner Stiefmutter in einem Dachkämmerchen zu wohnen. Da er keinem Laster frönte, auf jedes Vergnügen verzichtete, das Geldausgaben verursacht hätte, und sich ausschließlich von günstigen Sonderangeboten ernährte, war er 1939 seinem Ziel, Millionär zu werden, schon ziemlich nahe: Er hatte für 500 000 Reichsmark Goldpfandbriefe des Deutschen Reiches, weitere 300 000 Reichsmark auf einem sogenannten »Eisernen Sparkonto«, eine Barreserve von weiteren 100 000 Reichsmark und einen angezahlten Vertrag auf einen nach Kriegsende zu liefernden Volkswagen - den ersten Luxus, den er sich zu gönnen gedachte.

Indessen wurde aus seinen Plänen ebensowenig wie aus denen der Führung des Großdeutschen Reiches. Als Engelbert dies bemerkte, war es bereits zu spät. Gewitzt durch die Erfahrungen des Jahres 1923, erwarb er rasch noch ein paar Sachwerte: für 50 000 Reichsmark nichtschäumende Rasierseife aus Beständen der großdeutschen Wehrmacht, für den Rest seiner Barreserve diverse Gebrauchs- und Konsumgüter, darunter einen stattlichen Posten hölzerner Grammophonnadeln, etwa dreißig Kilo Walfischmehl, aus dem sich schmackhafte Frikadellen, sogenannte »Hermann-Göring-Koteletts«, herstellen ließen, ferner 120 Meter dunkelgrünen Anzugstoff (zu 8 Prozent aus reiner Kunstfaser, im übrigen aus Naturprodukten, vorwiegend Brennessel).

Das war im frühen Juni 1948, kurz darauf kam, wie erwartet, die Währungsreform, und danach fing Onkel Engelbert mit dem Sparen wieder ganz von vorn an, denn seine gehorteten Sachwerte erwiesen sich als unverkäuflich.

Bis 1965, als er in den wohlverdienten Ruhestand hätte treten können, hatte Onkel Engelbert erneut ein beträchtliches Vermögen beisammen, arbeitete aber noch viele Jahre weiter und konnte nunmehr Gehalt und Rente sparen. Bestimmt wäre er bald ein richtiger DM-Millionär geworden, doch er traf damals einen führenden Politiker seiner Partei, der ihm den Rat gab, sein Vermögen günstig anzulegen – in Anteilen der *Investment Overseas Services,* abgekürzt IOS, und dann hörte ich lange Zeit nichts mehr von Onkel Engelbert, zumal er auch Korrespondenz scheute, nachdem das Briefporto gerade wieder erhöht worden war. Ich weiß also nicht, was aus seiner IOS-Geldanlage geworden ist; der Spitzenpolitiker, der ihm dazu geraten hatte, sogar schriftlich und auf amtlichem Briefpapier des Deutschen Bundestages, ist jedenfalls schon seit Jahren nicht mehr auf dem Bildschirm zu sehen gewesen, und ich fürchte, Onkel Engelbert hat mit dem Sparen wieder ganz von vorn anfangen müssen. Er wird vermutlich, da er ja auch nicht mehr der Jüngste ist, sein Traumziel nicht mehr erreichen.

Sie aber, liebe Leserinnen und Leser, die Sie noch die Chance haben, sollten sich meinen Stiefonkel Engelbert zur Warnung dienen lassen!

Wie man *richtig* spart, sich einen Namen macht, Eindruck schindet und aufsteigt in die Hautevolée – das alles erklärt Ihnen dieser leicht faßliche Karriere-Ratgeber.

Und sollten wir uns demnächst einmal zufällig begegnen – vielleicht auf einer wirklich gelungenen Soirée der lieben Gaby (Henkel, geb. Perwoll), zum Tee beim goldigen Johannes (v. Thurn und Taxis) oder bei einem ganz reizenden Kaviar- Picknick im Park eines notleidenden Großgrundbesitzers (aber nicht bei Waldburg-Zeils! Die sind für mich *out!)* –, bitte, keine öffentlichen Danksagungen!

Wie man Sparsamkeit erlernt

Schon der scharfsinnige Beobachter und Kommentator gesellschaftlicher Um- und Mißstände, Kurt Tucholsky, hat es seufzend feststellen müssen: »Fahre nie mit einem reichen Mann nach Hause – immer wirst *du* das Taxi bezahlen müssen . . . !«

Das aber ist noch das Harmloseste, was einem im Umgang mit äußerst wohlhabenden Persönlichkeiten passieren kann, denn – wie einer der Allerreichsten dieser unserer Bundesrepublik, der inzwischen hochbetagt verewigte Neußer Kauf- und Gemischtwarenkonzernherr Wilhelm Werhahn, zu sagen pflegte: »Mir (Wir, die Superreichen) hannt et (haben es, unser vieles Geld) nit vum Jewe (nicht vom Geben), sondern vum Behallde (vom Behalten) . . . «

Es verlohnt sich deshalb, einige Gepflogenheiten finanzstarker Damen und Herren zu studieren und nach Möglichkeit nachzuahmen, um auf diese Weise zwar nicht zu einem dem ihren vergleichbaren Reichtum zu kommen, wohl aber zu beträchtlichen Ersparnissen.

Nehmen wir ein alltägliches Beispiel und dazu zunächst die minderbemittelte Raumpflegerin im Ruhestand, Emma Kleinholz, als Testperson. An einem langen Samstag ist Frau Kleinholz zu Einkäufen in die Stadt gefahren, mit der Straßenbahn und auf eigene Kosten natürlich. Sie ist von Geschäft zu Geschäft, von Kaufhaus zu Kaufhaus geeilt, hat die Preise für bestimmte, von ihr begehrte oder benötigte Artikel miteinander verglichen, einiges aus diesem oder jenem Sonderangebot erworben, andere weniger dringende oder ihr zu teure Erwerbungen zurückgestellt. Schwer beladen mit Tüten und Plastikbeuteln voller Konserven, Klopapierrollen, Billigbutter, Teigwaren, Obst und mancherlei Sonstigem, das sie braucht (und einigem, das sie eigentlich gar nicht braucht), macht sie sich auf den Heimweg. Die Füße schmerzen, ihr Hut ist verrutscht, es beginnt zu regnen, die Haltestelle ist noch weit, und außerdem verspürt sie nun ein dringendes Bedürfnis, das sie weder auf der Straße noch während der langen Fahrt mit der Tram wird befriedigen können. Was macht sie?

Seufzend eilt sie in das nächstbeste Café. Es ist überfüllt, sie muß lange nach einem freien Platz suchen, und ehe sie dann, nachdem sie ihre Pakete abgestellt und ihren Mantel über einen Stuhl gelegt hat, endlich dahin zu eilen wagt, wohin es sie immer dringlicher treibt, bestellt sie sich eine Tasse Kaffee. Die Bedienung belehrt sie, daß es nur *Kännchen* gebe und daß der Mantel an der Garderobe abzugeben sei. Frau Kleinholz, die viel lieber zu Hause in der Küche, mit bequemen Pantoffeln an den Füßen und eingeschaltetem Fernseher, selbstbereiteten Kaffee getrunken und dazu das Stück Torte gegessen hätte, das die

Nachbarin von einer Geburtstagsfeier eigens für sie mitgebracht hat, gerät in arge Bedrängnis: 6,80 DM hat sie noch im Portemonnaie, 4,85 DM kostet der Kaffee, je 50 Pfennig die Garderobe und die WC-Benutzung – es bleiben ihr, nachdem sie den kaltgewordenen Kaffee getrunken hat, noch 95 Pfennig übrig, und sie benötigt 1,20 DM für die Straßenbahn ... Wie immer sie sich dann entscheidet, ob fürs Schwarzfahren mit würgender Angst vor einem Kontrolleur, ob für einen langen Fußweg durch den Regen in drückenden und dann auch nassen Schuhen und eine böse Erkältung, auf jeden Fall endet der Tag nicht zu ihrer Zufriedenheit. Und sollte sie gar in der Tram ohne Fahrschein erwischt werden und 40 DM Strafe bezahlen müssen, reichte es bei ihr nicht mal mehr für die Wohnungsmiete am kommenden Ersten ... Hätte sie doch nur nicht das bunte Tuch für 2,95 DM gekauft – für Hansi, ihren Wellensittich. Die alte Decke für sein Vogelbauer hätte es noch für eine Weile getan ... Und die drei Paar Strümpfe im Sonderangebot, für zusammen nur 1,95 DM, waren eigentlich auch überflüssig, wenngleich äußerst preiswert ...

Ganz anders verläuft und endet der Einkaufsbummel von Frau Ilonka Schneidbrenner. Eigentlich brauchte sie überhaupt nichts einzukaufen: Sie bewohnt nämlich mit ihrem Gatten, Herrn Generalkonsul (ehrenhalber und von einer zentralafrikanischen Republik, die Ilonkas Familie praktisch gehört)

Hans-Heidam Schneidbrenner, sowie ihrem siamesischen Kater, zwei kostbaren Hunden, einem Fasanenpärchen, sechs Schwänen, etlichen Enten und drei Reitpferden ein größeres Anwesen nebst Park, das der Konzern, dessen Hauptaktionärin Frau Ilonka auf dem Erbwege geworden ist, zum »Gästehaus« deklariert hat. Dies hat eine Reihe von Vorteilen. Einerseits brauchen Schneidbrenners absolut nichts zu bezahlen: weder das zahlreiche Personal noch Nahrungs-, Genuß- oder sonstige Mittel, die etwa der Verschönerung, Reinigung oder Körperpflege dienen, und schon gar nicht Miete, Heizung und Strom. Alles, vom kostbaren Blumenschmuck bis zum letzten Zündholz, stellt der Konzern zur Verfügung, der sämtliche Ausgaben dafür – und das ist die andere vorteilhafte Seite – als Geschäftsunkosten verbucht und von der Steuer absetzt. Selbstverständlich fährt Frau Ilonka auch nicht mit der Straßenbahn in die Stadt, sondern mit dem Dienstwagen ihres Gatten, den ein vom Konzern angestellter Fahrer steuert.

Indessen kann es natürlich selbst Frau Ilonka Schneidbrenner, geborener Maggi, passieren, daß sie beim Betrachten der Auslagen der Juweliergeschäfte und Mode-Boutiquen ein Bedürfnis verspürt, das nicht einmal sie vom Personal verrichten lassen kann.

Was also tut sie?

Nun, sie lenkt die Schritte zum Portal eines nahen Nobelhotels, erwidert mit leichtem Kopfnicken die ehrerbietigen Grüße des Wagenmeisters, der ihr artig die Tür offenhält, schreitet durch die Halle, läßt ihren (ja hochversicherten) Kronenzobel- oder Chinchilla-Mantel achtlos auf die Lehne eines freien Sessels gleiten und entschwindet in die grüngekachelte Unterwelt des »Excelsior-Esplanade«, ohne auch nur einen Gedanken daran zu verschwenden, daß die makellos sauberen, musikberieselten Toilettenräume eigentlich nicht für Straßenpassanten bestimmt sind, sondern nur für Hotelgäste. Ganz gewiß wird sie sich keinen Kaffee oder irgendein anderes Getränk bestellen, und da sie nie Bargeld mit sich führt - wozu auch? -, wird mit an Sicherheit grenzender Wahrscheinlichkeit auch die Hüterin der WCs leer ausgehen, es sei denn, sie nimmt Frau Ilonkas Lächeln für bare Münze.

Da Frau Generalkonsul Schneidbrenner keinen Schirm bei sich hat, hingegen gerade vom Friseur kommt und einen empfindlichen Pelz trägt, wird ihr der Wagenmeister, angesichts des heftigen Regens, der gerade eingesetzt hat, beim Weggang galant anbieten, ihr vom Portier einen Regenschirm zu besorgen - ein Angebot, das Frau Ilonka dankbar annimmt. Ihr Fahrer wird, so läßt sie den Mann wissen, später den Schirm zurückbringen, dazu ein gutes Trinkgeld (das der Chauffeur sich in einem eigens zu solchen Zwecken von ihm mitgeführten Büchlein quittieren läßt, damit er seine Auslagen vom Konzern erstattet bekommt).

Wie aber, so wird sich vielleicht der aufmerksame Leser fragen, mag Frau Ilonka Schneidbrenner, da sie doch nie Bargeld mit sich führt *(»Es beult die Taschen so aus, gell?«)* und gerade beim Friseur gewesen ist, dessen meisterhafte und entsprechend kostspielige Leistungen vergütet haben? Mittels Scheck oder Kreditkarte? Oder wiederum durch den Fahrer, der mit dem Mercedes draußen gewartet hat?

Nichts dergleichen! Frau Ilonka, als geborene Maggi eine besonders sparsame Dame, hat mit dem Meister-Coiffeur, Monsieur Yves, ein Abkommen: Dessen berufliche Tätigkeit erschöpft sich ja nicht im Entwerfen ebenso modischer wie kleidsamer Damenfrisuren und deren Ausführung in mannigfachen Arbeitsgängen; vielmehr bietet er in seinem Studio ja auch mancherlei Kosmetik feil, und so wurde er von Frau Schneidbrenner zum Lieferanten des Konzern-Gästehauses auf diesem Sektor berufen, wofür er die Kosten ihrer Behandlung mit auf die Monatsrechnung setzt, die er der Konzernhauptverwaltung einreicht, natürlich nicht als »Waschen und Legen«, sondern als »Toilettenseifen« oder »Badezusätze« deklariert. Selbst Frau Ilonkas Trinkgelder für Monsieur Yves' Angestellte werden – auf dem Umweg über die Konzernbuchhaltung und das zuständige Finanzamt – letztlich von der Allgemeinheit bezahlt, was jedoch für jeden einzelnen der Abermillionen bundesdeutschen Steuerzahler keine nennenswerte Mehrbelastung darstellt.

Bleibt nur noch zu erwähnen, daß auch der kirschkerngroße Brillant, der Frau Ilonkas linke Hand schmückt, dem Konzern als »420 Teile Tafelsilber für Gästehaus« in Rechnung gestellt wurde; wogegen es sich bei ihrem Kronenzobel- (oder Chinchilla-)Mantel um ein Gastgeschenk handelt, das eine Delegation aus einer zentralafrikanischen Republik der Gattin des Herrn Generalkonsuls ihres Landes zwar nicht mitbrachte, aber auf Anraten des sie betreuenden Konzerndirektors gleich nach der Ankunft in München kaufte.

Es steht zu hoffen, daß das beispielhaft sparsame Verhalten von Frau Generalkonsul Schneidbrenner Nachahmung findet, auch durch Frau Emma Kleinholz, die sich zwar wohl keinen Brillantring als angebliches Tafelsilber in Rechnung stellen lassen wird, auch kein Gästehaus bewohnt und nicht einmal einen Konzern hat, der die erforderlichen Summen bezahlen und von der Steuer absetzen könnte. Aber auch Frau Kleinholz könnte lernen, daß man, bloß weil man mitten in der Fußgängerzone ein dringendes Bedürfnis verspürt, nicht gleich ein überteuertes Kännchen Kaffee bestellen und auch noch seinen Mantel an der gebührenpflichtigen Garderobe abgeben muß. Daß jemand Frau Kleinholzens abgetragenen Mantel stiehlt, wenn sie ihn achtlos auf einen Sessel im »Excelsior-Esplanade« wirft, ehe sie zur Toilette eilt, ist viel weniger wahrscheinlich als ein Diebstahl von Frau Ilonkas Kronenzobel (oder Chinchilla). Und was die Nichtentlohnung der mit der Wartung der WCs betrauten Fachkraft angeht, so könnte Frau Emma Kleinholz, wenn sie sich schon nicht mit einem gewinnenden Lächeln aus der Affäre zu ziehen wagt, zumindest in ihren reichlichen Mußestunden – sie ist ja Ruheständlerin! – einen Trick erlernen, von dem es heißt, der greise Multimilliardär Wilhelm Werhahn hätte ihn schon als Bub von seinem Onkel, einem Prälaten, beigebracht bekommen: Man führt stets in seiner Geldbörse eine mit einem kleinen Loch versehene Münze mit sich, an der ein Gummifaden befestigt wird und die man auf den Teller jener Vertrauensperson, die die Aborte bewacht, einmal scheppern und ins Portemonnaie zurückschnellen läßt. Der Dank des so Belohnten ist dem Geräuschverursacher gewiß, sofern er den Teller mit den Münzen dabei mit dem Rücken verdeckt.

Übrigens, niemand soll glauben, daß der mit den Werhahns eng verwandte Geistliche selbst solche Täuschungsmanöver durchgeführt hätte. Im Gegenteil, jedem Trinkgeldheischenden spendete er freundlich seinen Segen, und damit hatte es sein Bewenden.

Wie man sich einen Namen macht

Namen sind keineswegs – wie es seinerzeit der Geheime Rat v. Goethe behauptet hat – nur Schall und Rauch! Das Gegenteil ist wahr, und dies läßt sich auch beweisen:

Wer beispielsweise einen schönen Posten zu ergattern trachtet, sagen wir: den eines (nur für die Rund-um-Betreuung von wichtigen Kunden und Ehrengästen zuständigen) Frühstücks-Direktors eines weltweit renommierten Bouillonwürfel-Konzerns, der wird als gewöhnlicher Karlheinz Krawuttke, Fritz Finkel oder Paul Pachulsky, trotz größerer Begabung, vorteilhafteren Aussehens und umfassender Sprach- und Branchenkenntnisse, erheblich geringere Aussichten haben, der begehrten Stellung teilhaftig zu werden, als etwa ein Wunibald-Wilderich Reichsgraf v. Klotz zu Schlotzenstein. Denn obwohl Seine Erlaucht beträchtlich schielt, ansonsten ein Gesicht wie ein fetter Karpfen und Tischmanieren hat, die ihm in jedem Obdachlosenasyl einen strengen Verweis und im Wiederholungsfall Hausverbot eintragen würden, suggeriert doch sein Name den von ihm bewirteten Konzerngästen, daß die internationale Aristokratie, von der Queen abwärts, auf ihren Schlössern und Burgen nichts lieber aufbrühe als einen Knautschke-

Konsommee-Kubus, das aus Freibank-Abfall erster Wahl, echtem Kochsalz und feinstem Rindertalg gefertigte Spitzenprodukt des Konzerns für die an allen Fürstenhöfen begehrte »heiße Tasse«.

Oder nehmen wir ein weibliches Beispiel: Eine Mittzwanzigerin von geradezu atemberaubender Schönheit mit pflegeleichter Pfirsichhaut und der Duftnote S (Sonderklasse) wird es als schlichte Paula Pickel oder Wilhelmine Wimmerl weit schwerer haben, in der Kosmetikbranche Sprosse um Sprosse aufzusteigen, um eines Tages die gesamte Werbekorrespondenz für die neue Anti-Akne-Creme mit ihrem Namen zu zeichnen, als etwa eine nicht entfernt so gutaussehende, nicht einmal porentief reine Kollegin, die das unverdiente Glück hat, Carmen da Silva oder Myrrhe-Beate Liebstöckl zu heißen.

Nachdem wir so nachgewiesen haben, daß Johann Wolfgang von Goethe – der es als August Knorpel gewiß weit schwerer gehabt hätte, ein Klassiker zu werden – in dieser Frage zweifelsfrei irrte und daß Namen keineswegs belanglos sind, sondern ungemein wichtig sein können, wollen wir nun nach rettenden Auswegen suchen, die sich den namensmäßig Benachteiligten bieten. Beginnen wir mit den Vor-, Tauf- oder Rufnamen:

Gewiß kann nicht jeder ehrgeizige Jüngling *Johannes Baptista de Jesus Maria Louis Miguel Friedrich Bonifazius Lamoral* (von Thurn und Taxis) heißen, nicht jede aufstrebende junge Dame *Virginia Caro-*

lina Therese Pancrazia Galdina (genannt »Ira«, geborene Prinzessin zu Fürstenberg). Aber zwei, drei Vornamen pflegen selbst sonst äußerst sparsame und gemeinhin einfallslose Eltern ihren Kindern mit auf den Lebensweg zu geben, und diese sollten sie zu nutzen wissen.

Wenn man Otto Prinz von Bayern heißt, braucht man sich um seinen Vornamen keine Gedanken zu machen; immerhin gab es vor noch gar nicht langer Zeit sogar einen König Otto von Bayern, auch wenn dieser wegen Gehirnerweichung am Regieren gehindert war. Trägt man hingegen den schlichten Familiennamen Pachulke, so unterstreicht ein »Otto« davor nur noch das Vulgäre, das den Pachulkes unverdienterweise anhaftet. Da ist es dann schon besser, sich Otto E. Pachulke zu nennen, obwohl das E. nur für Emil steht, und ideal wäre Prosper O. Brian Pachulke (wogegen O. Benvenuto Cristobal Pachulke zu ironischem Mißbrauch führen könnte).

Wie viele unserer bedeutendsten Persönlichkeiten sich dieser einfachen Methode erfolgreich bedient haben, zeigen Nachschlagewerke wie das »Handbuch des Deutschen Bundestages«, »Wer ist wer? Das deutsche Who's who«, oder auch »Führende Männer der Wirtschaft«. Da finden wir beispielsweise einen Axel Cäsar Springer, dessen Eltern ihm mit der Wahl des zweiten Vornamens den Weg an die Spitze eines Presse-Imperiums bereits gewiesen haben. Man stelle sich vor, sie hätten dem jungen Springer *Gottlob*

Immerwahr zu lebenslänglichen Vornamen gegeben – ob er sich damit wohl getraut hätte, den des Lesens und Denkens Unkundigen diesseits von Mauer und Stacheldraht seine *»BILD«*-Zeitung zuzumuten?

Oder nehmen wir einen Staatsmann: Dr. Rainer Candidus Barzel. Auch ihm wäre es sicherlich schwerer gefallen, erst CDU/CSU-Kanzlerkandidat, dann ein von den Granden der Wirtschaft gepflegter Sozialfall und schließlich auch noch Bundestagspräsident zu werden, hätten ihn seine Eltern mit dem im heimatlichen Ermland gebräuchlichen Vornamen *Bogislaus* bedacht oder ihn in etwas unglücklicher Kombination gut preußischen und christkatholischen Brauchtums *Eitel-Kaspar* Barzel genannt. Dann hätte Herr Flick nur sehr zögerlich sein *»wg«* davorgesetzt.

Wer aber nun als gewöhnlicher Karlheinz oder Gustav die bange Frage stellt, wie er als ein von seinen Eltern und Paten mit keinen weiteren Vornamen Bedachter diesen Mangel beheben soll, auch dem kann geholfen werden: Erstens darf sich jeder und jede – außer in Urkunden, gegenüber Behörden oder zu offenkundig unlauteren Zwecken – Vornamen von beliebiger Anzahl und Pracht zulegen, kann aus *Klara* ohne weiteres *Clarissa,* aus *Emil* oder *Fritz* einfach *Emilio* oder *Federico* machen, was dem nachfolgenden Familiennamen *Bürzel* viel von seiner Schlichtheit nähme. Alsdann können *Clarissa* und *Federico Bürzel* erweitert werden zu, sagen wir: *Cla-*

rissa Iphigenie Evita und *Federico Pascal Rodriges Bürzel.* Zweitens besteht die Möglichkeit, bei der unteren Verwaltungsbehörde um die Erlaubnis zur Änderung oder Ergänzung der Vornamen nachzusuchen. Das kostet zwar etwas Geduld und ein paar Mark Gebühren, wird aber schließlich zu dem gewünschten Erfolg führen, wenn einigermaßen plausible Gründe angeführt werden können.

Der Hinweis auf schwere seelische, aber auch finanzielle Schäden, die durch die bislang nicht zustande gekommene eheliche Verbindung mit dem einzigen Töchterchen einer schon ziemlich hinfälligen Häuserblocksbesitzerin der Münchener Innenstadt dem Antragsteller entstanden sind, und zwar allein deshalb, weil die achtundvierzigjährige Braut, trotz überreichlicher Beschenkung mit Likörpralinen, Blumengebinden und sogar einem Langspielplattenalbum (»Werke großer Meister, ausgewählt von *Das Beste aus Reader's Digest*«), den ihm von frommen Eltern auferlegten Vornamen *Hippolyt-Kreuzwendedich* weder in Gänze noch verkürzt zu *»Hippy«* oder *»Wendi«* hinzunehmen bereit war, wird einen mitfühlenden Beamten des zuständigen Landratsamts Ebersberg höchstwahrscheinlich bereits überzeugen, wenn auch nicht sofort, so doch nach reiflicher Überlegung im Verlauf zweier Jahre, zumal wenn sich die vom Antragsteller hin und wieder überreichten Zigarren als qualitativ und quantitativ zufriedenstellend erwiesen haben.

Natürlich sollte die Großmut des Sachbearbeiters dennoch nicht überfordert werden, etwa durch das Verlangen des Hippolyt-Kreuzwendedich Ringelklein, sich künftig seiner Braut als amtlich eingetragener *Achatz Leupold Louis-Ferdinand Kraft-Wunibald Marcantonio Siegfried* Ringelklein präsentieren zu dürfen. Besser wäre es, er erfragte zunächst von der Dame seines Herzens und auch von deren Mutter, der Häuserblock-Erblasserin, deren Lieblingsnamen und begnügte sich dann mit der behördlichen Genehmigung ihrer Einfügung und Erhebung in den Rang von Rufnamen. Als *Egon-Humphrey Hippolyt Kreuzwendedich* Ringelklein wird er dann bald das Aufgebot bestellen können.

Wie nützlich schon ein einziger zusätzlicher Vorname sein kann, zeigt das Beispiel eines inzwischen zum Vorgesetzten des ihm in Männerfreundschaft verbundenen Kanzlers aufgestiegenen Politikers, der ursprünglich von sparsamen Eltern nur *Franz* getauft worden war. Auf Anraten (und wohl auch zu Ehren) seines politischen Lehrmeisters, der seinerzeit unter dem Spitznamen »Ochsensepp« weit über München hinaus für seine Schlitzohrigkeit berühmt war, fügte der junge Mann, nachdem er beschlossen hatte, Politiker zu werden, seinem schlichten Vornamen *Franz* noch *Josef* an, zunächst ohne amtliche Genehmigung und nur, »weil's gemütlicher klingt«. Daraufhin konnte er sogleich Minister in Bonn werden und auch geraume Zeit bleiben, bis man ihn dort weglobte und ihn König im Freistaat Bayern werden ließ. Als bloßem *Franz,* selbst mit dem Beinamen *der Studierte* oder als *Franz mit der offenen Hand,* wäre ihm dieser steile Aufstieg gewiß nicht so leicht geworden.

Erheblich langwieriger, komplizierter und auch weit kostspieliger als eine bloße Ergänzung oder Änderung des Vornamens ist eine amtlich genehmigte Korrektur des Familiennamens. Wer mit Namen wie *Heidemarie Bettenfleiß, Donald Flottkack* oder *Hyazint Schwuchtel* geschlagen ist, wird engelsgleiche Geduld und immense Überzeugungskraft aufbringen müssen, ehe der zuständige Rat beim Regierungspräsidium, der vielleicht selbst ein Dr. Naßmacher ist, endlich einsieht, daß bei dem Antragsteller eine Beschwernis vorliegt, der es im Rahmen der gesetzlichen Bestimmungen abzuhelfen gilt.

Hingegen gibt es inoffizielle Auswege in Hülle und Fülle: Nehmen wir einmal an, ein erfolgreich im Antiquitätenhandel tätiger früherer Schankkellner namens Paul Augustin, eine künstlerisch ambitionierte junge Dame, Walburga Spreizefett, ein Fabrikant Müller, der aus der grauen Masse der ihm pekuniär unebenbürtigen Müllers herausragen möchte sowie ein führender Industrieller, Igor P. Knatschke – sie alle hätten den dringenden Wunsch, ihren Familiennamen zu ändern oder ihm jedenfalls mehr Glanz zu verleihen. Welche Wege stehen ihnen offen?

Nun, Herr Augustin hat es am einfachsten: Da er auf französische Möbel, Fayencen und Gobelins des

18. Jahrhunderts spezialisiert ist, die er in Pakistan sehr preiswert anfertigen läßt, spricht er seinen Namen - Paul St.(efan) Augustin - einfach französisch aus, nennt sich Poll Sängt-Ogüstäng, und ist damit ebenso zufrieden wie seine Kundschaft mit den Louis-Seize-Vitrinen aus Karatschi.

Fräulein Spreizefett hat als vielbeschäftigtes Fotomodell - Werbung für Büchsenananas und elegante Herrenunterwäsche sowie anspruchsvolle Aktaufnahmen - Anrecht auf einen Künstlernamen, den sie sich mit Hilfe ihrer Phantasie sowie ihrer Mutter, einer eifrigen Leserin von Romanheftchen, frei auswählen darf. Wahrscheinlich wird sie sich für *Gaby ter Brinkken* oder *Daniela von Hohenau* entscheiden, vielleicht sogar für beide Pseudonyme, das eine für die Ananas-Reklame, das andere für ihre übrigen künstlerischen Aufgaben. Sie kann sich dann dieser - nur von der unteren Verwaltungsbehörde zu genehmigenden - Künstlernamen im täglichen Verkehr überall und ungeniert bedienen und sie auch in ihre Ausweispapiere eintragen lassen. Es erübrigt sich eigentlich, zu erwähnen, daß sie seit der Namensänderung noch weit stärker gefragt ist als zuvor, da sie sich schlicht »Walburga« nannte und ihren Familiennamen gern unterschlug.

Herr Alfons Müller, ein bis in die sechziger Jahre hinein ungemein erfolgreicher Fabrikant von Herrenkonfektion, hauptsächlich von Beinkleidern, wollte sich zunächst, um von allen übrigen, minderbemittelten Trägern des Namens Müller abzustechen, nach seinem Geburtsort *Müller-Mönchengladbach* nennen, aber seine PR-Berater rieten ihm davon ab. Sie meinten, ebenso gut oder vielmehr ebenso schlecht wäre *Müller-Hückeswagen, Müller-Pinneberg, Müller-Wanne-Eickel* oder *Müller-Recklinghausen* – manche Ortsnamen vermögen einfach nicht die gewünschte aristokratische Assoziation hervorzurufen, und nicht einmal Ihre Durchlauchtige Hoheit, die Fürstin Mathilde zu Recklinghausen, macht von diesem ihrem in vierter Ehe erworbenen Namen Gebrauch, sondern nennt sich schlicht Herzogin von Arensberg. Also grübelte Alfons Müller weiter, doch auch sein nächster Einfall – *Müller-Monte Carlo* – erschien seinen Beratern ungeeignet. Gewiß, es war Herrn Müllers damaliger, vornehmlich aus steuerlichen Gründen gewählter Wohnsitz, aber es lieferte als Namensbestandteil nicht den erwünschten Schein von Solidität, knorriger Tradition und wohlanständiger Sparsamkeit. So entschied sich Herr Müller schließlich dafür, seinem Namen den des damaligen Sitzes seiner Hauptverwaltung, Wipperfürth, anzuhängen, und als Alfons Müller-Wipperfürth ist er dann auch tatsächlich zum Hosen-König aufgestiegen und in die Geschichte eingegangen.

Igor Paul Knatschke, unser letztes Beispiel, hatte es weitaus schwerer: An Ortsnamen, die sich an Knatschke anhängen ließen, boten sich ihm nur Kattowitz, wo er das Licht der Welt erblickt hatte;

Castrop-Rauxel, wo seine Firma gegründet worden war; Neustadt am Rübenberge, wo seine Katzenfutterwerke inzwischen Zweigbetriebe unterhielten, und Garmisch-Partenkirchen, wo er seinen Zweitwohnsitz hatte – lauter Ortsnamen, die in Verbindung mit Knatschke nicht die gewünschte veredelnde Wirkung erzielten.

Igor P. Knatschke, der von brennendem gesellschaftlichen Ehrgeiz erfüllt war, seit ihn die Herstellung von »Pussy's Leibgericht« in geschmackvoll etikettierten Dosen zum mehrhundertfachen Millionär hatte werden lassen und er in Bonn zwei konzerneigene Bundestagsabgeordnete unterhalten konnte, grübelte weiter. Ein freundschaftlicher Rat seines Haus-Astrologen, sich nach dem Vorbild von Gunter Sachs, der sich bisweilen »Sachs v. Opel« nennt, den Familiennamen seiner verewigten Mutter an den eigenen zu hängen, führte auch nicht zu dem gewünschten Resultat: Er hätte sich dann auch nur »Knatschke-Kaczmarek« nennen können. Sein Patentanwalt, dem er seinen Kummer klagte, empfahl ihm die Anhängung des Namens eines vielleicht vorhandenen Stiefvaters; er selbst, sagte er, hätte nur dank der häufigen Heiraten seiner Mutter nicht als gewöhnlicher Hardy Schlitz seine Praxis eröffnen müssen, sondern wäre als Götz-Eberhardt Schlitz von Karppfenstein sogar der Mühe enthoben gewesen, den Doktorgrad zu erwerben, denn seine Klienten seien auch schon durch den Namen hinreichend beeindruckt.

Igor P. Knatschke konnte indessen mit keinem Stiefvater aufwarten, schon gar nicht mit einem adligen. Fräulein Hedwig Kaczmarek, die ihm zu Kattowitz das Leben geschenkt hatte, war schon sehr froh gewesen, als Herr Lagerverwalter Knatschke sie noch zu ehelichen und den kleinen Igor P. zu legalisieren geruhte.

Doch der zu neunstelligem Vermögen gekommene Katzenfutterkonservenfabrikant hat dann doch noch einen Ausweg gefunden, der ihm den ersehnten Anschluß an den internationalen Jet-set verschaffte: Durch sorgfältige Beobachtung von Kleinanzeigen in den von arrivierten Geschäftsleuten bevorzugten Hochglanz-Zeitschriften kam er schließlich zu einem Adoptivvater! Nachdem dieser ihn, den 45jährigen Junggesellen, an Kindes Statt angenommen hatte, wurde Igor P. zwar unterhaltspflichtig gegenüber dem neuen Ziehvater, einem rüstigen Endsiebziger, auch erbberechtigt hinsichlich der von diesem hochverschuldeten Edelmann hinterlassenen Verbindlichkeiten, erhielt aber dafür dessen Familiennamen und durfte sich nunmehr Paul Igor Baron Greiff von Horka-Gubrynowicz de Horkós von und zu Suczówa nennen, auch das stolze Wappen – einen goldenen Greif mit niedergeschlagenem Schweif auf blauem Grund – des, wie ihm sein Adoptivvater versicherte*,

* Er mußte noch vieles, größtenteils eidesstattlich, versichern, ehe dem Adoptionsgesuch stattgegeben wurde, zum Beispiel, daß es ihm vor allem darum gehe, sein adliges Geschlecht vor dem Aussterben im Mannesstamme zu bewahren.

ungemein vornehmen Geschlechts führen, das seit den Tagen Zanjabs des Keuschen zu den Magnaten der Bukówina zählte, jedoch von dort und auch von seinen ausgedehnten karpatho-ukrainischen Ländereien bereits kurz nach dem Mährischen Ausgleich (1905) – durch Gerichtsvollzieher – vertrieben worden war.

Der an Kindes Statt angenommene Haustiernahrungsindustrielle bekam auf diese Weise auch noch zwei unverheiratete 57- und 59jährige Schwestern, die Baronessen Betsy und Mitzi, für die er, da beide kränkeln, seither gleichfalls zu sorgen hat, aber dennoch ist Paul Igor Baron Greiff von Horka, wie er sich ganz schlicht nennt, mit dieser Lösung sehr zufrieden. Er hat die Etiketten der Weißblechdosen mit »Pussy's Leibgericht« künstlerisch umgestalten lassen; es ist darauf jetzt ein zufriedenes Kätzchen abgebildet, das auf einem prächtigen Lehnsessel seinen Mittagsschlaf hält – unter dem stolzen Wappen der Greiff von Horkas mit siebenzackiger Krone! Seine Firma heißt jetzt »Baron Greiff von Horka'sche Haustiervollnahrungs GmbH & Co KG«, ist Hoflieferant dreier regierender und sieben ehemals regierender Fürstenhäuser und hat ihren Umsatz nahezu verdoppeln können.

Das erlaubt uns die abschließende Feststellung, daß sich Investitionen zur Verschönerung des eigenen Namens nicht allein gesellschaftlich lohnen – Igor P. wird regelmäßig zum Bundespresse- und zum

Wiener Opernball eingeladen! –, sondern auch wirtschaftlich von Nutzen sind; man muß es nur richtig machen!

Wie man sich eine »gute Adresse« zulegt

Manche Mißerfolge, die man hat und sich gar nicht erklären kann, hängen mit Mängeln zusammen, die einem anhaften, ohne daß man sich ihrer bewußt ist, und über die man auch nur höchst selten von anderen etwas erfährt, weil die meisten sich scheuen, einen darüber aufzuklären.

Soweit es sich um Schuppen, Mundgeruch, Achsel- oder Fußschweiß handelt, sorgt die Rundfunk- und Fernsehwerbung dafür, daß niemand über solche Möglichkeiten im ungewissen bleibt. Schon beim Frühstück warnt einen ein angenehmer Bariton aus dem Radio vor dem baldigen Verlust aller Freunde und Freundinnen, sofern man nicht das von ihm angepriesene deodorierende Produkt eines angesehenen Konzerns regelmäßig kauft und verwendet, und ehe man abends vor dem Fernseher einnickt, hört und sieht man noch, wie eine bildschöne, heißblütige Frau von allen Männern gemieden wird, weil sie dieses oder jenes nicht gekauft hat.

Wie aber erfährt beispielsweise der nette, tüchtige, frisch promovierte Dr. rer. pol. Maximilian Candidus v. Reitzenburg-Crimmitschau, der bei Herrn und Frau Konsul Marquart um die Hand von deren Tochter anzuhalten die Absicht hatte, warum ihm noch immer keine Einladung zum Sonntagsbraten zuteil geworden ist, obgleich Evchen Marquart schon seit acht Wochen solche Hoffnungen bei ihm geweckt hat. Evchen bringt nicht den Mut auf, ihm zu sagen, daß sie auf bohrende Fragen ihrer Mutter dieser schließlich gestanden hat, daß ihr Maxl - wie sie Dr. v. Reitzenburg nennt - keineswegs auf einem Schloß, auch nicht in einer elterlichen Villa, nicht einmal in einer »gutbürgerlichen« Gegend zur Miete wohnt, sondern - wie mag sich das auf seinen Visitenkarten ausnehmen? - in einem ehemaligen Camping-Anhänger auf einem Schrott- und Abstellplatz mit der Anschrift: Am Güterbahnhof 217-239, Tor III.

Nun ist dies gewiß ein extremes Beispiel, zumal es sich bei dem jungen Dr. v. Reitzenstein-Crimmitschau um einen angehenden Wirtschafts- und Anlageberater handelt. Doch wie ungemein wichtig eine »gute Adresse« ist, sollte jeder aufstrebende Jüngling, jede um eine glänzende Karriere oder eine »gute Partie« bemühte Maid sich stets vor Augen halten.

Aristokraten, die doch im allgemeinen des Bundesbürgers Lieblingsvorbilder sind, wissen um den Wert »guter Adressen«, selbst wenn es sich nur um ihre früheren handelt, die sie unter dem Zwang geschichtlicher Ereignisse haben aufgeben müssen. Im »Genealogischen Handbuch das Adels« liest sich das so: *»Kunibert Kaspar Johannes Kraft 3. Fürst zu Zimst und Pückelwitz, Burggraf zu Markallen, auf Markallen, Alt-*

Zimst, Wurcha, Pückelwitz und Hoya (§), zu Hohenzimst (§); (München 19, Schlachthofstr. 113).«

Dabei bedeuten die in Klammern gesetzten Paragraphenzeichen, daß alle vorgenannten Schlösser und Besitzungen »in den Ostgebieten durch derzeitige Machthaber widerrechtlich enteignet« worden sind, dies von Seiner Durchlaucht aber nur als eine bedauerliche, in Bälde gewiß wieder behobene Entgleisung angesehen zu werden geruht, weshalb auch der gleichfalls eingeklammerten derzeitigen Münchner Behausung nur die Bedeutung eines notdürftigen Provisoriums zukommt.

Snobs werden vielleicht dazu bemerken, daß es für die Zimst-Pückelwitzens wahrlich an der Zeit gewesen wäre, sich endlich *auch* eine Stadtwohnung in einer Metropole von Rang zuzulegen, wobei sie allerdings wieder jenen bedauerlichen Mangel an gutem Geschmack bewiesen hätten, den sie auch sonst häufig erkennen ließen; zwar sei gegen München 19, gemeinhin als Nymphenburg bezeichnet, nichts einzuwenden, zumal es dort von Königlichen Hoheiten nur so wimmelt, aber auf eine Straße mit so plebejischem Namen könne wahrlich nur der »Kunni« Zimst verfallen, der ja auch häufig braune Halbschuhe zum Smoking trägt!

Nun brauchen wir uns um die Zimst-Pückelwitzens keine Sorgen zu machen; ihre fünf Töchter, die sämtlich »Burggräfinnen und Gräfinnen zu Zimst und Pückelwitz« heißen, werden bestimmt, trotz ihrer Raubvogelnasen und fliehenden Kinne, bald wieder auf Schlössern wohnen, wenngleich wohl nur auf solchen von Bankiers und Brauereibesitzern, und Erbgraf Wunibald-Hugo, zugegebenermaßen kein sehr aufgeweckter junger Mann, aber sehr folgsam und von blendenden Manieren, wird demnächst Direktionsassistent der Neuperlacher Bausparkasse. Später, wenn er den Fürstentitel seines Papas geerbt haben wird (was zwar nach Verfassung, Gesetz und Rechtsprechung unstatthaft, aber des Landes der Brauch ist), wird er gewiß in den Aufsichtsrat der Bank berufen, der die Bausparkasse gehört. Vorsorglich hat man Wunibald-Hugo bereits eine »anständige« Adresse verschafft. Auf seinen Visitenkarten steht: »Schloß Traxlburg bei Achatz«, das zwar der Großtante Meta gehört, aber die ist fast blind und hat nichts dagegen, sowie »Preysing-Palais, München 2, Residenzstraße 27«, wo man für den jungen Erbgrafen ein 11,5 Quadratmeter großes, fensterloses Kämmerchen gemietet hat, das – nebst Schlüsseln für die Toilette am Ende des Flurs und den Briefkasten – soviel kostet wie ein hübsches Appartement mit Kochnische und Bad in etwas weniger feudaler Lage. Finanziert wird diese von Kuno als »meine Stadtwohnung« bezeichnete Besenkammer durch eine Umlage, zu der die gesamte »in den Ostgebieten ... widerrechtlich enteignete« Verwandtschaft herangezogen wurde, deren ganze Hoffnung auf eine rasche und steile Karriere des künftigen Familienoberhaupts gerichtet ist, so daß sie – »Alle für einen, einer für alle!« – die an sich schmerzlichen finanziellen Opfer klaglos erbringt.

Wenn aber schon ein so vornehmes, ehemals regierendes Fürstenhaus so besorgt um die Adresse seines künftigen Häuptlings ist, so zeigt dies, wie außerordentlich wichtig es ist, daß man bei der Auswahl seiner Anschrift – besser noch: seiner Anschriften – allergrößte Sorgfalt an den Tag legt!

Es ist natürlich nicht ganz einfach, sich mit beschränkten finanziellen Mitteln eine allen imponierende Adresse zu verschaffen. Aber es gibt ein paar Patentrezepte, mit deren Hilfe ein ehrgeiziger Jungaufsteiger sicher zum Ziel gelangen kann: Ist er (oder sie) mit der prestigemäßigen Bewertung einzelner Gegenden und Straßen einer Stadt noch nicht hinreichend vertraut, so empfiehlt es sich, zu einer stillen Stunde das allerbeste Delikatessengeschäft am Platz aufzusuchen und mit einer älteren, erfahrenen Verkäuferin ein wenig zu plaudern. Schon beim Aussuchen von etwas Aufschnitt und ein paar Salaten kann man das Gespräch leicht in die gewünschte Richtung lenken, etwa so:

»Nur ein Viertel von dem Eiersalat, bitte – das Roastbeef sieht sehr gut aus, fast so gut wie bei Fortnum & Mason – ja, wir haben jetzt zwei Jahre in London gewohnt... Wir ziehen demnächst hierher, und da will man ja schon mal die Geschäfte ausprobieren, gell? Noch ein Achtel von diesem Gorgonzola, bitte! Was ich

noch fragen wollte: Schicken Sie auch ins Haus, wenn man mal nur ein paar Kleinigkeiten benötigt? Nein, ich weiß noch gar nicht – sind das Langustenschwänze? –, wo wir eigentlich wohnen sollen. Man möchte ja auch nicht mit lauter neureichen Protzen in derselben Straße wohnen oder gar unter Boofkes geraten, gell?« Und dann erfährt man ohne Aufpreis alles, was man wissen will.

Sodann darf man, wenn es einem um eine auch für Frau Konsul Schippendahl als »ans-tändig« geltende Adresse geht, nicht nach all den Dingen Ausschau halten, die zu den normalen Vorteilen einer Behausung zählen: niedrige Miete, sonnige Lage, moderner Komfort, ungestörte Ruhe und eine schöne Aussicht – das ist alles ohne Belang!

Ein dunkles, muffiges Zimmer im Souterrain, wo bei Regen das Wasser die Wände emporkriecht; ein zugiges Kämmerlein unter dem morschen Dach eines Hauses ohne Fahrstuhl, das doppelt soviel kostet wie ein hübsches, modernes Appartement – dergleichen ist immer vorzuziehen, sofern es eine piekfeine, auch der Verkäuferin des teuersten Delikatessengeschäfts Ehrfurcht einflößende Adresse hat. Frau Geheimrat Herzthal und Herrn Senator a. D. Brincken-Petersen als Nachbarn und die Aussicht, auf telefonische Bestellung auch für nur 2,50 DM Aufschnitt ins Haus geliefert zu bekommen, sind für den Prestigebedürftigen wichtiger als jeder Komfort.

Zum Glück gibt es gerade in den allerfeinsten Gegenden ein reichliches Angebot von rumpelkammerähnlichen möblierten Zimmern und in Junggesellen-Appartements verwandelten Hausmeisterwohnungen aus der Kaiserzeit - man braucht nur zuzugreifen! Ein zum Gartenhaus erklärter Geräteschuppen am Rande des »Park« genannten Gartens der türmchenverzierten, 1944 erheblich beschädigten, noch nicht wieder reparierten Villa von Exzellenz v. Illertissen-Scharbeutzen ist fraglos, trotz des undichten Daches, des qualmenden Ofens, des fehlenden Bades, der Außentoilette neben dem Komposthaufen und der sehr zahlreichen Mäuse, eine ganz vorzügliche Adresse. Nicht nur, weil - wie man schon am Tage des Einzugs erfährt - die Dame des Hauses eine geborene O'Swald-Petersen ist, also mit Bürgermeister Hinrich Steward Petersen (1864–1932) ebenso eng verwandt wie mit Generalkonsul Kaspar Douglas O'Swald-Brincken (1871–1947), sondern vor allem im Hinblick auf die wirklich exklusive Adresse, die man sich als Schuppen-Resident nunmehr auf seine Briefbogen prägen lassen kann: Am Dülmendüppeler Parkweg...! Denn dort wohnen, mit geringfügigen Ausnahmen, nur Leute, die seit mindestens drei Generationen zur *Crème de la crème* gehören.

Allerdings sollte man es unbedingt vermeiden - was auch ganz im Sinne der Vermieterin, der geborenen O'Swald-Petersen, ist -, durch überflüssige Hinweise wie »bei v. Illertissen« auf das Untermietverhältnis hinzuweisen. Man muß den Eindruck erwekken, daß man den Schuppen hinter der Villa als sein Eigentum *(My home is my castle)* betrachtet und nirgendwo anders leben möchte als in Dülmendüppel, wo schon die Urgroßeltern ihr Landhaus hatten, noch ehe der Parkweg angelegt wurde.

Apropos Landhaus – selbstverständlich kann es ein Jungaufsteiger nicht mit *einer* guten Adresse bewenden lassen, wenn er wirklich Eindruck schinden will. Eine zweite, ländliche Anschrift ist in besseren Kreisen unerläßlich, geradezu ein gesellschaftliches *Muß*.

Wer – wie Erbgraf Wunibald-Hugo – eine alte Tante auf dem Lande hat, die es einem gestattet, ihre Adresse als Zweitanschrift zu verwenden, ist fein heraus. Aber auch für minderbemittelte Großstädter ohne lebende Verwandte ist es einfach und mit nur geringen finanziellen Opfern verbunden, sich einen Landsitz zuzulegen. Es braucht ja kein Schloß zu sein, nicht einmal ein richtiges Haus, und die Gegend spielt überhaupt keine Rolle! Je abgelegener der verfallene Heustadel, die ausgebrannte Mühle oder die einstige Remise ist, die man als seinen Landsitz ausgibt, desto besser! Das ländliche Domizil soll ja nur Geschäftsfreunden und Bekannten gegenüber die eigene Zugehörigkeit zu einer Art Landadel vortäuschen, eine traditionelle Vorliebe für Loden und Tweed, Reitstiefel und mützenziehende Bauern.

Von ausschlaggebender Bedeutung ist hingegen der Name, den man seinem Landsitz gibt – nicht

»Waldeslust« oder »Heideschlößchen«, denn das hört sich nach Ausflugslokal an, auch nicht »Seerose«, »Edelweiß«, »Alpenblick« oder »Rosenstöckl«, wie allenfalls Pensionen genannt werden dürfen, und keinesfalls »Glückauf« oder gar »Pik-As«.

Am besten sind Namen, die weder kitschig noch neureich-protzig klingen, vielmehr gediegen, knorrig konservativ und traditionsbeladen. Es lohnt sich, die Auswahl mit Muße und großer Sorgfalt zu betreiben, mit immer neuen Variationen den Zusammenklang mit allen übrigen Bestandteilen des Namens und der Erstanschrift zu erproben, eventuell alte Güterkalender zu Rate zu ziehen, deren Angebot man mit der Vorsilbe »Neu«- zu koppeln versuchen kann, etwa »Neu- Pückelwitz«, »Neu-Wurcha« oder »Neu-Köckeritz«. Jedenfalls sollte man bedenken, daß der Name des Landsitzes einerseits nichts kostet, andererseits durch Assoziationen, die er weckt, einen enormen Prestigegewinn erzielen kann.

Wer etwa als Paul St. Augustin oder unter dem Künstlernamen »Daniela von Hohenau« bereits »Am Dülmendüppeler Parkweg« zur Stadtadresse hat und für seinen oder ihren »Landsitz«, eine Hütte von der Größe eines Schäferkarrens neben einer Transformatorenstation am Fuße des Böhmerwaldes, keinen passenden Namen findet, begnüge sich mit einer zwar phantasielosen, aber gerade durch ihre Kargheit eindrucksvollen Lösung, wie etwa: »Altes Haus, Schimmelbach über Fischergrün Post Altreichenau«. Dergleichen als Zweitanschrift auf der Visitenkarte zu haben, bietet vollwertigen Ersatz für eine Rumpelkammer nebst Briefkasten im Preysing-Palais, und später, wenn man Karriere gemacht hat, kann man eine dritte Adresse hinzufügen.

Man braucht es hingegen nicht so zu übertreiben wie beispielsweise Axel Cäsar Springer, der bei seinem steilen Aufstieg vom Altonaer Vorstadt-Playboy zum bundesdeutschen Zeitungszaren, multiplen Ehrendoktor und »Bewahrer von Jerusalem«, wie einer seiner Ehrentitel lautet, Adressen gesammelt hat wie andere Leute Briefmarken.

Schon nach den ersten verlegerischen Erfolgen erwarb Axel C. Springer in nächster Nähe des Anwesens seines Jugendfreundes, des Zement-Erben Horst-Herbert Alsen, eine Villa am Falkenstein, dann noch zwei weitere »erste Adressen« am Elbufer, dazu das reizend altmodische Stadthaus Neuer Jungfernstieg 17a an der Binnenalster. Auf der Insel Sylt kaufte er als nächstes die hochherrschaftliche, von Gästehäusern umkränzte Besitzung Klenderhof (mit Hubschrauberlandeplatz), im nahen Morsum ein weiteres Inselhaus, und mit dem Erwerb (für nur acht Millionen DM) des Schlosses Schierensee, einer »Perle schleswig-holsteinischer Adelskultur«, wie es im Fremdenführer heißt, samt den dazugehörigen rund fünf Millionen Quadratmetern Wiese, Wald und See vervollständigte er sein norddeutsches Adressenpotential.

Dann kam Berlin an die Reihe: Dort schaffte sich Axel Cäsar Springer einen repräsentativen Bungalow auf der Havelinsel Schwanenwerder an, wo schon ein anderer Volksaufklärer, Hitlers Propagandaminister Dr. Goebbels, fröhliche Feste gefeiert hatte.

Im vornehmsten Dahlem, Gelfertstraße 36, kaufte sich der unersättliche Adressensammler alsdann einen Herrensitz nebst Park, und in seinem Verlagshochhaus in der City richtete er sich ein Penthouse-Apartment im (Film-)Stil englischer Herrenklubs ein, dessen Anschrift - Kochstraße 50 - er aus mancherlei, gewiß auch aus patriotischen Erwägungen heraus zu seiner einzigen in Nachschlagewerken angegebenen Anschrift erkor.

Nun fehlte noch ein dem Reichtum des BILD-Herrn entsprechend in einsamer Höhe gelegenes Besitztum in der Schweiz, oberhalb von Gstaad, natürlich auch mit Hubschrauberlandeplatz, sowie ein halbes Dutzend weiterer Ferien- und Meditations-Landsitze sowie eine viergeschossige Stadtresidenz im Londoner Westend, Upper Brook Street, W. 1, die sich in Kombination mit den übrigen rund vierundzwanzig Adressen hervorragend ausnimmt.

Andere bundesdeutsche Milliardäre kommen mit weniger als der Hälfte aus, so daß der Jungaufsteiger nicht zu verzagen braucht. Eines hingegen sollte jedem nun klargeworden sein: Mit nur einer einzigen Anschrift und womöglich einer wie *»Eisenbahnstraße 214/III, WG Abramsky, Krüsch u. a.«* oder *»Kanonier-*

straße 12, Rückgebäude, 3. Stock, bei Kreischke« wird man nie multipler Dr. h. c., Ehrensenator oder gar Zeitungszar, nicht mal Aufsichtsrat.

Wie man Eindruck macht

Ein altdeutsches Sprichwort besagt: Wer angibt, hat mehr vom Leben. Indessen macht einen wirklich guten Eindruck nur der, dessen Angebereien nicht als solche erkannt werden – eine Feststellung, die sich speziell Politiker, bis hinauf zum Bundeskanzler, unbedingt merken sollten.

Die folgenden Beispiele dafür, wie man richtig und nachhaltig einen guten Eindruck machen kann, eignen sich für alle Schichten unserer Gesellschaft. Beginnen wir mit einem, das sich besonders Jungaufsteigern aus schlichtestem Milieu zur Nachahmung empfiehlt, wobei es sich um das Aufpolieren des familiären Hintergrunds handelt.

Nehmen wir an, Herr Leopold (»Poldi«) Koltz, 18, dessen beruflicher Background in einer vorzeitig abgebrochenen Ausbildung in einer Tapetenhandlung in München-Pasing und einer nunmehrigen Tätigkeit als 2. Assistent eines Feldmochinger Gebrauchtwagenhändlers (! ! ! Kaufe jedes Fahrzeug ! ! !) besteht, sieht sich damit erst auf einer der unteren Sprossen jener Leiter, die ihn gesellschaftlich bis in höchste Höhen, vielleicht sogar in den Münchner Jet-set, aufsteigen lassen soll.

Nehmen wir weiter an, Poldi möchte einer Dame imponieren, der er auf einem ungemein exklusiven

Faschingsball (schon der Eintritt hätte ihn, wäre ihm nicht eine Freikarte zuteil geworden, 50 DM gekostet!) begegnet und alsdann nähergetreten ist. Die Dame, die höchstens doppelt so alt wie Poldi aussieht und an deren gepflegten Fingern echte Brillanten funkeln, läßt im Gespräch erkennen, daß sie eine große Schwäche für Adelstitel und deren Träger hat. Sie fragt Poldi sogleich, kaum daß er sich ihr vorgestellt hat, ob er vielleicht ein *von* Koltz wäre; sie habe vor Jahren einmal die Bekanntschaft einer Frau Exzellenz von Koltz zu Holtzenklau gemacht... Darauf antwortet Poldi geistesgegenwärtig (und weitgehend wahrheitsgetreu), da müßte es sich wohl um einen süddeutschen Zweig seiner Familie gehandelt haben; er sei ein Koltz »von Zarrentin in Mecklenburg, wo die Mutter hat fort müssen, als die Russen kamen«, habe aber selbst schon in Bayern das Licht der Welt erblickt. Was er nicht zu erwähnen braucht: Hedwig Koltz, seine Mama, Kutscherstochter, also etwas Besseres, aber keineswegs von Adel, war erst in München-Pasing eine kurzfristige eheliche Verbindung mit dem Bauhilfsarbeiter Emil Koltz eingegangen.

Seither nennt Poldis Faschingsballbekanntschaft ihn zwar selbst »mein Költzchen«, stellt ihn aber anderen als »Herrn Koltz v. Zarrentin« vor, und in sehr intimen Augenblicken, die seit jenem Faschingsfest sich mehrfach wiederholt haben, bezeichnet sie ihn gar als ihr »Prinzchen«...

Wir wollen es damit bewenden lassen und nun, sozusagen, die zweite Stufe zünden. Inzwischen hat sich Poldi Koltz »von Zarrentin« beruflich verbessert und ist, von seiner wohlhabenden Freundin finanziell gefördert, als Akquisiteur einer Versicherungsagentur tätig. Nehmen wir nun an, auf einer Party im vornehmsten München-Bogenhausen, wohin ihn seine nun schon beinahe beste Freundin mitgenommen hat, werden die beiden Augen- und Ohrenzeugen eines vom Alkohol beflügelten Gesprächs, das zu einem Streit zu werden droht, zwischen einem jungen Grafen Rechberg-Rothenlöwen und einem etwas älteren Prinzen von Thurn und Taxis, wobei es um die eminent wichtige Frage geht, wer von den beiden von älterem, also vornehmerem Adel sei. Selbstverständlich darf ein Leopold Koltz von Zarrentin (der sich zuvor – es war ein regnerischer Nachmittag – aus einem der bei seiner Freundin in reicher Anzahl herumliegenden Adelskalender ein paar vielleicht nützliche Informationen geholt hat) dazu keinesfalls schweigen, womöglich gar in tiefer Ehrfurcht und von Minderwertigkeitskomplexen geplagt! Er muß vielmehr den beiden streitenden Aristokraten ins Wort fallen und zunächst den Prinzen von Thurn und Taxis höflich, aber bestimmt daran erinnern, daß dessen, nun ja – Geschlecht zwar wohl schon um 1117 irgendwo urkundlich erwähnt sei, daß er sich aber dessen nicht allzu sehr zu schämen brauche, eher schon der Tatsache, daß die Familie Thurn und Taxis erst, historisch gesehen, reichlich spät, fast könnte man sagen: unlängst, in den Adelsstand erhoben werden konnte, nämlich 1512, und dies ausschließlich wegen ihrer Verdienste als Postler.

Alsdann muß sich Poldi nun auch an den hochmütig lächelnden Grafen Rechberg wenden und diesen darauf aufmerksam machen, daß dessen frühester bekannter Ahnherr, ein einfacher Dienstmann im Gefolge eines Staufers, ebenfalls erst gegen Ende des 12. Jahrhunderts in einer Adelsrolle vermerkt sei. Hingegen er selbst, Franz Xaver Leopold Koltz von Zarrentin, stamme immerhin von Karl dem Großen (768–814) ab, und zwar aus des Kaisers Ehe mit der anno 783 verstorbenen Alemannin Hildegard.

Mit dieser scheinbar sehr kühnen Behauptung, die die beiden Hocharistokraten beschämt verstummen läßt und Poldis Freundin über alle Maßen beeindruckt – er bekommt nun auch von ihr den seit langem ersehnten »Jaguar«! –, hat Poldi allerhöchstwahrscheinlich nicht einmal geschwindelt!

Karl der Große hatte schätzungsweise etwa hundertachtzig Kinder, die meisten davon aus sogenannten *Friedelehen* – durchaus achtbare eheähnliche Beziehungen von meist nur kurzer Dauer zu freien Damen – sowie aus noch kürzerfristigen Verhältnissen mit unfreien weiblichen Dienstboten. Außerdem hatte er vier Hauptfrauen, und von diesen gebar ihm Hildegard, Poldis behauptete Ahnfrau, mindestens neun namentlich bekannte Sprößlinge, die ein zur Fortpflanzung erforderliches Alter erreichten.

Das war vor rund zwölfhundert Jahren oder, niedrig geschätzt, sechsunddreißig Generationen, als es in ganz Europa erst kaum mehr als zwölf Millionen Menschen gab. Nun hat aber jeder von uns heute Lebenden, gleich ob Großaktionär oder Kleinrentner, soviele Ahnen, daß sich auch der ärmste Schlukker in dieser Hinsicht als Multimillionär bezeichnen kann; jeder hat ja, auch wenn er sie nicht alle kennt, zwei Menschen zu Eltern, vier zu Großeltern, acht zu Ur-, sechzehn zu Ururgroßeltern und so fort in der Progression, wobei er oder sie – man glaubt es kaum, aber es stimmt! – in der sechsunddreißigsten Generation ungefähr *65 Milliarden* Ahnherren und -damen hat – wohlgemerkt: ein jeder und eine jede von uns! Rechnet man allein die Ahnen der rund sechzig Millionen heutigen Bundesbürger zusammen, käme man auf eine Zahl, die astronomisch zu nennen eine maßlose Untertreibung wäre. Des Rätsels Lösung ist, daß wir alle größtenteils dieselben Ahnen haben und diese gleich mehrere tausend Mal. Die Wahrscheinlichkeit, daß sich unter Poldis Ahnen (und natürlich ebenfalls unter unseren) auch der so überaus zeugungsfreudige Kaiser Karl befunden hat, ist außerordentlich groß. Die Chancen dafür stehen etwa 99,999 zu 100.

Nun, nachdem wir den Versicherungsvertreter Poldi praktisch geadelt und ihn zum Karolinger-

Nachfahren hochgesteilt haben, wollen wir die dritte und letzte Stufe zünden, die das Prestige unserer nunmehr dreiundzwanzigjährigen Testperson ins unermeßliche steigern soll.

Nehmen wir an, Poldi habe, noch immer hoch in der Gunst seiner Gönnerin stehend, inzwischen die Versicherungsbranche mit dem Antiquitätenhandel vertauscht. Er versteht zwar davon herzlich wenig, kaum mehr als seine Kundschaft, aber zum Einkauf echt altenglischer, wenngleich erst unlängst in Taiwan gefertigter Hundepaare aus Steingut und - ebenfalls altenglischer, aus Marokko sehr preiswert importierter - Schiffsmöbel sowie zu deren Verkauf an die Bogenhausener Schickeria mit knapp 250prozentigem Aufschlag reichen Poldis Fähigkeiten aus.

Nehmen wir weiter an, er müsse nun, um den Schein zu wahren, ein-, zweimal im Jahr nach England reisen und dort ein paar - wesentlich teurere, aber deshalb auch nicht echtere - Antiquitäten zur Ergänzung seines Angebots erwerben. Dabei macht ihm der Portier seines Londoner Hotels ein, wie dieser weiß, für Touristen aus der Bundesrepublik ungemein verlockendes Angebot: Poldi könne, wenn er wolle, die Queen aus der Nähe sehen!

Nun ist Poldis Bedarf am Anblick älterer Damen im Grunde längst gestillt, aber es kommt ihm ein Gedanke, wie sich die Offerte des Portiers prestigemäßig nutzen ließe, und so nimmt er sie an. Für ganze zehn Pfund Sterling, etwa 36 DM, kauft er eine

Tageskarte für die *Royal Enclosure* in Ascot, dem Freigehege der königlichen Familie, anläßlich der gerade stattfindenden Internationalen Pferde-Schau. Weitere Ausgaben sind die mäßigen Gebühren für die vorgeschriebene Garderobe, die er – vom grauen Zylinderhut bis zu den hocheleganten »Hundedeckchen« für die Schuhe – bei der Firma Moss Brothers für 24 Stunden ausleiht, sodann rund 8 DM für die Rückfahrkarte nach Ascot, 1,50 DM für eine frische Nelke, die er sich nach dem Vorbild der anderen nach Ascot gereisten und gleich ihm gekleideten Gentlemen von der Blumenverkäuferin ins Knopfloch des linken Revers seines Leihjacketts stecken läßt, sowie umgerechnet etwa 50 DM für das Allerwichtigste, nämlich für den anwesenden Fotografen, der ihn im königlichen Freigehege einige Male ablichten soll.

Ein glücklicher Zufall, die Geistesgegenwart des Lichtbildners und ein weiterer Geldschein, den Poldi einem ihm im Wege stehenden Domestiken zugesteckt hat, verschaffen ihm dann etliche wunderschöne Aufnahmen, auf denen er einmal deutlich in der Nähe der Queen erkennbar ist. Allem Anschein nach bedenkt Ihre Majestät auch gerade Poldi mit einem Lächeln, und dieser, die Hand am leicht gelüfteten grauen Leih-Zylinder, lächelt zurück.

Es versteht sich fast von selbst, daß ein vergrößerter Ausschnitt dieses prächtigen Farbfotos in einem schmalen Silberrahmen fortan auf dem Konzertflügel seiner Münchner Gönnerin steht und von allen

Gästen bewundert wird; manche stellen sogar eine Familienähnlichkeit fest zwischen der Monarchin aus dem Hause Sachsen-Coburg-Gotha und Poldi, dem Karolinger aus dem Hause Koltz von Zarrentin.

Ein zweites, noch stärker vergrößertes Bild schmückt und fördert Poldis Antiquitätengeschäft, um so mehr, als es nachträglich von der Queen mit einer eigenhändigen Widmung versehen worden ist; Poldi hat zwei Abzüge nach Windsor geschickt und *respectfully* um Rücksendung des einen, *please signed by Her Majesty,* gebeten – unter Benutzung des beigefügten Freiumschlags.

Nun lächelt also die Queen (und Poldi lächelt zurück) aus geringer Höhe und in breitem Goldrahmen, und jede Kundin, jeder Kunde, der ein taiwanesisches Hundepaar (oder einen Kapitänstisch aus Casablanca) erwerben möchte, hat nun dafür eine Garantie, daß die Ware altenglischen Ursprungs ist, hat es doch die Queen dem Poldi schriftlich gegeben:

»To Leopold F. X. Koltz v. Zarrentin, Esq.,
with Our compliments
Elizabeth R.«

Damit ist Poldis Prestige für alle Zeiten gesichert und bedarf keiner weiteren Steigerung mehr. Der Umsatz seines Handels mit altenglischen Antiquitäten hat sich mehr als verfünffacht, seit ihn Elizabeth R. (R. bedeutet »Regina«, nicht etwa »Ringelklein« oder »Regensburger«, und »Regina« heißt auf lateinisch, wie es am Hofe von St. James wohl gesprochen wird, soviel wie »Queen«) mit ihren Komplimenten bedacht hat.

»Sir Poldi«, wie er in der Bogenhausener Schickeria, ja auch schon in Harlaching, Geiselgasteig und Grünwald genannt wird, genießt jetzt einen fast legendären Ruf als Intimkenner, nicht allein von altenglischen Antiquitäten, sondern auch von feinster britischer Lebensart.

Sein Antiquitätengeschäft, worin nicht nur das bahnbrechende Foto aus Ascot, sondern auch, ebenfalls goldgerahmt, das auf Seide gestickte Wappen der Karolinger sowie ein prächtiger kolorierter Stich eines alten Adelssitzes (Zarrentin?) die Wände schmücken, entwickelt sich zu einer wahren Goldgrube. Poldi selbst schaut nur noch ab und zu nach dem Rechten; die Geschäftsführung hat er einem Studenten-Ehepaar aus West Hartlepool anvertraut, das in München Kunstgeschichte studiert. Er selbst rechnet damit, in Kürze in die bayerische Akademie der Schönen Künste berufen zu werden.

Wie man zu Geld kommt

Die pekuniäre Problematik ist als nicht klassenspezifisch nachgewiesen. Anders ausgedrückt: Geld wollen alle haben, und Arm wie Reich macht sich gleichermaßen Sorgen, ob es auch genug ist, was da einkommt. Man könnte wohl auch sagen, daß die Menschen im allgemeinen der Auffassung zuneigen, etwas mehr Geld, als sie schon haben, könnte ihnen nicht schaden.

Deshalb sind die folgenden Anleitungen zur raschen Aufbesserung der eigenen Finanzen nicht allein für Minderbemittelte bestimmt. Sie eignen sich auch und gerade für Wohlhabende, selbst für solche, die bereits über achtstellige Summen in Mark oder Fränkli verfügen können.

Das erste Beispiel, auch wenn es in schlichtem Milieu angesiedelt wurde, ist sogar für Spitzenverdiener »besonders empfehlenswert« (Ergebnis einer im Auftrag des Deutschen Bundestages durchgeführten Prüfung der Stiftung Warentest).

Für eine Geldbeschaffung dieser Art benötigt man so gut wie nichts, nur einen einigermaßen sauberen Briefbogen nebst Umschlag, Schreibgerät und Briefmarke sowie eine reichliche Portion *Chuzpe* (lateinischer Fachausdruck für »Keckheit«). Rückporto beizulegen ist nicht erforderlich. So, und nun kann's losgehen:

I.

»Hochverehrter Herr Präsident des Bundesverbands der Deutschen Industrie!

Hierdurch teile ich Ihnen höflich mit, daß ich für das Amt des Bundeskanzlers kandidiere. Als Kanzler wäre ich - darin sind sich meine Verlobte und ich einig - der richtige Mann am richtigen Platz! Ich bin auch nicht zögerlich, Ihnen zu versichern, daß ich ein von den Wählern in mich gesetztes Vertrauen in hohem Maße rechtfertigen zu können in der Lage bin. Nachdem ich mich mehrmals gründlich hinterfragt habe, kann ich verbindlich erklären: Einen Beßren als mich dürfte es schwerlich in diesem unserem Lande geben!

Indessen - und um uns unnötige Korrespondenz zu ersparen - wäre ich unter gewissen Umständen auch bereit und in der Lage, auf meine Kanzlerkandidatur mehr oder minder klaglos zu verzichten, zumal im Falle Sie und die potentesten Herren Ihres geschätzten Verbandes bereits - wie mir gerüchteweise zu Ohren gekommen ist - jemand anderen im Auge haben sollten, der Ihnen als Bundeskanzler mehr zusagen würde, was ich mir allerdings kaum vorzustellen vermag, da ich - so wurde mir von meiner Verlobten schon wiederholt bei entsprechenden Gelegenheiten mitgeteilt - absolut Spitze bin.

Auch gestatte ich mir, Sie ergebenst darauf hinzuweisen, daß ein solcher Verzicht meinerseits auf die bereits ins Auge gefaßte Kanzlerkandidatur ausschließlich Ihnen zuliebe erfolgen würde, und hätte derselbe für mich sehr erhebliche, auch sozusagen monetäre Nachteile.

Abgesehen von den schweren seelischen Schäden, derentwegen ich mich in die Behandlung äußerst kostspieliger Fachärzte begeben müßte, hätte ich als, sozusagen, Verzichtspolitiker ganz beträchtliche Prestigeeinbußen im Verwandten- und Freundeskreis zu verzeichnen, die sich in meinem Fall ruinös auswirken könnten und mit Geld kaum aufzuwiegen sind.

Kurz, ich wäre im Falle meines Ihnen zuliebe vollzogenen Rücktritts von der Kanzlerkandidatur mit an Sicherheit grenzender Wahrscheinlichkeit ein *sozialer Fall,* dessen Dramatik ich Ihnen wie auch den verehrten Damen und Herren Ihres geschätzten Verbandes kaum zu schildern brauche.

Indessen ließe sich meine dramatische Sozialproblematik gewissermaßen lindern, wobei für die einzuschlagende therapeutische Richtung Ihr hochverehrter Herr Eberhard v. B. richtungweisend gewesen ist. Den von ihm gesetzten Akzenten folgend, ersuche ich Sie höflichst, die zu meiner Entsorgung erforderlichen Mittel, also die üblichen Kanzlerbezüge nebst Ortszulage und Schmerzensgeld zuzüglich Mehrwertsteuer, umgehend bereitzustellen und mir monatlich, zunächst für die Dauer zweier Legislaturperioden, pünktlich zu jedem Ultimo zukommen zu lassen. Eine der steigenden Lebenshaltungskosten angepaßte Wachstumsrate sowie in der zweiten Wahlperiode ein 20prozentiger Zuschlag (›Kanzlerbonus‹) für erneut entgangene Lebensfreude wären mir und meiner Verlobten angenehm.

Letztere, die derzeit mit Influenza und Tussis nervosa (Raucherhusten) darniederliegt, weshalb wir auf baldigen Zahlungseingang großen Wert legen müssen, weil durch ihren derzeitigen Ausfall im ›Casanova‹ ihre und somit auch meine Bezüge geschmälert sind, hat mich gebeten, noch hinzuzufügen, daß wir für die uns nun in Bälde zufließenden Beträge steuerlich voll abzugsfähig sind und insofern keinen geistlichen oder anwaltlichen Beistand benötigen; Sie erhalten für jede Zahlung einen Ausgabenbeleg für Speisen und Getränke, mit von Ihnen gewünschtem Datum sowie Unterschrift und Stempel der ›Casanova-Gastronomie-Betriebe‹, wie ihn jedes Finanzamt gern steuermindernd berücksichtigt.

In der angenehmen Gewißheit, Ihnen mit meinem oben offerierten schmerzlichen Verzicht auf die Ausübung meines Traumberufs zu kulanten Bedingungen eine beträchtliche, mindestens siebenstellige Freude zu bereiten, verbleibe ich mit dem Ausdruck meiner vorzüglichsten Hochachtung, ganz besonders vor Ihrem sehr geehrten Herrn Friedrich Karl Flick,

Ihr ganz ergebener
Otto W. Pachulke,
Kanzlerkandidat auf jederzeitigen Abruf.«

Niemand braucht zu zögern, einen solchen Brief zu schreiben, etwa aus der – an sich ja wahrscheinlich richtigen – Erkenntnis heraus, daß er oder sie sich überhaupt nicht zum Kanzlerkandidaten eignet. Das spielt, wie lebende Beispiele beweisen, nicht die geringste Rolle, ebensowenig das Alter: Die nach oben offene Adenauer-Skala läßt Kandidaturen auch für Neunzigjährige noch zu.

Des weiteren bilden erfahrungsgemäß weder Kleinwuchs noch Überlänge, keine noch so ausgeprägte Korpulenz und schon gar nicht ein starker Hang zu falschem Pathos ernsthafte Hindernisse auf dem Weg ins Kanzleramt, und was einen etwas zu niedrigen Intelligenzquotienten betrifft, so ist er einer Kandidatur eher förderlich, weil das Regieren ja in erster Linie Herzenssache sein soll. Von des Gedankens Blässe angekränkelte Eierköpfe taugen allenfalls für die persönliche Referenten- und Redenschreiber-Laufbahn.

Selbst ein totaler Mangel an Entschlußkraft darf und soll kein Hinderungsgrund sein, sich um das Kanzleramt zu bewerben. Es genügt die Fähigkeit, den Bürgerinnen und Bürgern draußen an den Bildschirmen glaubhaft zuzulächeln und ihnen mit einem glasklaren, knallharten und zukunftsweisenden Vielleicht wieder Mut und Freude zu machen. Damit steigert man ihre Opferbereitschaft ins unermeßliche und verdeutlicht zugleich, daß man der richtige Mann am richtigen Platz ist.

Sehr blasse Kandidaten mit geringem Durchblick können sich erstens mittels modischer UV-Heimsonne schon in wenigen Tagen hochalpin-braun barzeln lassen, zweitens mit der Gewißheit trösten, daß unter lauter Schlitzohren jedweder Blauäugige der King ist.

Wer aber dennoch meint, seine Kanzlerkandidatur nicht glaubhaft machen zu können, etwa weil er oder sie noch schulpflichtig ist, also für das hohe Staatsamt, außer in den Ferien, nur nachmittags und an Wochenenden verfügbar wäre, oder weil Zweifel bestehen, ob der für die ausgehende Post zuständige Anstaltsgeistliche den Bewerbungsbrief unbeanstandet passieren läßt, dem sei hier noch ein zweiter, durchaus zeitgemäßer Weg zu sorglosem Reichtum gewiesen. Wiederum sind dafür nur ein Bogen Schreibpapier, ein Kuvert nebst Briefmarke sowie etwas Sorgfalt beim Abschreiben des nachfolgenden Textes die einzigen Erfordernisse.

II.

»Hochverehrte(r) ... !« – hier ist der Name eines beliebigen Konzernherrn oder einer Konzerndame, beispielsweise der von Frau Gabriele Henkel, einzusetzen.

»Hierdurch gestatte ich mir, Sie von der Eröffnung meines Instituts zu unterrichten, wobei ich mich in der an Gewißheit grenzenden Hoffnung wiege, Ihnen damit von beträchtlichem, mindestens sechsstelligem Nutzen sein zu können.

Zweifellos werden auch Sie sich häufig Gedanken darüber machen, wie die gewaltigen Beträge, die Ihr geschätztes Großunternehmen Jahr für Jahr den habgierigen Finanzbehörden in den Rachen stopfen muß, vermindert und statt dessen Ihnen und Ihren werten Angehörigen zu standesgemäßem privaten Verbrauch zugeführt werden können.

›Pro Familia, contra Fiskus‹ – das ist die stolze Devise meines Instituts, das Gutachten jeglicher Art und beliebigen Umfangs anfertigt. Seine komplette Service-Palette zeichnet sich aus durch totale Steuerabzugsfähigkeit der vereinbarten Honorare als Geschäftsausgaben. Absolute Diskretion ist gewährleistet, weil mein Institut als reiner Chef-Betrieb ohne Personal und mithelfende Familienangehörige arbeitet, auf jegliche Buchführung, Ablage oder Kundenkartei verzichtet und einer Kontrolle durch die hiesigen Finanz- oder Justizbehörden entzogen ist.

Für die von Ihrem Konzern bei meinem Institut bestellten Gutachten werden Honorare jeder gewünschten Höhe berechnet, die – wie nochmals betont sei, denn das ist ja das Allerwichtigste! – in vollem Umfang steuerabzugsfähig sind, handelt es sich doch, soweit es das Finanzamt betrifft, um unabweisbare Geschäftsausgaben. Die Rücküberweisung der von Ihrem Konzern an mein Institut gezahlten Honorare erfolgt prompt nach Eingang, wahlweise auf ein von Ihnen zu benennendes Konto, beispielsweise im Fürstentum Liechtenstein oder auf den Bermudas, wobei mein Institut nur die reinen Spesen sowie die üblichen zehn Prozent Kommission in Abzug bringt, oder kann auch bar an Sie selbst ausbezahlt werden – diskret, frei Haus und in gebrauchten, nicht fortlaufend numerierten Banknoten jeder gewünschten Währung.

Selbstverständlich können Sie auch eine(n) Begünstigte(n) benennen, dem Sie die Rücküberweisungen meines Instituts ganz oder teilweise zukommen lassen möchten, wobei die in solchen Fällen erfahrungsgemäß wünschenswerte Diskretion, auch Ihrem Ehepartner und den übrigen Angehörigen gegenüber, garantiert wird.

Wie Ihnen zweifellos nicht entgangen sein dürfte, reduziert sich durch die Einschaltung meines Instituts jedwedes Risiko auf Null. Sie erspart Ihnen darüber hinaus die oft umständliche Bildung sogenannter »schwarzer Kassen«, gestaltet Ihre Beziehungen zu den für Sie zuständigen Finanzbehörden harmonisch und konfliktfrei, ermöglicht Ihnen eine drastische Erhöhung Ihres eigenen, bislang vielleicht allzu bescheidenen Lebensstandards und gibt Ihnen auch

Gelegenheit, Gutes zu tun, aber im stillen und gezielt.

Bliebe noch die eher nebensächliche Frage, welche Art von Gutachten Sie bei meinem Institut in Auftrag geben sollten. Da erfahrungsgemäß gerade sehr kapitalstarke Persönlichkeiten wie Sie über wenig Zeit und Lust verfügen, sich geeignete Themen für zu bestellende Expertisen auszudenken, biete ich Ihnen meinerseits solche an, beispielsweise:

a) Untersuchung der Versifizierungsmöglichkeiten Ihres geehrten Unternehmens, etwa die Ergänzung der Stahlproduktion durch einen Tulpenzwiebelversand, eine Hühnerfarm oder eine Entwicklung neuartiger Be- und Enthaarungsmittel;

b) Marktforschung für Ihre geschätzten Produkte im nordpolynesischen Raum oder im grönländischen Binnenbereich;

c) längerfristige Forschungsaufträge, zum Beispiel im Hinblick auf eine Rationalisierung im Bereich der Personal-Toiletten, sei es durch Zeitschlösser, sei es durch Beigabe stark stopfender Mittel zur Kantinenkost.

Im Grunde können Sie meinem Institut jeden beliebigen Forschungsauftrag erteilen. Dank Ihrer unternehmerischen Freiheit, auf der unsere Gesellschaftsordnung beruht, sind Ihnen und damit auch meinem von Ihnen beauftragten Institut in dieser Hinsicht keine Grenzen gezogen. Wesentlich ist allein die Höhe des zwischen uns frei vereinbarten

Honorars, das sofort nach Eingang wieder zu Ihrer Verfügung steht und das Sie in voller Höhe steuermindernd als Geschäftsausgabe deklarieren können. Unsere Expertisen werden nur aus Beiträgen renommierter Fachzeitschriften eindrucksvoll erstellt, auf Wunsch auf gehämmertem oder handgeschöpftem Büttenpapier.

In der sicheren Erwartung einer beiderseits angenehmen Gestaltung unserer hoffentlich baldigen Geschäftsbeziehungen begrüße ich Sie mit vorzüglichster Hochachtung als Ihr ergebener
Klaus-Kaspar Kowalsky,
Institut für angewandte monetäre Konvenanz.«

Wem indessen selbst dieser bequeme Weg zu sorglosem Reichtum noch zu steil und steinig erscheint, dem sei eine dritte Methode empfohlen, die sich besonders für Anfänger auf dem Gebiet des Geldscheffelns eignet. Wiederum handelt es sich nur darum, einen Brief an einen Industriekapitän, Zeitungszar oder Großbankboß zu richten, und zwar nach folgendem Muster:

III.

»Sehr geehrter Herr...« (hier folgen wieder Titel und Namen)

»Mit Bedauern verfolgt unser gesunder mittelständischer Betrieb die sich häufenden Pressemeldungen über eine Zusammenarbeit Ihres hochgeschätzten Unternehmens mit bestimmten Kapitalsammelstellen geistlicher wie weltlicher Art, deren monopolartiger Charakter bislang der Aufmerksamkeit des Bundeskartellamts entgangen zu sein scheint.

Auch gestatte ich mir zu vermuten, daß in Anbetracht mehrerer Ausfälle in jüngster Zeit auf dem betreffenden Sektor ein Engpaß entstanden sein könnte, der die reibungslose Abwicklung bestimmter Aufgaben fraglich erscheinen läßt. Gewiß harrt gegenwärtig so manche wichtige Schmierstelle in Bund und Ländern ihrer regelmäßigen Wartung, weil es an sauber aufbereitetem Nachschub mangelt.

Wäre es da nicht an der Zeit, hochgeehrter Herr« – hier wieder Titel und Namen einsetzen! –, »den Kreis Ihrer diesbezüglichen Geschäftspartner ein wenig zu erweitern, insbesondere durch Einbeziehung eines seriösen und leistungsfähigen Kleinbetriebs wie des unsrigen? Dies um so mehr, als Ihre bisherigen Großauftragnehmer aktenkundig sowie auch ausschuß- und gerichtsnotorisch geworden sind, so daß sie für eine stille, ungestörte und harmonische Abwicklung Ihrer geschätzten Aufträge eigentlich nicht mehr in Frage kommen sollten.

Unsere Kapazität ist gegenwärtig keineswegs ausgelastet, so daß wir Ihnen bei gütiger Berücksichtigung unserer guten Dienste die prompteste Erledigung, äußerste Sorgfalt und günstige Konditionen (Verhandlungsbasis: 7 Prozent) zuzusichern vermögen. Unsere Anlage arbeitet nach einem altbewährten, kostengünstigen und außerordentlich effizienten Verfahren hundertprozentig diskret und störungsfrei.

Machen Sie einen Versuch, und Sie werden gewiß zufrieden sein, uns auch in Ihren geschätzten Kreisen weiterempfehlen können. Rasche, freundliche, ganz den individuellen Bedürfnissen der verehrten Kundschaft angepaßte Bedienung und hygienisch einwandfreie Behandlung jedes Packens sind garantiert. Gerne erwarten wir Ihren hoffentlich baldigen Probeauftrag. Kommen ins Haus, Postkarte genügt. Unser Werbeslogan lautet: *Wir waschen Ihr geschätztes Geld nicht nur sauber, sondern rein* (in Ihre werte schwarze Kasse)!

Mit dem Ausdruck grenzenloser Hochachtung
stets gern zu Ihren Diensten
Ihre ergebenen
Kai-Uwe und Marta Kaluschke,
Dampfgeldwäscherei und Bügelanstalt, auch Kassierer resp. 2. Vorsitzender des vom hiesigen Finanzamt mit bundesweiter Geltung als ›besonders förderungswürdig‹ anerkannten Trachtenvereins ›Concordia Warthegau‹ zu Geiselhofen a. d. Geis.«

Sollte auf zehn solcher Briefe noch keine befriedigende Antwort kommen, so gießen Sie die Tinte nicht gleich in den Korn! Versuchen Sie es sofort mit weiteren zehn Briefen. Die Trefferquote liegt gegenwärtig bei 11,7 Prozent (also wesentlich höher als die

Erwartungen auch der optimistischsten F.D.P.-Anhänger), und es besteht gute Aussicht, daß Sie Ihre Geldwasch- und -bügelanstalt schon bald in Betrieb nehmen können. Die auf den ersten Blick recht bescheiden wirkende Rendite von anfänglich wohl nur 5 Prozent wird Sie dennoch in Bälde aller finanziellen Sorgen entheben, da es an Waschgut ebensowenig mangelt wie an Leuten, die dringend weißer Wäsche und Westen bedürfen. Also, frisch gewagt ist halb gewaschen!

Wie man Generaldirektor wird

Zu den Traumberufen deutscher Buben gehört bekanntlich der des Generaldirektors. In der Beliebtheitsskala unserer Schulabgänger rangiert er noch vor dem des Trappers und des Chefpiloten, ja noch vor dem des Kantinenpächters bei der Bundeswehr!

Indessen sei hier, um einem weitverbreiteten Irrtum vorzubeugen, eindeutig klargestellt, daß Generaldirektor kein Lehrberuf ist, bei dem der Schulentlassene, sofern er einen Ausbildungsplatz findet, nach zwei- oder dreijähriger Lehrzeit zum Direktorgesellen aufsteigt und später, nach bestandener Prüfung und Ablieferung seines Meisterstücks, zum Beispiel einer hocheleganten Bilanzfrisur, die auch kritischsten Blicken standhält, den Meisterbrief ausgehändigt bekommt, den er sich einrahmen lassen und an die Wand hängen kann und der es ihm erlaubt, sich als Generaldirektor selbständig zu machen und künftig selbst Berufsnachwuchs auszubilden.

Man studiert auch nicht an einer Universität oder Generaldirektor-Akademie, um nach etlichen Semestern und der Ersten Staatsprüfung als *cand. gen. dir.* ein Praktikum zu absolvieren, nach weiteren Semestern und Examen endlich ein diplomierter und approbierter Generaldirektor zu werden und als solcher bald seine eigene Praxis zu eröffnen, womöglich mit einem emaillierten Schild an der Haustür: »Knut-Uwe Hufnagel, prakt. Generaldirektor und Konzernhelfer. Für alle Geschäfte zugelassen.«

Nicht einmal hochdienen, wie beim Militär, kann man sich zum Generaldirektor! Schön wäre es ja, wenn man als blutjunger Direktionsassistent anfangen könnte mit der Gewißheit, bei guter Führung schon nach einem Jahr Oberassistent, nach zwei Jahren Subdirektor, dann Vizedirektor, Direktor, Oberdirektor, Vizehauptdirektor und schließlich Hauptdirektor zu werden, nach Kommandierung zu etlichen Lehrgängen und bestandener Schlußprüfung an der Konkurrenzkampf-Akademie ein Chefdirektor-Kommando zu erhalten mit der Aussicht, es noch vor Eintritt in den verdienten Ruhestand zum Vizegeneraldirektor (ein Stern), vielleicht zum Generaldirektor (zwei Sterne) oder gar zum Chefgeneraldirektor (drei Sterne) zu bringen, womöglich zum Marschalldirektor (vier Sterne)!

Alle diese normalen Aufstiegsarten und -wege scheiden aus. Man wird auch nicht, wie häufig vermutet wird, nach Studium, Noviziat und Ablegung bestimmter Gelübde zum Generaldirektor geweiht. Nein, zum Generaldirektor wird man geboren (oder auch nicht), und als geborener Generaldirektor krönt man sich eines schönen Tages selbst – wie es einst Napoleon tat. Allenfalls die anschließende Salbung dürfen andere vornehmen: die Chefsekretärin oder

der persönliche Referent, notfalls auch der Fahrer, und den Lobgesang *(»Großer Mann, wir preisen dich ... «)* mag der Aufsichtsrat anstimmen.

Jeder begabte Junge kann Generaldirektor werden, selbst wenn er, weil Eltern und Gemeinde so arm sind, barfuß und mit zerrissenem Hemdchen zur Schule gehen mußte. Wer allerdings mit 35 Jahren noch immer nicht, obwohl dazu geboren, Generaldirektor geworden ist, sollte sich sputen. Wer seinen 40. Geburtstag schon hinter sich hat, kann nicht mehr in den exklusiven Klub der Generaldirektoren aufgenommen werden; er hat seine Chance verspielt.

In der Praxis vollzieht sich der Aufstieg eines dazu geborenen Generaldirektors etwa folgendermaßen:

Max-Cäsar Adamek, der sich bereits im Kindergarten seiner Heimatgemeinde Dorstfeld 2 als starke Persönlichkeit mit hervorragenden Führungsqualitäten erwiesen hat – *»Los, los, jetzt bauen alle eine Burg, und ich stell' mich drauf!«* – und auf der Grundschule schon das große Wort führte, ehe er es richtig schreiben konnte, darf dann, weil sich seine Mutter, die verwitwete blinde Waschfrau Herta Adamek, dafür jeden Pfennig vom Munde abgespart hat, eine piekfeine, hochexklusive Knabeninternatsschule in der Schweiz besuchen.

Dort lernt Max-Cäsar alles, was man als Generaldirektor wissen muß, vor allem die richtigen Leute kennen: Kinder in schulpflichtigem Alter mit enormen, wenngleich noch unter Vormundschaft stehenden

Aktienpaketen; kleine Rüpel, die nicht nur Zahnspangen tragen, sondern auch schon Kommanditisten der großväterlichen Privatbank (Geschäftsvolumen: rund 4 Milliarden Schweizer Franken) sind, und Konzernerben, die für ihren Iso-Rivolta zwar noch keinen Führerschein, wohl aber einen Chauffeur haben.

Diese kleinen Großaktionäre, die eigentlich ebenfalls lernen sollten, wie man multinationale Konzerne lenkt, sind leider mehr an anderem interessiert: Anfangs verflippern sie ihr reichliches Taschengeld in den Spielhöllen von Interlaken, später spielen sie Tennis sowie mit Barfrauen aus dem Berner Oberland und tauschen ihre goldenen Rolex-Uhren gegen deren Mieder. Max-Cäsar Adamek hingegen ist nicht nur stets beim Unterricht präsent und glänzt dort häufig durch vorbildlich erledigte Hausaufgaben; er hat auch einige Mitschüler, Söhne minderbemittelter Grafen, einfacher Fabrikanten und schlichter Chefärzte, zu einem Arbeitsteam zusammengefaßt, das unter seiner Aufsicht die schulischen Verpflichtungen erfüllt, zuerst für die abwesenden Klassenkameraden, die so reich sind, daß man Nachsicht mit ihnen üben muß, sodann für ihn, den glänzenden Organisator dieser vorbildlichen Kameradschaft, schließlich für sich selbst, wofür manchmal die Zeit leider nicht mehr ausreicht.

So ist es kein Wunder, daß die heranwachsenden Großaktionäre und künftigen Konzernherren den tüchtigen Max-Cäsar Adamek liebgewinnen. Nach dem Abitur, das sie mit seiner Hilfe bestehen, legen sie zusammen und kaufen ihm ein Mercedes-Sportcoupé, damit er sie auf ihren Studienreisen nach Antibes und Biarritz, St. Moritz und Kitzbühl begleiten kann, sorgen auch dafür, daß er für kurze Zeit die Bad Harzburger Akademie für Führungskräfte der Wirtschaft besuchen kann, die der greise SS-Brigadeführer a. D. Prof. Dr. Reinhard Höhn seit ihrer Gründung leitet, und würfeln dann unter sich aus, wer Max-Cäsar Adamek in die Chefetage seines Konzerns als erster berufen darf.

Utz-Traugott Sanella, der Erbe eines internationalen Speisefett-Trusts, würfelt drei Sechsen, so daß sich Max-Cäsar, der sich eigentlich der Großchemie- und Gummibärchenbranche hatte widmen wollen, nun als jüngstes Vorstandsmitglied der weltweiten Margarine-Union damit trösten muß, daß in diesem Vorstand niemand den Vorsitz führt und alle gleichberechtigt sind, was er jedoch zu ändern gedenkt.

Gleich in der ersten Sitzung zeigt er, was er in Bad Harzburg gelernt hat: »An unserem Prinzip der kollektiven Führung darf nicht gerüttelt werden«, erklärt er den anderen Vorstandsmitgliedern, einfachen Direktoren, die beifällig nicken.

»Aber unser Gremium braucht gegenüber Presse und Öffentlichkeit, Aufsichtsrat und Hauptversammlung unbedingt einen Sprecher«, fährt er fort, und niemand widerspricht.

»Einen Generaldirektor, sozusagen«, wirft Herr Fichtenholz, der Verpackungsdirektor, ein, und man kann dies als Befürwortung auffassen.

»Ich schlage vor«, läßt sich Max-Cäsar Adamek wieder mit metallischer Stimme vernehmen, »wir verfahren bei der Übertragung der Sprecherfunktionen auf einen Generaldirektor aus unserem Kreise in alphabetischer Reihenfolge«, was den alerten Werbechef, Dr. Zygalsky, aufhorchen läßt, doch er schluckt, was er sagen wollte, hinunter. Dagegen gestattet sich der Leiter der Forschungsabteilung, der kurz vor seiner Pensionierung stehende Professor Rama, eine sanfte Zwischenbemerkung:

»Dann würden, wenn ich Sie richtig verstehe, also zunächst Sie, Herr Adamek, den Generaldirektor und Vorstandssprecher machen – wogegen nichts einzuwenden ist, nicht das Geringste! Sie sind ohne Zweifel der Erste im Alphabet... Aber, für wie lange würden Sie denn das schwere Amt übernehmen wollen? Wann soll Sie Herr Diplom-Volkswirt Botterramm ablösen?«

Worauf Max-Cäsar Adamek höflich und bescheiden erwidert: »Nun, meine Herren, wir stehen alle in Gottes Hand, nicht wahr?«, womit er exakt so antwortet, wie es einst, bei der Wiedergründung der Deutschen Bank AG, deren damaliger Vorstandsjunior und alsdann lebenslänglicher »Vorstandssprecher« Hermann Josef Abs gegenüber seinen nicht minder verblüfften, keinen Widerspruch mehr wagenden Vorstandskollegen tat.

So und nicht anders wird man Generaldirektor. Man holt selbst den Marschallstab aus seinem Tornister und übernimmt das Kommando.

Wenn Sie demnächst in einer Hotelhalle sitzen und hören einen eifrigen Pagen, der an einem langen Stock eine Tafel mit einem Namen darauf und bimmelnden Glöckchen durch das Foyer ins Restaurant und weiter zur Bar trägt, wichtigtuerisch ausrufen: »Herr Generaldirektor Buntspecht, bitte ans Telefon! Herr Generaldirektor Buntspecht bitte ...«, dann denken Sie daran.

Wie man jedes unternehmerische Risiko ausschaltet

Was Unternehmer aus der grauen Masse der Arbeiter, Angestellten und sonstigen Habenichtse hervorhebt, ist das Kapital, das sie freudig einsetzen, damit Betriebe aller Art gebaut, mit Maschinen ausgestattet, Rohstoffe eingekauft, Energie heran-, Transporte durchgeführt, Arbeitsplätze geschaffen, Löhne, Gehälter, Steuern und alles übrige pünktlich bezahlt, Forschung, Entwicklung und nicht zuletzt Werbung betrieben und mit all diesem rastlosen Schaffen fette Gewinne erzielt werden können. Zu deren Einstreichen berechtigt den Unternehmer das enorme Risiko, das er mit dem wagemutigen Einsatz seines Kapitals eingeht.

So ist es nur gerecht, daß im Falle, wo einmal keine Gewinne, sondern Verluste erzielt werden, diese nicht vom Unternehmer, sondern vom Staat und damit von der Allgemeinheit getragen werden, denn sonst wäre der Unternehmer ruiniert, und das darf in einer freien Marktwirtschaft keinesfalls passieren, außer bei Kleinbetrieben, deren Zusammenbruch nicht viel Schaden anrichten kann.

Im allgemeinen klappt es mit der Sozialisierung der Verluste, erst recht mit der Privatisierung der Gewinne, aber es bleibt doch ein unternehmerisches

Rest-Risiko, dessen vollständige Beseitigung ein echtes Anliegen jedes verantwortungsbewußten Unternehmers ist.

Glücklicherweise wurde bereits gegen Ende des 18. Jahrhunderts von dem berühmten französischen Nationalökonomen Jean Gasbar Désiré de Manage de la Profiterole (1758–1827) ein System entwickelt, das es unternehmerischen Persönlichkeiten gestattet, ohne Einsatz eigenen Kapitals und damit absolut risikofrei als Unternehmer profitmaximierend und -kassierend tätig zu werden. Das »Système Manage« steckte noch in den Anfängen seiner praktischen Erprobung, als Monsieur de Manage de la Profiterole zur Flucht nach Amerika gezwungen war; daheim in Paris wären er und was man nach ihm als »Management« bezeichnete, leicht Opfer der Guillotine geworden.

Falsch, nämlich amerikanisch *»Männätschment«* ausgeprochen, kam das System knapp hundert Jahre später zurück nach Europa und fand hier rasch Eingang in die aufblühende Industrie-, Bank- und Handelswelt. Aber während es zu Lebzeiten seines Erfinders noch sehr einfach zu erklären war, ist mit der Komplexität moderner Wirtschaftsabläufe das ursprünglich so einfache »Système Manage« äußerst kompliziert geworden und auch dem intelligenten Laien nur sehr schwer zu erläutern. Die stufenweise Entwicklung bis zur schließlichen Perfektionierung, die heute erreicht ist, läßt sich vom Außenstehenden kaum noch nachvollziehen und bleibt für ihn, was das Kernprinzip betrifft, rätselhaft. Deshalb sei es uns gestattet, zur Erklärung des »Système Manage« hinabzusteigen von den Höhen der modernen Konzernwelt, wo es heute praktiziert wird, in die überschaubaren Niederungen eines teils kleinbürgerlichen, teils proletarischen Milieus. Dort läßt sich nämlich auf verhältnismäßig einfache Weise das System und seine stufenweise Entwicklung erklären, durch die unternehmerische Tätigkeit ebenso profitabel wie risikolos gestaltet werden kann:

Stellen wir uns eine großstädtische Arbeitergegend vor, darin eine einseitig bebaute Straße mit sechs grauen Mietskasernen, ihnen gegenüber eine Laubenkolonie, die rückwärtig an das Gelände eines großen Güterbahnhofs grenzt. Die sechs Häuser, abscheuliche Kästen, lieblos und eilig errichtet um die letzte Jahrhundertwende, sind bedauerlicherweise von zwei Weltkriegen verschont geblieben und abbruchreif. Doch beherbergen sie in ihren Vorder- und Hintergebäuden sowie den Seitenflügeln immerhin noch 1373 Personen: 287 Hauptmieter nebst zahlreichen Angehörigen sowie schätzungsweise 180 Untermieter. (Man braucht sich die Zahlen übrigens nicht zu merken, denn sie spielen keine Rolle, ändern sich zudem fast täglich und sind nur angeführt worden, um eine Vorstellung vom Umfang und vom Milieu dieser Liegenschaften zu geben, zu denen auch die gegenüberliegende Laubenkolonie mit weiteren rund 550 ständigen Bewohnern gehört.)

Erbauer und erster Hausherr besagter Immobilien war der Gastwirt Gustav Kinnigkeit, ein biederer Ostpreuße, der durch steigenden Umsatz an seiner Theke stark in Anspruch genommen wurde und als altgedienter preußischer Feldwebel nicht nur auf Respekt, sondern auch auf eine gewisse Bequemlichkeit großen Wert legte. Deshalb übertrug er die Verwaltung seiner aus den stolzen Erträgen der Gastwirtschaft erworbenen Grundstücke – der sechs bebauten und der sechs unbebauten – einem gewissen Alex Kniebig, der – wie er sagte – auch gern Unteroffizier und später vielleicht Gutsinspektor geworden wäre, aber leider wegen eines Hüftleidens nicht zum Militär tauglich befunden worden war.

Kniebig, ein ansonsten stattlicher junger Mann von (zumindest im Umgang mit Kinnigkeit) guten Manieren, der sich mit Schriftlichem auskannte, fleißig, strebsam und sehr korrekt, bekam für seine »Liegenschaftsverwaltung« ein kleines Entgelt, kaum der Rede wert, freie Kost und ab und zu ein kleines Helles oder einen Korn, wofür er sich stets mit leichtem Hackenzusammenschlagen und »Danke gehorsamst« erkenntlich zeigte.

Besonders Frau Kinnigkeit fand Kniebig einen »netten, ordentlichen jungen Mann«, doch den Mietern und Laubenpächtern gegenüber war der Herr Liegenschaftsverwalter keineswegs so freundlich, vielmehr kalt, streng und rücksichtslos. Er verstand es, so viel aus den Mietern herauszuholen und so wenig in die Häuser hineinzustecken, daß die Rendite sich deutlich erhöhte, und so blieb er auch nach dem Hinscheiden seines Brotherrn (Sturz von der Kellertreppe im Zustand der Volltrunkenheit) Administrator der Kinnigkeitschen Liegenschaften, nunmehr für die Witwe, Erbin von 50 Prozent des Haus- und Grundbesitzes, und für die sieben, sämtlich bereits mündigen und mehrheitlich verehelichten Kinder des verewigten Gastwirts, die zu je einem Vierzehntel an den Immobilien partizipierten.

Zehn Jahre später ist Herr Kniebig, nunmehr gerade 30 Jahre alt, immer noch Liegenschaftsverwalter, jetzt für eine durch den Tod der Witwe Kinnigkeit und das Ableben zweier Söhne im Dienst für das Vaterland (der eine beim Rangieren am Güterbahnhof, der andere bei der Niederwerfung eines Arbeiteraufstands) sowie einer Tochter im Wochenbett verminderte und durch zwei Dutzend Enkelkinder und etliche Urenkel vergrößerte Erbengemeinschaft. Es sind zusammen - die Kinnigkeits sind von großer Fruchtbarkeit - 117 Personen, für die Herr Kniebig nun die ererbten Liegenschaften verwaltet, und das Wunderbare daran ist, daß ihm niemand mehr Vorschriften machen kann, wie er die Einnahmen aus den vielen Wohnungen und den auf dem früheren Laubengelände nunmehr errichteten Gebäuden - ein Kino, eine Sargfabrik nebst Geschäftsräumen für ein

Bestattungsinstitut sowie ein Abfüllbetrieb für Flaschenbier und Brauselimonade, dazu weitere 96 Wohnungen für bescheidene Ansprüche – nutzbringend verwendet. Gewiß, er hat drei auf seinen Vorschlag hin von der Erbengemeinschaft bestellte Aufsichtsräte – Onkel Hugo, den Bauunternehmer; Tante Märtchen, die Witwe des gefallenen Polizeiwachtmeisters, und Vetter Fritz, Inhaber einer Tapetenhandlung. Diese drei werden von Herrn Kniebig zweimal jährlich zu einem fetten Braten nebst Rheinwein eingeladen, mit Bau- und Tapetenaufträgen versorgt oder (gegen noble Sondervergütung) mit dem Anlegen von Listen beschäftigt. Alle drei sind stets mit allem einverstanden, was Herr Kniebig plant oder bereits durchführt.

Da sich die übrigen Angehörigen der weitverzweigten Sippe untereinander nicht häufig begegnen, mitunter kaum kennen, wohl oft auch verzankt sind, zudem keiner mehr als ein Vierzehntel, die meisten nur ein Sechsundfünfzigstel oder noch weniger zu beanspruchen haben, kann Herr Kniebig nun schalten und walten, wie er will: Er kann investieren oder Rücklagen bilden, Kredite aufnehmen, seine »Dienstwohnung« in einem der Neubauten im Hollywood-Stil verschönern und die übrigen Wohnungen verkommen lassen, ein zweites Kino oder eine Tankstelle errichten – solange er hin und wieder ein paar Mark an die Erben verteilt und sie mit dem enormen Wertzuwachs der Grundstücke sowie mit den glänzenden Zukunftsaussichten tröstet, sind alle zufrieden, müssen es zumindest sein.

(Nun hat Herr Kniebig bereits eine Stufe des »Systems Manage« erreicht, bei der gewisse Ähnlichkeiten zu modernen Formen des »Managements« erkennbar werden, aber es ist noch nicht die höchste, ja nicht einmal die zweithöchste!)

Um zu ergründen, wie es mit Herrn Kniebigs risikolosem Unternehmertum weitergeht, müssen wir ihn uns neun Jahre später, als graumelierten Enddreißiger, vorstellen, schon sehr elegant gekleidet und im Besitz (nicht im Eigentum!) von vielen Millionen Mark. Es sind dies teils offene, teils stille Reserven, die er aus den Mieteinnahmen gebildet hat, teils Gelder, die ihm anvertraut wurden.

Die Bewohner, nicht nur die der Häuser der Kinnigkeitschen Erbengemeinschaft, sondern auch der ganzen Gegend, verfügen zwar nicht über große Reichtümer, doch fast jede Familie (und innerhalb derselben auch einzelne Mitglieder, ohne daß die anderen davon wissen) hat kleine Rücklagen für Notfälle, Barreserven, die in Behältern mit Reis, Salz oder Mehl, wohl auch in Nähkästchen, Matratzen oder im Kaninchenstall auf dem Balkon mehr oder weniger sicher verwahrt werden. Herrn Kniebigs Beredsamkeit ist es gelungen, viele dieser Klein- und Kleinstsparer dazu zu überreden, ihre Notgroschen lieber ihm anzuvertrauen. Ohne etwas dafür zu berechnen, verwahrt er diese Gelder in seinem soliden Panzerschrank, und wer bereit ist, seine Ersparnisse erst nach ein, zwei oder drei Jahren frühestens zurückzufordern, bekommt von Herrn Kniebig zur Belohnung ein, zwei oder sogar drei Prozent Zinsen sowie jedes Jahr einen hübschen Kalender!

Auch einige wohlhabende Mitglieder der Erbengemeinschaft sowie etliche Geschäftsleute der Gegend vertrauen ihre Rücklagen dem tüchtigen Herrn Kniebig an, der für größere Summen mitunter bis zu dreieinhalb Prozent Zinsen gewährt. Übrigens, Herr Kniebig verwahrt nicht nur Geld, er leiht es auch aus, wenn Not am Mann ist. Er gibt Darlehen - natürlich nicht an jeden Tagedieb und Nichtsnutz, sondern nur an ordentliche Mieter mit regelmäßigen Einnahmen sowie an solide Leute aus der Nachbarschaft, und begreiflicherweise nur gegen doppelte Sicherheiten, etwa gegen Abtretung des Lohns oder der Rente sowie der Verpfändung neuwertiger Gebrauchsgüter, außerdem selbstverständlich gegen angemessene Zinsen von höchstens zwölf bis sechzehn Prozent. Sehr wohlhabenden Geschäftsleuten der Gegend drängt Herr Kniebig sein Geld geradezu auf und macht ihnen Vorschläge, wie sie es nutzbringend anlegen können. Treten einmal Schwierigkeiten bei der Verzinsung oder Tilgung solcher Kredite auf und handelt es sich um ein im Grunde gesundes, vielversprechendes Unternehmen, etwa eine Kneipe, einen Spielsalon oder ein Bestattungsinstitut, so ist Herr Kniebig mitunter auch bereit, den Kredit in eine stille

Beteiligung umzuwandeln. Er ist bereits an allen wichtigen Firmen des Stadtviertels beteiligt, meist allerdings nur mit einer sogenannten Sperrminorität von 25 Prozent, die ihn nicht allzu stark engagiert, ihm aber ein Mitsprache- und Vetorecht in allen wesentlichen Angelegenheiten sichert. Nur an dem teils als Privatpension, teils als Massagesalon getarnten Freudenhaus ist er mit 51 Prozent beteiligt, und dorthin lädt er mitunter die männlichen Aufsichtsratsmitglieder der inzwischen zu einer »Kinnigkeit Immobilien GmbH & Co. KG« avancierten Erbengemeinschaft hochherzig ein.

Aber das ist noch längst nicht alles: Denn eines Tages hat Herr Kniebig entdeckt, daß es unter den Gastwirten, Wettbüro- und Ladeninhabern, Sargfabrikanten und Tankstellenpächtern des Viertels etliche gibt, die gern ein bißchen spekulieren. Sie werden von Herrn Kniebig dazu ermuntert, solches Hobby zu pflegen, und zwar mit Aktien, aber auch mit Gold oder Devisen. Gegen bescheidene Gebühren kauft und verkauft Herr Kniebig für sie, was sie wollen, übernimmt gütigerweise auch die Verwahrung, ebenfalls gegen Gebühren, erledigt alle lästigen Pflichten, die mit dem Erwerb von Wertpapieren verbunden sind, insbesondere die Teilnahme an den Hauptversammlungen von Aktiengesellschaften. So ist es nur recht und billig, daß er überall dort, wo er mit den Stimmrechten von einigen tausend Stück Aktien, die er verwahrt, zur Jahreshauptversammlung erscheint, unverzüglich in den Aufsichtsrat gewählt wird. Das bringt ihm schönes Geld ein, aber auch viele Pflichten. Und da er nun ständig reisen muß – von einer Sitzung zur anderen – vermag er sich um die Kinnigkeit-Immobilien und um das viele ihm anvertraute Geld kaum noch selbst zu kümmern. Aber das macht nichts, denn er, richtiger: die GmbH & Co. KG, kann sich längst viele tüchtige Angestellte leisten, die das für Herrn Kniebig sehr ordentlich und gewissenhaft erledigen...

Manchmal, an stillen Sommerabenden, wenn ein lauer Wind mit den Mülltonnendeckeln spielt und die untergehende Sonne die sehr schmutzigen Fassaden der sechs alten Mietskasernen (und die schon abbröckelnden, nicht weniger schmutzigen der »neuen« Häuser) vergoldet; wenn, was höchst selten vorkommt, nirgendwo Aufsichtsräte oder Hauptversammlungen seiner harren, dann sitzt der millionenschwere, sehr mächtige Herr Alexander W. Kniebig auf der herrlichen Terrasse, die er sich zu seinem 50. Geburtstag von Onkel Hugo an seine Dienstwohnung hat bauen lassen, schätzt im Geiste sein – nicht eingesetztes – Privatvermögen, wägt seinen Einfluß, staunt selbst und ist zufrieden.

Ehe er dann über einem Gläschen Kalter Ente, seinem Lieblingsgetränk, für ein Viertelstündchen einnickt, wenngleich er später noch die zum »Eros-Center« ausgebaute Privatpension aufsuchen will, erinnert er sich vielleicht einen flüchtigen Augenblick lang an die eigentlich kaum noch glaubhafte Tatsache, daß ihm von den vielen hundert Millionen Mark, mit denen er nach Gutdünken schaltet und waltet, nur einige fünfzig selbst gehören; daß die vielen tausend Aktien, denen er seine gewaltige Macht zu verdanken hat, drolligerweise gar nicht sein Eigentum, sondern ihm nur anvertraut sind, ja, daß selbst die sechs uralten, nun wirklich zum Abbruch reifen Mietskasernen gegenüber, die den Grundstein seines Imperiums bilden, genau genommen das Eigentum der Erben des alten Kinnigkeit sind, deren angestellter Geschäftsführer er im Grunde noch immer ist.

»Richtig!« fällt ihm dabei ein. »Ich muß ja noch meine Bezüge für das kommende Jahr festsetzen, desgleichen meine Treue-Prämie, meinen Bonus und meine Erfolgstantieme. Herrje, an alles muß man selbst denken . . . !«

Diese Art von Unternehmertum hatte Monsieur Gasbar de Manage de la Profiterole im Auge, als er das »Système Manage« zu entwickeln begann: kein eigener Einsatz, also kein eigenes unternehmerisches Risiko, aber um so mehr unternehmerischen Profit (ein Begriff, der wohl ebenfalls nach Monsieur de la Profiterole benannt ist).

Indessen konnte der große Entdecker noch nicht ahnen, bis zu welchen gigantischen Erfolgen sein System das »Männätschment« des ausgehenden 20. Jahrhunderts führen würde, wobei angemerkt sein soll, daß es der Amerikaner Charles Maxwell Top junior (1901–1984) war, dem die geniale Abrundung des »Systems Manage« gelang: Durch dreimalige Nichtausschüttung von Dividenden des von ihm geleiteten, glänzende Gewinne machenden Konzerns sowie durch eine künstlich erzeugte Baisse von dessen Aktien gelang es ihm, über die konzerneigene Bank den größten Teil davon an der Börse aufzukaufen – nicht mit eigenem Geld, sondern mit den Konzern-Rücklagen, die er in den dividendenlosen Jahren angehäuft hatte. Nun gehörte der Konzern, sozusagen, sich selbst, jedenfalls zu mehr als 50 Prozent, und Mr. Top, der das »Système Manage« zum – nach ihm benannten – »Top-Management«-System veredelte, war der alleinige, risikofreie, auf Lebenszeit angestellte und gottlob niemandem als sich selbst verantwortliche Gebieter. Und da ihm auch die zur Mehrheitsbeschaffung nötigen Teile der gesetzgebenden Körperschaften des Senats und des Repräsentantenhauses, als quasi konzerneigene Abgeordnete, auf jeden Wink hin zur Verfügung standen, regierte der höchstdotierte und mächtigste Angestellte der USA, ebenfalls risikolos, auch diese.

Das war so, bis zum Ableben von Charles Maxwell Top jun. im Jahre des Herrn 1984, doch da amerikanische Erfindungen innerhalb weniger Jahre auch in Westeuropa sich durchzusetzen pflegen, ist es nicht auszuschließen, daß es dergleichen auch schon in dieser unserer Bunzreplik, jedenfalls in Ansätzen, geben könnte.

Wie man Trinkgeld spendet

Nach uraltem Brauch sollen gewisse Dienste, die einem erwiesen werden, über ihren eigentlichen Preis hinaus noch besonders belohnt werden. Zum Beispiel: Der Transport zweier schlecht eingeschenkter Gläser Bier über eine kurze Wegstrecke sowie ihr Abstellen auf je einem Stück feuchter Pappe zur Schonung des kurz nach der Währungsreform letztmalig gewaschenen Tischtuchs.

Der mehr oder weniger mürrische Überbringer der beiden Biere (je 0,4 l) kassiert dafür den vom Wirt festgesetzten Preis von 5,80 DM, worin laut Getränkekarte und Aushang ein üppiges Trinkgeld bereits enthalten sein soll. Die vom Gast überreichten 6 DM läßt er rasch in seiner speckigen Geldtasche verschwinden. Dann bemüht er sich mit gerunzelter Stirn, im Kopf auszurechnen, welchen Betrag er dem Gast eigentlich herausgeben müßte. Im Erfolgsfall beginnt er in seiner Tasche nach passendem Kleingeld zu scharren – ein oft langwieriger Prozeß, vermutlich weil der Herr Ober danach trachtet, für den verehrten Gast nach Münzen zu suchen, die durch frische Prägung und prächtigen Glanz auch den verwöhntesten Ansprüchen genügen können. Die emsige Suche endet jedoch abrupt, sobald der Gast etwas murmelt, das bei weitherziger Auslegung als Aufforderung gedeutet werden kann, die Bemühungen einzustellen und den kleinen Restbetrag zu behalten – für einen zweiten Trunk, denn der erste ist ja schon im Bierpreis einbegriffen.

Dergleichen ist ein geheiligter Brauch, nicht nur in Tempeln der Gastronomie wie etwa den Bochum-Langendreerer Bahnhofsgaststätten. Vielmehr ist man so gut wie nirgendwo davor sicher, außer in Lokalen mit Selbstbedienung.

Im Beherbergungsgewerbe, dem sich sowohl das bescheidene »Deutsche Haus« am Schlachthof zu Oberschlunzenhausen wie das – auch preislich – führende »Excelsior-Imperial-Palasthotel« zurechnen, haben sich ebenfalls Trinkgeldbräuche herausgebildet, deren Ausübung meist damit beginnt, daß einem ahnungslosen Gast gleich bei der Ankunft, während er noch den Meldezettel korrekt auszufüllen sich bemüht, das Köfferchen mit dem Nachtzeug entwendet wird. Der reuige Dieb, der es eine knappe halbe Stunde später auf dem Zimmer des Gastes abliefert, erhebt dafür Anspruch auf eine hohe Belohnung.

Schließlich sind sogar ältere Damen und Herren, die sich, mehr oder weniger adrett gekleidet, in Bedürfnisanstalten die Zeit mit Handarbeiten oder Kreuzworträtseln vertreiben, nach eigener Überzeugung dazu legitimiert, Trinkgelder zu heischen, zumal wenn jemand die Weihe des Ortes dadurch zu stören wagte, daß er sich zum Händewaschen ein

Stückchen Seife und ein nicht allzu feuchtes Handtuch erbat.

In manchen exotischen Ländern, zum Beispiel in Frankreich, wird selbst die zunächst unsichtbare Person, die einen heimlich dabei beobachtet hat, wie man durch das dunkle Kino gestolpert ist und sich nach langen Mühen einen leeren Platz ertastet hat, bei ihrem alsbaldigen schemenhaften Auftauchen einen unverzichtbaren Anspruch auf Belohnung geltend machen. Das mag zwar verwundern – schließlich hat man ja Eintritt bezahlt! –, ist aber auf eine Koalitionsvereinbarung des 5. Kabinetts Briand (Dezember 1916 bis März 1917) zurückzuführen und daher eine längst geheiligte Tradition, die es zu beachten und zu pflegen gilt.

Kurz, es stellen sich, was das internationale Trinkgeldwesen betrifft, in heimischen Gefilden und erst recht in fernen, fremden Ländern dem zur Respektierung alten Brauchtums verpflichteten Gast mancherlei Probleme, nicht allein hinsichtlich der Frage, *ob* im speziellen Fall ein Obulus angebracht sei und gegebenenfalls *in welcher Höhe,* sondern mitunter auch bei der Überlegung, *wie* man das Trinkgeld dem zu Belohnenden stilgerecht und schicklich zukommen lassen soll.

War man bei Herrn und Frau Generaldirektor Walzeisen zum Abendessen (Krabbencocktail, lauwarme Bouillon, ungemein zähe Ochsenzunge, angeblich in Madeira, Büchsenananas mit Sahne, die ihrerseits einen Stich hatte, sowie Mokka aus der Tüte) und sieht man beim frühen Weggang von diesem freudlosen Mahl jemanden in der Nähe der Garderobe herumlungern, den man bis dahin nicht gesehen hat, so darf man annehmen, der oder die Betreffende achtet darauf, daß niemand die Wohnung verläßt, ohne zuvor seiner Begeisterung über die vorzügliche Bewirtung mit klingender Münze, besser noch mit raschelnder Banknote, Ausdruck verliehen zu haben. Es wäre indessen taktlos, der oder dem Unbekannten das Trinkgeld einfach in die Hand zu drücken. Vielmehr darf man es nur auf einem Teller deponieren, der mit absoluter Sicherheit schon bereitsteht und vorsorglich mit Scheinen bedeckt ist, die einem den Mut nehmen sollen, es in Anbetracht des schon aufkommenden Sodbrennens mit einem Zweimarkstück bewenden zu lassen.

Je höher die Kreise, in denen man trinkgeldpflichtig wird, desto schwieriger kann es sein, beim Spenden die strengen Regeln der Etikette zu wahren. Fangen wir daheim und ganz oben an:

Einem Mitglied des Bonner Kabinetts sollte man das ihm für erwiesene Gefälligkeiten über sein Ministergehalt (nebst Ortszulage und Aufwandsentschädigung) hinaus zustehende Trinkgeld nicht einfach mit einem freundlichen *Hier, Herr Minister, das ist für Sie!* in die Brusttasche des Jacketts stopfen. Denn da es sich gewiß um hohe Beträge handelt, würden sie dem Minister die Tasche ausbeulen und dadurch sein enormes Ansehen in der an Staatsmänner in gutsitzenden Anzügen gewöhnten Öffentlichkeit beeinträchtigen. Man läßt das Trinkgeld für den Minister, Kanzler oder Staatssekretär auch nicht auf einer in dessen Vorzimmer stehenden Untertasse zurück, weil das zu Streitigkeiten mit den Untergebenen führen könnte. Und sehr ungehörig wäre es, Kabinettsmitglieder nach Münzen tauchen zu lassen – und seien es Krüger-Rand aus purem Gold! Das mag in jungen, noch wenig entwickelten Staaten gerade noch angehen, aber nicht am Swimming-pool des Kanzler-Bungalows, zum einen aus klimatischen Gründen, zum anderen, weil nicht alle in Bonn Regierenden Freischwimmer, geschweige denn ausgebildete Taucher sind.

Seit dem Wiener Kongreß (1814/15) hat es sich international eingebürgert, für Ministertrinkgelder einen schlichten, unbeschrifteten Briefumschlag zu verwenden; nur das Kuvert für den Kanzler sollte mit einem schmalen Goldrand verziert sein. Man füllt den Umschlag mit druckfrischen Banknoten. Jeweils zehn Tausender werden in der oberen linken Ecke mit einer kleinen Stecknadel zusammengeheftet – außer in Ländern wie Italien, wo *Fünfhundert*tausend die kleinste in Frage kommende Einheit sind.

Den gutgefüllten Umschlag, den man zuvor glättet und zugleich von Fingerabdrücken reinigt, übergibt man dem Minister oder Regierungschef mit einem ermunternden *Hier sind die gewünschten Unterlagen!*

Jetzt wird gewiß nichts mehr schiefgehen, gell?! am besten schon zu Beginn der Audienz.

Alsdann wendet man sich einen Augenblick lang ab oder ordnet seine Schuhbänder, damit der Staatsmann Gelegenheit hat, den prallen Umschlag achtlos in die Tasche zu schieben und dabei mit geübten Fingern zu prüfen, ob der Inhalt seinen Erwartungen entspricht. Die Zusammenheftung von jeweils zehn Scheinen erleichtert ihm die Kontrolle, und fällt sie zu seiner Zufriedenheit aus, wird er durch ein zerstreutes Kopfnicken seinen Dank und zugleich die Bereitschaft zum Ausdruck bringen, die mehr oder weniger dreisten Wünsche des Spenders umgehend zu erfüllen.

Oft sagt indessen sein Fingerspitzengefühl dem Minister, daß die Gabe zu dürftig ausgefallen ist. Er wird dies jedoch nicht wie ein einfacher Gepäckträger oder Abortpfleger lauthals rügen, etwa mit einem harschen *Kriege noch fummsig* – hier nun nicht Pfennige, sondern Tausender –, sondern nur staatsmännisch seine Stirn runzeln und etwas von größeren Schwierigkeiten murmeln, die der Bereinigung der Angelegenheit im Sinne des Spenders noch im Wege ständen. Dann heißt es: nochmals in die Tasche langen und einen zweiten, eigens für diesen Fall vorbereiteten Umschlag überreichen, diesmal vielleicht mit einem forschen *Also, das sind die letzten uns zur Verfügung stehenden Zahlen! Die müssen wirklich jeden überzeugen!*, was dann wohl auch so sein wird.

Nun haben nicht alle Bürgerinnen und Bürger hierzulande Trinkgeldprobleme im Kabinettsrang, sind also an den dabei zu beachtenden Formalien, umgangssprachlich *Flickflack* genannt, möglicherweise weniger brennend interessiert als an Ratschlägen, die ihre eigene Trinkgeld-Sphäre betreffen. Da nach einer Repräsentativ-Umfrage eines angesehenen Wanne-Eickeler Instituts die Bundesbürger – korrekter wohl, wie Kanzler Kohl zu sagen pflegt: *die Männchen in diesem unserem Lande* – wirkliche Trinkgeldprobleme kaum daheim, in gewohnter Umgebung haben, sondern vor allem, nämlich zu 96,7 Prozent, während ihres Urlaubs, den sie häufig im Ausland verbringen, wollen wir auch dieses Problem noch eingehend behandeln: Wenn beispielsweise Herr Horst-Günter Mayendorffer und Frau Mayendorffer (eigentlich Susi Lehmkuhl, Stenotypistin in derselben Firma wie Horst-Günter) nach paradiesischen 21 Tagen Doppelzimmer mit Halbpension im *** *MIRAMAR,* dem Vertragshotel ihres Reisebüros, zum Heimflug nach Osnabrück rüsten, wie soll es Herr Mayendorffer dann mit der Vergabe von Trinkgeldern halten?

Soll er dem kaffeebraunen Boy, der ihnen allmorgendlich, ohne anzuklopfen, zu früher Stunde eine Tasse heiße Schokolade ans Bett serviert hat und sich, wenn er durch die offene Terrassentür hereingeschlichen kam, nicht einmal räusperte, nun auch noch ein Abschiedstrinkgeld geben und so die Dreistigkeit des lüsternen Knaben belohnen? Und wenn ja, mit wie vielen portoricanischen Pfunden – jedes zu 12 Dublonen, die Dublone jeweils zu 21 Estobal, wobei ein Estobal dem Gegenwert von 0,00927 DM entspricht –? Wenn nein, mit wie großen Prestige-Einbußen: a) bei dem Boy, b) in der ganzen ehemals britischen Kronkolonie und nunmehrigen Volksrepublik Portorico dei Fiori, c) bei der vorübergehenden Frau Mayendorffer, die aller ihr durch den Schlingel bereiteten Peinlichkeiten zum Trotz für diesen eine kleine Schwäche hat, d) daheim in der Firma, wo Horst-Günter jüngster Prokurist ist und Susi ihn womöglich als Geizhals schildern könnte?

Doch kaum hat sich Herr Mayendorffer dazu durchgerungen, den Boy mit einem blanken Pfundstück zu honorieren, muß er auch die Konsequenzen in Erwägung ziehen, die sich ergeben könnten, sollte er dem übrigen Hotelpersonal gegenüber trinkgeldmäßig versagen: Da ist die hutzelige, verblüffenderweise aber auch hochschwangere Maria Dolores, die sich ihren Protesten gegenüber taub stellte und beider Koffer vier Treppen hoch schleppte, da der Lift, wie zumeist, gerade »außer Betrieb« war; die gewiß das Gepäck auch bei der Abreise schon zum Bus geschleppt haben wird, ehe man es verhindern kann. Da ist Cristobal, der wie ein sonnengebräunter Erzherzog aussehende, *Maître* genannte Oberkellner, der Horst-Günter 21 Tage lang unwidersprochen mit *Herr Doktor,* Susi mit *gnä'Frau* angeredet und ihnen zu dem sehr preisgünstigen portoricanischen Champagner geraten hat, der sie allabendlich in Stimmung brachte. Da ist der Barmann Claudio, das Serviermädchen Elvira, der gallonierte Oberdrehtürdreher Ibrahim, der Susi stets wie eine Kaiserin behandelt hat. Da ist Emilio, der Portier, der ihnen noch Tribünenplätze für die *Fiesta Portoricana* besorgt und den unvergeßlichen Ausflug zu den Tropfsteinhöhlen arrangiert hat (mit dem Taxi seines Schwagers Carlos). Da sind die immer hilfsbereiten Pagen, vier an der Zahl, und da ist Benjamino, der einarmige, einäugige Hüter des Badestrandes, ein früherer Pirat, der Susi mit seltenen Muscheln erfreut hat. Und da ist schließlich noch die ebenholzschwarze Augusta, die sie mit Extra-Handtüchern und -Kissen sowie mit unzähligen, daheim in Osnabrück gewiß noch lange die Erinnerung an den wunderschönen Urlaub wachhaltenden Miniaturpackungen Dei-Fiori-Seife, -Badezusatz und *Eau de Portorico* verwöhnt, auch mit ihren ebenso kargen wie obszönen Deutschkenntnissen verblüfft und damit zur erholungsfördernden Entkrampfung wesentlich beigetragen hat... Müssen, sollen, können sie alle mit Trinkgeldern bedacht werden? Die Beschäftigung mit solchen Problemen kann die ganze Erholung in Frage stellen, eine allzu großzügige Lösung zum finanziellen Ruin, eine allzu kleinliche zu katastrophalen Prestige-Einbußen führen. Deshalb muß jede Trinkgeldfrage gründlich überdacht und streng wissenschaftlich – und zwar psycho-, sozio- und speziell bakschischologisch – untersucht sowie als Glied einer historischen Entwicklung gesehen werden, wobei gerade die gelegentliche Wiederbelebung alten Brauchtums sich als ebenso originell wie in jeder Hinsicht nützlich erweisen kann.

In Horst-Günter Mayendorffers Fall böte sich beispielsweise an, so zu verfahren, wie es in früheren Jahrhunderten große Herren auf Reisen zu halten pflegten (und als »großer Herr« möchte Horst-Günter ja angesehen werden):

Beim Verlassen des Gasthofs, also in diesem Fall des *** *MIRAMAR,* wirft der Kavalier von Stand (Horst-Günter), während er seiner Dame (Susi) galant in die bereitstehende Gala-Kutsche (den antiken Flughafenbus) hilft, achtlos einen prall gefüllten Beutel (vielleicht Susis Duschhaube) über seine Schulter vor die Füße der ehrerbietig wartenden Domestiken. Der Beutelinhalt verstreut sich dann über die breite Hotelauffahrt. Die trinkgeldgierigen Bediensteten – so jedenfalls berichten alte Chroniken – verweilen noch für einen Augenblick tief verneigt, schwenken dann jubelnd ihre Hüte und beginnen, kaum daß das Gefährt mit dem noblen Gästepaar sich in Bewegung gesetzt hat, sich kreischend um die Beute zu balgen.

Diese Methode bietet vielfältige Vorteile: Erstens macht sie auf alle Beteiligten (Susi eingeschlossen) tiefen Eindruck, erst recht auf jene, denen später (zum Beispiel in Osnabrück) davon berichtet wird.

Alle rühmen die grandseigneurale Geste, die auf Reichtum, Großzügigkeit, Lebensart und Volksverbundenheit des edlen Spenders gleichermaßen schließen läßt. Zweitens ist das Verfahren in hohem Maße gerecht, denn die Trinkgelder werden ja dabei *ohne Ansehen der Personen* gespendet, und niemand kann behaupten, es sei seiner nicht gedacht worden.

Sodann ist diese Art der Trinkgeldverteilung ebenso spannend wie amüsant, erreicht also einen hohen Aufmerksamkeitswert, und schließlich stellt sie es tatsächlich ins freie Ermessen des Spenders, also Horst-Günters, wie viele übriggebliebene, ohnehin nicht in DMark zurückwechselbare 2-, 5- und 10-Estobal-Stücke, Dublonen, Doppel- und Viererdublonen er zur Verteilung bringen will, womöglich untermischt mit einer homöopathischen Dosis Pfundstücke zur Erhöhung der Spannung.

Wichtig ist bei diesem so praktischen Beutelwerfen, bei dem man sich aller Trinkgeldprobleme mit einem Schlag (oder Wurf) entledigen kann, daß der Behälter der Münzen von ansehnlicher Größe und prall gefüllt ist – was angesichts des niedrigen Kurses der portoricanischen Währung keine finanziellen Schwierigkeiten bereitet – und daß der Beutel sich schon im Fluge, spätestens aber beim Aufprall, öffnet.

Zweckmäßigerweise übt der noble Kavalier den Beutelwurf zuvor ein wenig, am besten bereits daheim, vor Urlaubsantritt, vielleicht gekrönt mit einer Generalprobe im »Hotel Handelshof« im Anschluß an das vierzehntägliche gemeinsame Mittagsmahl der Rotarier oder eines anderen Klubs, dem er angehört. Man kann auch während der Ferien üben – an einsamen Stränden oder an langen regnerischen Nachmittagen auf seinem Zimmer.

Eine zweite, sehr empfehlenswerte Methode, deren Anwendung sich besonders für längere Kuraufenthalte empfiehlt, sieht überreichliche Trinkgeldgaben am ersten und zweiten Urlaubstag vor, die die aufmerksamste Bedienung für die weiteren Tage sichern, an denen nur noch ganz selten überraschend hohe Spenden gegeben zu werden brauchen. Zu Beginn der letzten Urlaubswoche wird noch einmal für einen vergleichsweise bescheidenen Dienst ein fürstliches Trinkgeld gewährt. Bis zur Abreise hat man sich dann mit dem Personal schon so angefreundet, daß sich weiteres Trinkgeld verbietet – es könnte als Kränkung empfunden werden. Mit einem Händedruck, einer mehr oder weniger herzlichen Umarmung, eventuell mit der Andeutung von Küssen auf beide Wangen, etwa des Portiers, verabschiedet man sich alsdann und darf sicher sein, daß man in guter Erinnerung bleibt und zudem per saldo viel gespart hat. Das Grundmuster dieser zweiten Methode kann auch wärmstens empfohlen werden für den Umgang mit spendengierigen heimischen Politikern.

Wie man sich richtig benimmt

Es sei als selbstverständlich vorausgeschickt, daß Sie, verehrte Leserin, und natürlich auch Sie, geneigter Leser, längst wissen, was sich schickt: daß man als Dame (zum Beispiel als Lehramtskandidatin an der Volksschule zu Kleingriebenhausen) erst den Handschuh abstreift, ehe man den Herrn (zum Beispiel Konrektor Schlagintweit) die rechte Hand zum (nur angedeuteten) Kuß entgegenstreckt; daß man als Herr (zum Beispiel als neuer Volontär beim Bankhaus Krautwickel & Wucherpfennig) seine Visitenkarte hinter den rechten Scheibenwischer des gerammten Fahrzeugs steckt, in diesem Falle: des habenzinsengrauen Mercedes von Konsul Krautwikkel, den man beim Einparken leider übersehen hat; daß man, sowohl als Herr wie als Dame, weder den Gastgebern noch den übrigen dreiundzwanzig Eingeladenen, die schon beim Dessert sind, zu erläutern braucht, warum man sich etwas verspätet hat, sondern sich einfach die beiden Hauptgänge nachservieren läßt, jedoch auf Suppe und Vorspeise entgegenkommenderweise verzichtet; daß man der Gastgeberin Blumen in ungerader Anzahl (nicht zwei Nelken, sondern eine) überreicht, wobei man vorher die Verpackung entfernt und sie nicht achtlos auf den Boden wirft, sondern sie gleich verbrennt, im Kamin oder in einem Aschenbecher.

Drei Jahrzehnte hindurch bemühte sich von Bonn aus die seinerzeitige Chefin des Protokolls und Legationsrätin 1. Klasse Erica Pappritz mit viel Erfolg, uns mit solchen und anderen richtigen Verhaltensweisen bekannt zu machen. Ihre Etikette-Regeln hat sie in einem Handbuch der Nachwelt hinterlassen, und sie haben noch heute Gültigkeit.

In den Gründerjahren der Bundesrepublik, als sich von überall her wackere Männer aufmachten, um in Bonn am Rhein am Hofe Konrads des Klünglers Karriere zu machen, waren die Etiketteregeln der Frau Rätin Pappritz für die meisten von existentieller Bedeutung, hatten sie doch zuvor noch nie mit Messer und Gabel gegessen, wie man es von einem angehenden Spitzenpolitiker verlangt.

Inzwischen sind die meisten Ministerialen, Politiker und Lobbyisten, die zusammen mit den in Bonn akkreditierten Diplomaten die High Society der Bundesmetropole ausmachen, der Pappritzschen Etikette-Fibel nicht mehr bedürftig. Aber es kommen ja immer wieder neue Karrieremacher an den Rhein, und da kann es nicht schaden, wenn sich etwa der soeben in den Bundestag nachgerückte Franz Xaver Hinterwaldner aus Wampenhofen ein paar regnerische Abende lang mit dem Lehrbuch guten Benehmens näher befaßt (oder es sich von einem Schriftkundigen vorlesen läßt). Es wird darin manches geben, was ihm neu ist und das er sich hinter die Ohren schreiben (lassen) kann, etwa daß man seiner Tischdame beim Diplomatenessen, wenn ihr etwas Kaviar ins Dekolleté gefallen ist, bei der Wiedererlangung desselben nicht behilflich sein sollte, ohne näher mit ihr bekannt zu sein oder wenigstens vorher ein »Sie gestatten doch, Gnädigste?« gemurmelt zu haben.

Auch wer schon gelernt hat - durch kostspielige Erziehung oder durch bittere Erfahrung -, sich Backwerk, zumal trockenes, von einer gewissen Größe an nicht mehr in Gänze und auf einmal in den Mund zu schieben, wird von der Lektüre des Pappritzschen Etikette-Lehrbuchs profitieren können. Er wird zum Beispiel erfahren, daß die ihm schon vertraute Brötchen- und Sandkuchenregel auch für manches Saftige gilt, etwa Kartoffelknödel oder Berliner Pfannkuchen.

Sogar für uns Fortgeschrittene, denen ein *Ich verbleibe, liebe hochverehrte gnädige Frau, mit dem Ausdruck aufrichtiger Bewunderung stets Ihr Ihnen sehr ergebener* ganz selbstverständlich aus der Feder fließt und die wir nie anders als »mit weißer Wäsche und Silberschlips einer normalen Frühstückseinladung folgen« würden, also solcher Pappritzschen Ratschläge gar nicht mehr bedürften, kann es nicht schaden, ab und zu in dem Etikette-Handbuch zu blättern, erfahren wir doch daraus zumindest, was wir so alles falsch gemacht haben und nach Möglichkeit nicht wiederholen sollten:

Als wir beispielsweise neulich, kurz nach unserem Einzug in die Neubauwohnung in der Trabantenstadt, nur der einen Tizianroten aus dem 23. Stock eine Antrittsvisite machten, anstatt allen 256 Mietern unseres Appartement-Hochhauses, da trugen wir nicht, wie es Frau Pappritz zwingend vorgeschrieben hat, einen dunkelgrauen Marengoanzug, auch keinen schwarzen, zusammengerollten Regenschirm, ja nicht mal die obligaten grauen oder beigefarbenen Handschuhe.

Wir machten unseren Antrittsbesuch auch nicht, wie es korrekt gewesen wäre, zwischen 12 und 13 Uhr oder, was gerade noch zulässig sein soll, zwischen 17 und 18 Uhr, sondern erst um 20.15 Uhr (dafür allerdings mit einer vorgekühlten Flasche »Kellergeister«), und wir blieben auch nicht das erlaubte Viertelstündchen, sondern länger, nämlich bis 4.30 Uhr früh, und fatalerweise vergaßen wir das nach Frau Pappritzens Meinung Wichtigste, nämlich der Tizianroten unsere Visitenkarte zu überreichen!

Die Beispiele für unpappritziertes Verhalten ließen sich beliebig vermehren, doch die rechte Freude daran findet erst der, dem es bereits gelungen ist, sich in den internationalen Jet-set (oder was sich hierzulande, in Paderborn, Neustadt am Rübenberge oder Tuttlingen, dafür hält) hochzurangeln. Denn sobald man ganz und gar *»in«* und zum festen Bestandteil der *Crème de la crème* geworden ist, bedarf es der guten Manieren à la Pappritz überhaupt nicht mehr!

Wer schon »dazugehört«, der kann sich – dies zu lernen ist wichtiger als alle Etikette! – nahezu alles erlauben und sich so schlecht betragen, wie er (oder sie) will:

Er kann die nerzgefiederte Gastgeberin, Frau Generaldirektor Klops-Zur Mühlen, geborene Pfanni, zu vorgerückter Stunde, unversehens und mit lautem Juchhei in den (ausnahmsweise ungeheizten) Swimming-pool ihres 26-Zimmer-Bungalöwchens schubsen, und wird darum nur als charmanter Schelm gelten; er kann beim Champagner-Souper im »Café de Paris« zu Monte Carlo erst in der Nase bohren, dann rülpsen, daß die Lüster klirren; er kann beim Lunch an der Tafel der Queen im Buckingham-Palast seiner Tischdame, einer Marchioness of Abergavenny, drei besonders dicke Spargelspitzen, just bevor jene diese auf ihre Gabel nehmen kann, mit geschicktem Griff entwenden und sie sich mit einem freundlich-sachlichen *Für unterwegs . . . !* so in die äußere Brusttasche seines Cuts stecken, daß sie noch ein wenig hervorlugen (obwohl sich, gerade was die Zier dieser Tasche betrifft, Frau Legationsrätin Pappritz ganz klar *gegen* Spitzen und für schlichtes Leinen oder Batist ausgesprochen hat); er (und erst recht natürlich sie) kann sogar einer Persönlichkeit von höchstem Rang und international anerkannter Potenz, sagen wir: dem milliardenschweren Pferdenarren Karim Aga Khan IV. in dessen Box am Rennplatz von Longchamp, einen Whisky, den Seine Göttlichkeit gerade trinken zu wollen geruhte, einfach aus der smaragdgeschmückten Hand nehmen und den Verblüfften mit drohend geschütteltem Zeigefinger daran erinnern, daß der Prophet speziell den fünfzehn Jahre und älteren »Chivas Regal« nur unbeschnittenen Christenhunden sowie Bekennern des mosaischen Glaubens gütigst gestattet habe ...

Ja, es wäre sogar möglich, sich im »Chèvre d'Or« zu Eze an der oberen Corniche der Côte d'Azur, in Gesellschaft französischer Herzoginnen, amerikanischer Milliardäre und arabischer Ölprinzen, ein paar mitgebrachte Debrecziner heiß machen zu lassen, sie dann lässig in die Faust zu nehmen, so kräftig hineinzubeißen, daß sich der fettige Saft einem Geysir gleich über das lindgrüne Voile-Blüschen der (5. geschiedenen) Mrs. Cornelius Vanderbilt, Patricia (»Pat«), geborenen Murphy Wallace, ergießt und ihre hautengen Hot pants aus weißem Oasenziegenleder wie das Wachstuch auf der Theke einer Oktoberfest-Ochsenbraterei glänzen läßt, ohne dazu mehr an Kommentar abzugeben als ein anerkennendes »Donnerwetter, was? *Das* sind Würstchen!«

Daß diese Exempel keineswegs frei erfunden sind, sei nur am Rande erwähnt. Sie sollen nur zeigen, daß es mancherlei durchaus Gesellschaftsfähiges gibt, wovon sich die Tanzschulweisheit der Etikette-Lehrbücher nichts träumen läßt. Entscheidend ist, daß man sich solche Flegeleien leisten kann, sei es, weil die väterlichen Bankkonten einem genügend Sicherheit gewähren, sei es, daß man wegen uralten Hochadels jeglicher Manieren entraten kann.

Aber auch umgekehrt erweisen sich einige der von Frau Pappritz und ihren Nachfolgern gelehrten Etikette-Regeln in Wahrheit nur als Hindernis, wenn man anderen imponieren und unbedingt »dazugehören« will.

Nehmen wir als Beispiel, was Frau Erica Pappritz für die »korrekte« Weise hält, Gäste miteinander bekannt zu machen: »Da lernen wir also mit Hilfe des Hausherrn einen anderen Gast kennen. Wir wissen ja, wie das geht: ›Meine Herren – darf ich Sie bekannt machen? Herr Weber – Herr Busch.‹ Und zu jedem Namen fügt er noch etwas Erklärendes hinzu, damit beide einen Gesprächsstart haben.« Man sieht, Frau Pappritz kennt sich aus! Vielleicht nicht in allerfeinsten Kreisen, aber – sehen wir erst mal, wie's bei ihr weitergeht:

»Nun lächeln sich aber – in der Praxis – die beiden nicht nur an und schütteln sich mit leichter Verbeugung die Hände, o nein, zumindest einer tut noch ein übriges. Während er dem anderen die Hand schüttelt, murmelt er, für alle Fälle, nochmals ›Busch‹. Sein Gegenüber bleibt stumm, dennoch fügt Busch hinzu: ›Sehr erfreut!‹ oder auch ›Angenehm!‹ Und er meint es gut, er freut sich wirklich, den Weber kennenzulernen ... Aber er wundert sich im stillen, daß dieser so sympathisch aussehende Mann nicht einmal ein ›Ganz meinerseits!‹ für nötig hält.«

Gewiß hat Frau Pappritz es so oft genug in Bonn beobachten können, vielleicht noch garniert mit ganz leichtem Hackenklappen von seiten des es gut meinenden Herrn Busch, gerade noch eben im ganzen Saal hörbar. Und natürlich erklärt sie auch ihren Schülern, daß der stumm lächelnde Herr Weber ein Mann von Welt ist, der murmelnde Busch hingegen ein hoffnungsloser Boofke. Wenn wir jedoch das scheinbar piekfeine Pappritz-Schema in die Sphäre der wirklich Reichen und Mächtigen transponieren, merken wir sehr rasch, daß es vielleicht doch nicht ganz so einfach ist, wie wir es ursprünglich zu glauben bereit waren.

Nehmen wir an, bei einer ihrer berühmten Soireen will die in Brokat gehüllte Gastgeberin, Frau Gaby Pril, geborene Dalli zwei Herren einander vorstellen. Dann müßte sie eigentlich, folgt man den Regeln von Frau Pappritz, exakt so verfahren: »Meine Herren, darf ich Sie miteinander bekannt machen? Herr Brunner – Herr v. Karajan. Herr v. Karajan ist Dirigent. Er hat kürzlich hier ein Konzert dirigiert und viel Applaus gehabt. – Herr Brunner ist Schauspieler und hat mit Fernsehserien großen Erfolg ...« Spätestens an dieser Stelle käme es wohl zu Handgreiflichkeiten.

Aber auch wenn die einander Vorgestellten sich überhaupt nicht kennen, ja noch nie voneinander gehört haben, also, wie man annehmen könnte, der Gastgeberin dankbar sein müßten, von ihr zu erfahren, wer der andere sei, und auch von ihr Anknüpfungspunkte für ein Gespräch geliefert zu bekommen, selbst dann sollte man sich nicht hundertprozentig auf die Pappritz-Regeln verlassen, denn sogar in solchem Falle könnten sie zu unerwünschten Resultaten führen.

Also, lassen wir Frau Gaby nochmals die Gastgeberin spielen, und wechseln wir nur die Gäste aus: »Darf ich die Herren miteinander bekannt machen? Herr Flick – Graf Lambsdorff! Herr Flick ist ... Aber, warum laufen Sie mir denn weg, meine Herren? Gerade jetzt, wo das Fernsehen...!«

Wirklich brauchbar und beherzigenswert ist nur eine Pappritz-Regel, die da lautet: »Wenn Sie jemandem begegnen, der sich in einer für ihn peinlichen Lage befindet oder eine Rufschädigung befürchten muß, wenn Sie erkennbar von ihm oder ihr Notiz nehmen – schauen Sie rasch weg, tun Sie einfach so, als hätten Sie nichts gesehen oder gehört ... « – was bei Fernsehreden oder -interviews des Herrn Bundeskanzlers ja keinerlei Schwierigkeiten bereitet, sondern nur die ohnehin geringe Einschaltquote weiter senkt.

Etwas mehr Einfallsreichtum erfordert der zusätzliche Wunsch von Frau Pappritz:

»Wenn Wegsehen und -hören nicht mehr möglich ist, so wahren Sie auf jeden Fall die guten Umgangsformen; sie helfen oft besser über Peinlichkeiten hinweg als betretenes Schweigen!«

Begegnen Sie also nachts im Etagenkorridor eines Nobelhotels einem Herrn in geblümten Unterhosen, der unüberhörbare Meinungsverschiedenheiten pekuniärer Art mit einer weiblichen Person seines (vorübergehenden) Vertrauens hat, und erkennen Sie in dem Schreihals den (zumal in Kreisen der Industrie) hochangesehenen Herrn Ministerpräsidenten Ihres Freistaats, so schweigen Sie nicht betreten. Bieten Sie ihm korrekt Ihre guten Dienste an, sei es zur Besorgung hinreichender Bekleidung, sei es als unparteiischer Gutachter und Schlichter.

Sie dürfen sicher sein, daß er Ihnen dann die Bitte um ein Erinnerungsfoto nicht abschlagen wird!